JN012715

「氏名の読み仮名の法制化に関する研究会取りまとめ」の解説

月刊登記情報編集室

[編]

一般社団法人 金融財政事情研究会

はしがき

　本書は、令和3年1月より同年7月までの間、7回にわたって開催された「氏名の読み仮名の法制化に関する研究会」（以下「本研究会」という）について、研究会取りまとめ、研究会取りまとめの解説のほか、研究会の議事要旨、研究会において用いられた資料を収録したものである。

　氏名の「読み仮名」を戸籍の記載事項とするか等、その法的な扱いについては、取りまとめの中でも記載されているとおり、これまでも民事行政審議会（「戸籍制度に関し当面改善を要する事項」に関する諮問に対する答申（昭和50年2月28日民事行政審議会答申））、戸籍制度に関する研究会（戸籍制度に関する研究会最終取りまとめ（平成29年8月1日戸籍制度に関する研究会資料22））などで論点として取り上げられてきた。しかし、それらにおいては考えられるさまざまな技術的問題などから、最終的な方向性を打ち出すには至らなかった。氏名の読み仮名に法的な位置づけを与えることの意義やその必要性が意識されつつも、最終的な方向性が示されるに至らなかった背景のひとつには、これらの審議会や研究会における主たる検討課題が必ずしも氏名の読み仮名をめぐる問題ではなく、それはいわば関連問題として位置づけられていたことも挙げられるかもしれない。そうした状況では、想定されるさまざまな解決されるべき課題を指摘するにとどまったのはしかたがなかったとも言えるだろう。

　しかし、今回、本研究会は、氏名の読み仮名の法制化という課題に正面から取り組み、すでに示されている課題や新たに分析された問題をふまえつつ、その取りまとめにおいて、考えられる制度設計の方向性を示すことができた。

　本研究会の取りまとめの内容については、本書をご覧頂きたいが、はしがきにおいて一点だけ触れておきたい点がある。それは、「氏名の『読み仮名』」それ自体の意義についてである。

　研究会での議論については、資料に掲げられた本研究会の議事録と資料をご覧頂くと、その推移を把握して頂けると思うが、議論が進む中で変化してきたもののひとつに、氏名の読み仮名の位置づけがあった。当初は、戸籍に記載された氏名が名前であり、戸籍に記載されていない読み仮名は、あくまで氏名の「読み仮名」として、氏名を管理するための有用なデータとして位置づけられ、その法的

扱いを考えるという視点が強かった（たとえば、氏名をソートする際の補助情報としての氏名の「読み仮名」という位置づけが、そうしたものとして挙げられるだろう）。それに対して、議論が進む中で、音で示される氏名の読み仮名は、それ自体が個人を特定する「なまえ」であるという意識がある程度広く共有され、それを前提とする議論に変化していったように思われる。この点は、個人を特定するものとして「名前」あるいは「なまえ」と呼ばれているものがそもそも何であるのかという点で、非常に本質的な問題に関わるものであると考えられる（これについては、たとえば私が最初に意識する自分の名前は、「くぼたあつみ」という音としてのなまえであり、「窪田充見」という氏名が名前としてまず意識され、その読み方がそれに伴うわけではない、といったことが例として挙げられるかもしれない）。

　もとより、こうした氏名の読み仮名、音で示されるなまえについての法的位置づけを明確にし、そうしたデータを収集・整備していくうえでは、技術的問題も少なくはなく、当面あるいは将来にわたっての作業が必要とされることになるだろう。本書の中でも、そのかなりの部分を占めるのはそうした課題についての検討結果である。ただ、氏名の読み仮名をめぐる問題は、単に技術的な問題ではなく、我々が社会の構成員として他者と関わっていくうえでの鍵になる「なまえ」に関わる問題であるという本質を意識しておくことは、こうした課題に取り組んでいくうえで、常に求められるのではないかと考えている。

　本研究会における議論は、知的な好奇心を刺激されるもので、個人的にも非常に楽しいものであった。そうした議論をふまえた成果が、こうした問題を考えていく際の手がかりとなり、将来の制度設計における素材となるのであれば、研究会に関わった者としては望外の喜びである。

氏名の読み仮名の法制化に関する研究会　座長
神戸大学大学院法学研究科教授　窪田充見

目　次

第１章　氏名の読み仮名の法制化に関する研究会取りまとめ
　　　　　～取りまとめとその概要～

第２章　資料～議事要旨と研究会資料～

氏名の読み仮名の法制化に関する研究会取りまとめ
～取りまとめとその概要～

氏名の読み仮名の法制化に関する研究会取りまとめ

令和3年8月

氏名の読み仮名の法制化に関する研究会

氏名の読み仮名の法制化に関する研究会取りまとめ

第1 氏名の読み仮名の法制化が必要な理由

1 氏名の読み仮名やその法制化の必要性についての従来の検討

戸籍に氏名の読み仮名を記載することに関しては，過去３回，当時の法務大臣の諮問機関であった民事行政審議会及び法務省民事局に設置された戸籍制度に関する研究会において検討されたものの，いずれも「今後の検討にまつべき」，「なお検討すべき余地が残されている」，「なお慎重に検討すべき」として，制度化は見送られてきた。

（補足説明）

1 　民事行政審議会における検討

「戸籍制度に関し当面改善を要する事項」に関する諮問に対する答申（昭和５０年２月２８日民事行政審議会答申）においては，「子の名に用いる漢字の問題に関連して，出生届等の際に，戸籍上の氏名にすべて「ふりがな」をつけることが望ましいという意見が提出された。しかし，この点について，多数意見は，戸籍上の氏名にふりがなをつければ，各人の氏名の読み方が客観的に明白となり，便利をもたらす面はあるが，漢字それ自体の読み方にそぐわないふりがなを付して届出がされた場合の処理や，後日におけるふりがなの訂正の方法などにつき，多くの実務上の問題が派生するので，この問題は，今後の検討にまつべきである。」とされた。

戸籍法施行規則第６０条の取扱いに関する諮問に対する答申（昭和５６年５月１４日民事行政審議会答申。以下「昭和５６年答申」という。）においては，「出生の届出等に際しては，必ず名の読み方を記載すべきものとし，戸籍上にその読み方を登録記載するという制度を採用すれば，各人の名の読み方が客観的に明白となり，社会生活上便利である。しかし，無原則に読み方が登録されると，かえって混乱の生ずるおそれがあり，かつ，混乱を防ぐためにどの範囲の読み方が認められるかの基準を立てることは必ずしも容易ではなく，戸籍事務の管掌者においてその読み方の当否を適正に判断することには困難を伴うことが予想される。また，振り仮名の訂正又は変更をどのような手続で認めるかについても，なお検討すべき余地が

残されている。これは，氏についても同様である。」とされた。

　2　戸籍制度に関する研究会における検討

　　戸籍制度に関する研究会最終取りまとめ（平成29年8月1日戸籍制度に関する研究会資料22）においては，①読み仮名の法的位置付けとして，氏や名の一部となるか，②漢字の音訓や字義に全く関係のない読み仮名の取扱い，③同じ氏の親子や兄弟について異なる氏の読み仮名が届け出られた場合の取扱い，④読み仮名の収集方法が主な問題点として挙げられた上，「これらの問題の解決は困難であり，戸籍実務上及び一般国民の社会生活上混乱を生じさせることになるものと考えられることから，戸籍に振り仮名を記載する取扱いとすることについては，その必要性や国民の意識も踏まえ，なお慎重に検討すべきである。」とされた。

2　本研究会における検討

　上記民事行政審議会及び戸籍制度に関する研究会における検討は，戸籍に氏名の読み仮名を記載することについて，いずれも，諮問事項や主たる検討事項には明示されず，審議・検討の過程で検討された。一方，本研究会においては，第1の5本文のとおり，戸籍における氏名の読み仮名の法制化を前提に具体的な検討事項を明示して，全7回にわたり検討を行った。そして，第1の1の従来の検討並びに第1の3の法制化が必要な理由及び4の登録・公証される意義を踏まえて，第2のとおり，氏名の読み仮名の法制化事項を取りまとめた。

3　氏名の読み仮名の法制化が必要な理由

　氏名の読み仮名を法制化し，氏名が記載事項となっている戸籍などの公簿に氏名の読み仮名を一意のものとして登録・公証することが必要な実務上の理由は，以下のとおりと考えられる。

(1) 氏名の読み仮名を一意のものとして，これを官民の手続において利用可能とすることにより，氏名の読み仮名が個人を特定する情報の一部であるということを明確にし，情報システムにおける検索及び管理等の能率，更には各種サービスの質を向上させ，社会生活における国民の利便性を向上させるため。

(2) 氏名の読み仮名をマイナンバーカードなどの公的な身分証に記載し，本人確認資料として広く利用させ，これを客観的に明白にすることにより，正確に氏名を呼称

することが可能となる場面が多くなり，国民の利便に資する上，氏名の読み仮名を本人確認事項の一つとすることを可能とすることによって，各種手続における不正防止を補完することが可能となるため。

(注1) 氏名を平仮名又は片仮名をもって表記したものには，読み仮名，よみかた，ふりがななど様々な名称が付されているが，本研究会取りまとめにおいては，「氏名の読み仮名」という。

(注2) ここでの「一意」とは，一個人について，特定の時点における氏名の読み仮名を一つに特定することを意味する。

(注3) 本文3 (2)については，各種手続において，氏名の読み仮名を本人確認事項の一つとすることを義務付けるものではなく，そのような選択肢を設けるものである。

(注4) 社会保障・税・災害の分野に関し，個人を特定して正確かつ迅速に事務が処理されるようにするためには，個人番号を利用することが考えられるものの，個人番号は，半面において秘匿性の高い情報であり，官庁公署やその事務を委託される諸機関が広く取得することにはおのずと限界がある。他方，氏名の読み仮名は一般的にも広く利用されているものであり，官民の手続において，氏名そのもののほか，氏名の読み仮名を登録し，公証することには意義が認められると考えられる。

例えば，情報処理技術を用いて五十音順で配列する名簿を作成するに当たり，漢字を含む氏名のみだとすれば，それを実現することができないのに対して，氏名の読み仮名を利用することでそれが可能となる。

(補足説明)

1 登録・公証する公簿

氏名の読み仮名の法制化をするに当たっては，氏名の読み仮名を登録し，公証する公簿として，戸籍ではなく，住民基本台帳も考えられるのではないかとの意見もあった。この点，氏名の読み仮名は氏名と密接な関係を有するものであり，氏名を初めて公簿に登録する場面である出生の届出等の際に，戸籍の届書の記載事項として収集することが最も適当と考えられる（第2の2 (1)参照）。なお，現在も運用上，出生の届出の場面で，出生子の名の「よみかた」を収集し，住民基本台帳に登録しているところであるが，戸籍の届出の際に収集しつつ，あえて戸籍の記載事項

としない理由はないものと考えられる。

2 諸外国の状況及び我が国における固有の事情

他の漢字圏の国においては，一字一音の原則が採られているところ，我が国においては，一つの漢字に音読み及び訓読み等の複数の読み方があるものが多いという特徴がある。また，我が国においては，漢字のほか，平仮名，片仮名といった複数の文字種が併用されている。

韓国においては，漢字及びハングルが併用されているところ，家族関係登録簿の特定登録事項のうち，姓名欄には，漢字で表記することができない場合を除き，ハングルと漢字を併記するとされている（大韓民国家族関係の登録等に関する規則第63条第2項第1号。柳淵馨「大韓民国における新しい家族関係登録制度の概要」（戸籍時報特別増刊号640号86頁））。

なお，家族関係登録制度実施前の戸籍の取扱いについて，姓名欄は漢字で表記することができない場合を除き，漢字で記載するとされていたが（大韓民国戸籍法施行規則第70条第2項。柳光熙「韓国の戸籍実務」384頁），国語基本法の公文書ハングル化原則によって，姓名については，ハングルと漢字の両方を記載するようになったとのことである。

4 氏名の読み仮名が登録・公証される意義

氏名の読み仮名の法制化が必要な実務上の理由は，第1の3本文のとおりであるが，これに加え，以下のとおり，より広範な意義も認められる。

氏名の読み仮名が一意的に決まり，それを登録・公証すること自体に意義があると考えられる上，多くの日本人にとっては，氏名と同様その読み方（読み仮名）にも強い愛着があるため，これが戸籍などの公簿に登録・公証されることにも意義があるものと考えられる。実際，社会生活において，氏名の読み方（読み仮名）のみにより相手を特定・認識する場面も多いと考えられる。こうした点に照らせば，我々が社会生活において「なまえ」として認識するものの中には，氏名の読み方（読み仮名）も含まれていると考えられるのであり，それを登録・公証することは，まさしく「なまえ」の登録・公証という点からも意義が認められるものと考えられる。

さらに，幼少期など，漢字で表記された氏名を記載することはできないものの，その読み仮名を記載することはできる場面が想定されるため，戸籍などの公簿に登録・

公証されたものを記載することができることにも意義があるものと考えられる。なお，我が国の国際化の進展に伴い，例えば，まず，外来語又は外国の人名を子の名の読み仮名として定め，次に，その意味又は類似する音に相当する漢字を漢字で表記された名とする場合など，漢字で表記された名よりもその読み方（読み仮名）により強い愛着がある者も少なくないものと考えられる。

　なお，上記のとおり，「なまえ」には，文字により認識される側面のほか，音により認識される側面もあるものと考えられる。後者を前提とする場合には，音に基づいて表記される氏名（なまえ）という位置付けになるものと考えられる。

5　そのほかの氏名の読み仮名を取り巻く状況

　令和2年12月11日に開催されたマイナンバー制度及び国と地方のデジタル基盤抜本改善ワーキンググループ（第6回）において，マイナンバー制度及び国と地方のデジタル基盤抜本改善ワーキンググループ報告「マイナンバー制度及び国と地方のデジタル基盤の抜本的な改善に向けて」が取りまとめられた。

　デジタル・ガバメント実行計画（令和2年12月25日改定。同日閣議決定。）において，「マイナンバー制度及び国と地方のデジタル基盤抜本改善ワーキンググループ報告」のとおり，「2024年からのマイナンバーカードの海外利用開始に合わせ，公証された氏名の読み仮名（カナ氏名）に基づき，マイナンバーカードに氏名をローマ字表記できるよう，迅速に戸籍における読み仮名（カナ氏名）の法制化を図る。これにより，官民ともに，氏名について，読み仮名（カナ氏名）を活用することで，システム処理の正確性・迅速性・効率性を向上させることができる。」とされた。

　また，令和3年2月9日，第204回通常国会に提出されたデジタル社会の形成を図るための関係法律の整備に関する法律案は，同年5月12日成立し，同月19日公布されたところ，同法附則第73条において，「政府は，行政機関等に係る申請，届出，処分の通知その他の手続において，個人の氏名を平仮名又は片仮名で表記したものを利用して当該個人を識別できるようにするため，個人の氏名を平仮名又は片仮名で表記したものを戸籍の記載事項とすることを含め，この法律の公布後一年以内を目途としてその具体的な方策について検討を加え，その結果に基づいて必要な措置を講ずるものとする。」と規定されている。

　なお，これまで，大きな災害など社会的に異常な事態に際し，広く被災した国民に

定額給付金ないしこれに類するものを迅速に支給するなどの機会において，氏名の読み仮名が登録・公証されていないことが支給の遅れの一因となったとの声があったところ，第２０４回通常国会に提出された公的給付の支給等の迅速かつ確実な実施のための預貯金口座の登録等に関する法律案が令和３年５月１２日成立し，同月１９日公布されたことにより，特定公的給付の支給に係る情報について，個人番号を利用し管理することができることとなった。

（補足説明）

1　本文のほか，氏名の読み仮名やその法制化の必要性に関しては，これまで，主に以下のとおり説明されている。

　(1)　平成３１年３月２８日に漢字，代替文字，読み仮名，ローマ字等の文字情報の現状や導入方法に関するガイドとして策定された「文字環境導入実践ガイドブック」（内閣官房情報通信技術（ＩＴ）総合戦略室）において，次のように記載されている。

　　「行政機関では，行政運営上，本人確認等を厳格に行う場合や個人のアイデンティティに配慮する場合に，この膨大な文字を用いようとする傾向があります。その結果，外字をそれぞれのコンピュータに導入する方法や，当該文字のヨミガナを別途データとして管理する方法が採られてきました。」，「標準的な文字の取扱いにしても，約１万文字もあり，文字自体の読み方が分かりにくく，複数の文字の組み合わせによって読み方が特殊，難読又は複数になる場合があります。また，例えば氏名の並べ替え（ソート）をする場合，システムでは文字コードでソートされるため，表２－１のように，漢字によりソートした場合には人間が認識しにくい順番で並びますが，ヨミガナによりソートした場合には五十音順に並びますので，人間が認識しやすくなります。したがって，サービス・業務及び情報システムを設計していく上では，漢字と併せてヨミガナを取り扱うことができるようにすることを強く推奨します。」，「日本人にあっても外国人にあっても，同じ氏名であれば，複数のヨミガナを持つ可能性があり，近年は氏名からでは容易にわからないヨミガナも存在します。しかしながら，我が国の現行制度においては，氏名のヨミガナを規定する法令は明確でなく，ヨミガナは氏名の一部とされていないという課題があります。一方，氏名のヨミガナは，氏名と同様に，本

人の人格を形成する要素の一部であって，他者と区別し本人を特定するものの一つとなっている実態があります。さらに，情報システムの構築及び管理においては，氏名のヨミガナがデータの検索キーや外部キーの重要な要素の一つとなっています。情報システムにおいては，清音と濁音のような小さな違いであっても，同一人物が異なる人物と特定されてしまう場合があり（「山崎」のヨミガナを「ヤマサキ」とデータベースに登録していた場合，「ヤマザキ」で検索しても特定できない等），デジタル技術を活用して適切に行政サービスを提供する上で問題が発生するおそれがあります。」

(2) 第204回国会　衆議院予算委員会（令和3年1月25日）において，「私の名前をどのように読むのかというのが，どこにも法的な位置づけがされていない。私の名前の片仮名表記あるいは平仮名表記というものを一つに整えていただき，曖昧性がなくなるようにしていただきたい。」という質問に対し，平井大臣（デジタル改革担当）から，「戸籍において個人の氏名を平仮名又は片仮名で表記したものを公証するということこそ，まさにデジタル社会の一つのインフラ，我々が整備しなきゃいけないベースレジストリの典型的なものだと思います。」と発言されている。

2　令和元年改正戸籍法

　　令和5年度における改正戸籍法（令和元年法律第17号による改正後の戸籍法をいう。）の完全施行により，戸籍事務を扱う各市区町村と他の行政機関との連携及び各市区町村間の連携がより円滑に進み，行政サービスの質の向上が期待されるとともに，各種行政手続及び戸籍の届出における戸籍証明書等の添付省略等が可能となることから，国民の利便性が大幅に向上する。そして，氏名の読み仮名が戸籍の記載事項となることにより，将来的には，氏名の読み仮名を上記情報連携の対象として，各種行政手続において，公証された読み仮名の情報を利用し，手続をより円滑に進めることが可能となることが想定されるのであって，更なる国民の利便性の向上に資するものと考えられる。

3　ローマ字による表記等

　　第1回本研究会における議論を踏まえ，本研究会においては，まずは戸籍における氏名の読み仮名，具体的には片仮名による読み仮名の法制化について検討の対象とするが，マイナンバーカードや旅券その他ローマ字により氏名が表記され，又は

される予定の公的資料があり，戸籍の記載事項はこれらローマ字により氏名が表記される公的資料に一定の影響を及ぼすこととなるため，最終取りまとめまでのスケジュールも勘案の上，片仮名による読み仮名の法制化についての方針が固まり次第，これを踏まえたローマ字による氏名の表記についての考え方についても付言することを目指すこととされた。

第2　氏名の読み仮名の法制化事項

1　氏名の読み仮名の戸籍の記載事項化

(1)　氏名の読み仮名の名称

氏名の読み仮名を戸籍の記載事項として法令に規定するに当たっての名称については、「氏名を平仮名で表記したもの」又は「氏名を片仮名で表記したもの」とすることが考えられる。

（補足説明）

1　本文の用例

第1の5のとおり、デジタル社会の形成を図るための関係法律の整備に関する法律附則第73条においては、「個人の氏名を平仮名又は片仮名で表記したもの」と規定されており、本文の用例の参考としている。

2　表記する仮名

本文のとおり、氏名の読み仮名を表記する仮名には、平仮名又は片仮名があるところ、市区町村等行政機関や金融機関等民間において用いられている仮名の種類は統一されておらず、平仮名と片仮名とでは、例えば長音の表記等、表記の方法が異なる場合があることから、表記する仮名を定めるに当たっては、これらの点を考慮する必要がある。

(2)　氏名の読み仮名の位置付け

以下の案のとおり、氏名の読み仮名を位置付け、法令に規定することが考えられる。

【甲案】氏名の読み仮名を戸籍の記載事項として戸籍法第13条第1号に定める氏名の一部と位置付ける。

【乙案】氏名の読み仮名を戸籍法第13条第1号に定める氏名とは別個のものと位置付ける。

（補足説明）

1　【甲案】の問題

本文【甲案】を採用した場合には、戸籍法第29条第4号の氏名又は同法第

１０７条若しくは第１０７条の２に規定する氏若しくは名の変更の届出に関する規定など戸籍法に規定されている氏名に関する他の規定においても，同法第１０条の２第３項に定める事件又は事務の依頼者や同法第４９条第２項第３号などに定める父母の氏名，同法第５０条に定める子の名に用いることのできる文字に関する規定など氏名の読み仮名が含まれないと解される規定を除き，「氏名」に氏名の読み仮名が含まれることになるものと考えられるが，そのことを明記する必要があるか否か，検討する必要がある。

さらに，戸籍法第１０７条又は第１０７条の２に規定する氏又は名の変更の申立ては，氏又は名とこれらの読み仮名とのセットでなければすることができないのか，また，第２の１(3)により氏又は名の読み仮名の変更が許容されないものとなれば，氏又は名の変更も許容されないものとなるのかといった点も検討する必要がある。

なお，他の法令に規定されている氏名に関する規定において，氏名に氏名の読み仮名が含まれるのか否か疑義が生じるおそれもある。この点，他の法令を所管する各府省部局において，そこで規定された「氏名」に氏名の読み仮名が含まれないと整理することができるかを検討する必要があり，含まれないと整理することができれば，例えば，①登記法令において，氏名が登記事項とされているところ，その読み仮名が登記されていないこと，②会社法令において，取締役の選任に関する議案を提出する場合には，候補者の氏名が株主総会参考書類の記載事項とされているところ，その読み仮名が記載されていないことは，いずれも不適法とはならない。他方で，例えば，氏名が法定記載事項である場合に，氏名に氏名の読み仮名が含まれると整理したとき，当然に氏名のみ又は氏名の読み仮名のみの記載は不適法となるのかについては，別途検討すべき問題となると考えられる。

2　【乙案】の問題

本文【乙案】を採用した場合には，戸籍法に規定されている氏名に関する他の規定においても，氏名の読み仮名を氏名と同様の取扱いとするときは，当該他の規定にその旨を規定する必要があると考えられる。

3　傍訓の扱い

平成６年１２月１日まで申出により戸籍に記載することができると実務上扱

われていた名の傍訓については，名の一部ではないかとの混乱があったことから，名の一部をなすものとは解されない旨法務省民事局長通達により取扱いが周知されていた（「戸籍上の名の傍訓について」（昭和５０年７月１７日民二第３７４２号法務省民事局長通達五））。同通達では，「傍訓が付されている場合には，漢字と傍訓とが一体となつて名を表示し，その名を表示するには常に傍訓を付さなければならないと考える向きがある。しかし，傍訓は単に名の読み方を明らかにするための措置として戸籍に記載するものであつて，名の一部をなすものとは解されない。したがつて，戸籍上名に傍訓が付されている者について，戸籍の届出，登記の申請，公正証書・私署証書の作成など各種の書面において名を表示するに当たり，常に傍訓を付すべき必要はないので，この趣旨を十分理解して事務処理に当たるとともに，戸籍の利用者に対しても必要に応じ適宜説明するものとする。」とされていた。

(3) 氏名の読み仮名と音訓や字義との関連性及び氏名の読み仮名をめぐる許容性

　　氏名の読み仮名の届出（第２の２(1)本文及び(2)本文【甲案】又は【乙案】参照）の受否又は職権による記載（第２の２(2)本文【丙案】参照）に当たっては，以下の案のとおり，判断することが考えられる。なお，本案については，様々な考え方があることを十分踏まえて検討する必要があるものと考えられる。

【甲案】法の一般原則である民法第１条第３項の権利濫用の法理及び法の適用に関する通則法第３条の公序良俗の法理等によるものとする。

【乙案】氏名の読み仮名は国字の音訓及び慣用により表音されるところのほか，字義との関連性が認められるものとする。なお，【甲案】も適用するものとする。

（補足説明）

1　【甲案】の参考例

　　東京家裁八王子支部平成６年１月３１日審判（判例時報１４８６号５６頁）は，「民法１条３項により，命名権の濫用と見られるようなその行使は許されない。」との判断を示しているところ，当該届出事案に係る先例の解説（戸籍６１０号７５頁）では，「命名権を親権の一作用あるいは子のための代位行為とするとしても，これに行政がどの程度関与することができるか，あるいは根本的に関与する

ことが妥当であるかとする問題が存在する。現行法上，これらに関する明文の規定は存在しないが，私法の一般原則である民法第1条第3項の権利の濫用の法理の一適用場面であると考えられるほか，本件出生届が子の福祉を著しく害するものであると考えられること等を考慮すれば，あえて行政が関与することもやむを得ないものであり，この行政の関与は，社会的にも容認され得るものと思われる。」とされており，また，「民法典に規定されているが，法の一般原理を表現したものと解されるものとして，信義誠実の原則，権利濫用の禁止に関する規定がある」（塩野宏「行政法Ⅰ」［第五版補訂版］83頁）とされており，本文【甲案】の法の一般原則である民法第1条第3項の権利濫用の法理の参考としている。

　法の適用に関する通則法第3条の公序良俗の法理については，「本条の1つの整理としては，①法令においてその効力についての規定が設けられている慣習に関しては，法令の規定により認められたものとして，その法令の規定に従って法律と同一の効力を有するかどうかが判断され，②法令においてそのような規定が設けられていない慣習については，法令に規定のない事項に関する慣習に限り，法律と同一の効力が認められ」る（小出邦夫「逐条解説　法の適用に関する通則法」30頁）とされ，本条は，成文法に規定の存在しない事項についての補充的法源としての効力（補充的効力）を慣習に認める立場を基本的に採用したものと一般に解される（櫻田嘉章＝道垣内正人「注釈国際私法第1巻」77頁）ところ，氏名の読み仮名の定め（氏又は名を定める際にその読み仮名を定める慣習。通常，その後，戸籍の届出等において，届書に「よみかた」として記載している。）自体の効力は，法令に規定されていない事項に関するもので，公の秩序又は善良の風俗に反しないもののみ，法律と同一の効力を有するものと考えられるため，本文【甲案】の参考としている。

　なお，日本国憲法第12条が国民の権利濫用を禁止しているのは，行政機関に対する場合も念頭に置いており，国民に申請権が認められている場合であっても，申請が権利の濫用である場合には，当該申請は不適法な申請として，拒否処分を受けることになり，このことは，権利濫用が認められない旨の明文の規定の有無にかかわらない（宇賀克也「行政法概説Ⅰ行政法総論」［第6版］55頁）とされており，本文【甲案】の権利濫用の法理について，憲法第12条を根拠とす

ることも考えられる。

2　【甲案】について法令に規定する場合の参考用例

　　本文【甲案】については，権利の濫用又は公の秩序若しくは善良の風俗に反すると認められる場合に該当するときを除くなどとして，法令に規定することも考えられる。

　　少額領収書等の写しの開示請求について定める政治資金規正法第19条の16第5項において，「開示請求を受けた総務大臣又は都道府県の選挙管理委員会は，当該開示請求が権利の濫用又は公の秩序若しくは善良の風俗に反すると認められる場合に該当するときを除き，当該開示請求があつた日から十日以内に，当該開示請求に係る国会議員関係政治団体の会計責任者に対し，当該開示請求に係る少額領収書等の写しの提出を命じなければならない。」と規定されており，上記の参考用例としている。

　　また，商標登録を受けることができない商標を定める商標法第4条第7号において，「公の秩序又は善良の風俗を害するおそれがある商標」と規定されており，上記の参考としている。

　　なお，公の秩序又は善良の風俗を害するおそれがある商標の例示として，特許庁ウェブサイトにおいて，「商標の構成自体が非道徳的，卑わい，差別的，きょう激若しくは他人に不快な印象を与えるような文字，図形，記号，立体的形状若しくは色彩又はこれらの結合，音である場合。なお，非道徳的若しくは差別的又は他人に不快な印象を与えるものであるか否かは，特に，構成する文字，図形，記号，立体的形状若しくは色彩又はこれらの結合，音に係る歴史的背景，社会的影響等，多面的な視野から判断する。」と掲載されている。

3　平仮名・片仮名部分の氏名の読み仮名

　　本文【甲案】を採用した場合には，氏又は名の全部又は一部が平仮名又は片仮名で表記されているときも，漢字部分と同様に本文【甲案】によることが適当と考えられる。

4　【乙案】について法令に規定する場合の参考例

　　本文【乙案】については，国字の音訓及び慣用により表音されるところ並びに字義との関連性が認められるものによるなどとして，法令に規定することも考えられる。

旅券法施行規則（平成元年外務省令第１１号）第５条第２項においては，旅券に記載するローマ字表記の氏名について，「法第６条第１項第２号の氏名は，戸籍に記載されている氏名（戸籍に記載される前の者にあっては，法律上の氏及び親権者が命名した名）について国字の音訓及び慣用により表音されるところによる。ただし，申請者がその氏名について国字の音訓又は慣用によらない表音を申し出た場合にあっては，公の機関が発行した書類により当該表音が当該申請者により通常使用されているものであることが確認され，かつ，外務大臣又は領事官が特に必要であると認めるときはこの限りではない。」と規定されており，上記の参考としている。

5　【乙案】の問題

　氏名の読み仮名については，慣用とされる範囲や判断基準を明確に決めることは困難であり，慣用によることを基準とすることについては消極的な意見があった。

　また，命名文化として，最初に誰かが名の読み仮名として考えた漢字の読みが広まって一般的な名乗り訓（名前に特有の訓読み）となるところ，本文【乙案】における「慣用」が既にあるものを意味するのであれば，新たな名乗り訓となる可能性を持つ新しい読み方を認めないこととなり，これまでの命名文化・習慣が継承されないことになるので，反対である旨の意見があった。

6　氏の読み仮名と名の読み仮名の取扱い

　氏の読み仮名と名の読み仮名については，異なる基準により許容される範囲を画することとすることも考えられ，特に，氏の読み仮名が許容される範囲について検討するに当たっては，慣用にない氏の読み仮名も存在することを考慮すべきであるとの意見があった。

　なお，本文【乙案】を採用する場合，氏の読み仮名については，原則として慣用（通用）によりのみ認めることとする運用も考えられるとの意見があった。

7　現行の読み仮名の審査

　法務省民事局長通達に定める出生届等の標準様式には氏名の「よみかた」欄が付されているが，住民基本台帳事務処理上の利便のために設けられているもので，戸籍事務では使用しておらず，市区町村において，氏名の音訓や字義との関連性は審査されていない。

8　傍訓の例

　　かつて申出により名に付することができた傍訓について，届出が認められたものとして，「刀（フネ）」，「登（ミノル）」，「秀和（ヒデマサ）」，「海（ヒロシ）」などがあり，届出が認められなかったものとして，「高（ヒクシ）」，「修（ナカ）」，「嗣（アキ）」，「十八公（マツマ）」がある（大森政輔「民事行政審議会答申及びその実施について（戸籍441号44頁））。

9　審判・民事行政審議会答申における名についての判断

　　東京家裁八王子支部平成6年1月31日審判（判例時報1486号56頁）は，「名は，氏と一体となって，個人を表象，特定し，他人と区別ないし識別する機能を有し，本人又は命名権者個人の利益のために存することは勿論であるが，そのためだけに存在するものではない。即ち，名は極めて社会的な働きをしており，公共の福祉にも係わるものである。従って，社会通念に照らして明白に不適当な名や一般の常識から著しく逸脱したと思われる名は，戸籍法上使用を許されない場合があるというべきである。このことは，例えば，極めて珍奇な名や卑猥な名等を想起すれば容易に理解できるところである。」，「明文上，命名にあっては，「常用平易な文字の使用」との制限しかないが，改名，改氏については，家庭裁判所の許可が必要であり，許可の要件として，「正当な事由」（改名）「やむを得ない事由」（改氏）が求められている（戸籍法107条の2，107条）。そして，一般に，奇異な名や氏等一定の場合には改名，改氏が許可とされるのが例であり，逆に，現在の常識的な名から珍奇ないしは奇異な名への変更は許されないのが実務の取扱である。即ち，戸籍法自体が，命名（改名も命名を含んでいる）において，使用文字だけでなく，名の意味，内容を吟味する場合のあることを予想し，明定している。」との判断を示している。

　　また，昭和56年答申においては，「子の名は，出生に際し，通常親によって命名されるのであるが，ひとたび命名されると，子自身終生その名を用いなければならないのみならず，これと交渉を持つ他人もまた，日常の社会生活においてその名を読み書きしなければならない機会が多い。そこで，子の利益のために，子を悩ませるような書き難い漢字による命名を避けることが望ましいのみならず，日常の社会生活上の支障を生じさせないために，他人に誤りなく容易に読み書きでき，広く社会に通用する名の用いられることが必要である。」としている。

これらは，本文各案のいずれを採用する場合にも参考となり得るものと考えられる。

10　周知すべき事項

本文各案を採用した場合には当該基準に該当するものをできるだけ分かりやすく周知する必要があるものと考えられる。このうち，権利濫用及び公序良俗の法理により認められないものは，特許庁ウェブサイトに掲載されている登録商標を受けることができない商標の例示（第2の1(3)（補足説明）2参照）が参考となり，この他氏名の読み仮名独自のものとして，例えば，氏が「鈴木」であるその読み仮名を「サトウ」として届け出るものについて許容すべきか否か，検討する必要がある。

あわせて，届け出られた氏名の読み仮名の変更は，戸籍法第107条若しくは第107条の2又は第2の1(5)本文の手続による必要があり，必ずしも認められるわけではないこと及び本文【甲案】を採用した場合には，氏名の読み仮名が戸籍に記載されたことをもって，氏名の漢字部分の読み方が公認されたわけではないことも，十分周知する必要があるものと考えられる。

11　不服申立て

新たに法令に規定される氏名の読み仮名の届出（第2の2(1)本文及び(2)本文【甲案】又は【乙案】参照）を市区町村長が受理しない処分を不当とする者は，家庭裁判所に不服の申立てをすることができる（戸籍法第122条）。

なお，第2の2(2)本文【甲案】又は【乙案】を採用した場合には，短期間に市区町村に大量の届出がされ，これに比例して多数の受理しない処分及び不服申立てがなされることが想定される。戸籍事務の取扱いに関して疑義がある場合には，市区町村長は管轄法務局等に照会することができるところ（戸籍法第3条第3項），氏名の読み仮名の戸籍への記載を円滑に実施するため，例えば，市区町村長が本文各案を理由として受理しない処分をする場合には，当分の間，管轄法務局等に全て照会する運用をすることも考えられる。

(4)　戸籍に読み仮名として記載することができる平仮名又は片仮名の範囲

氏名の読み仮名として戸籍に記載することができる平仮名の範囲については，現代仮名遣い（昭和61年内閣告示第1号）及び「現代仮名遣い」の実施について（昭

和61年内閣訓令第1号）によることとすることが考えられる。

　上記「現代仮名遣い」等は，平仮名による表記の規律を定めたものであることから，氏名の読み仮名として戸籍に記載することができる片仮名の範囲については，これらに基づき，現代仮名遣い本文第1の直音（「あ」など），拗音（「きゃ」など），撥音（「ん」）及び促音（「っ」）を片仮名に変換したものとすることが考えられる。

　また，現代仮名遣いに含まれていないが，先例上，子の名として戸籍に記載することができるとされている小書き（「ぁ」・「ァ」など）及び片仮名についての長音（一）も，範囲に含めることが考えられる（平成16年9月27日付け法務省民一第2664号法務省民事局長通達，外来語の表記（平成3年内閣告示第2号），「外来語の表記」の実施について（平成3年内閣訓令第1号））。

　以上については，法令に規定することも考えられる。

(5) 氏名の読み仮名の変更

　氏名の読み仮名を氏名とは別個の新たな戸籍の記載事項と位置付けた上，氏又は名の変更を伴わない氏名の読み仮名の変更を認める規律としては，以下の案のとおり，法令に規定することが考えられる。

【甲案】氏又は名の読み仮名の変更については，氏又は名の変更（戸籍法第107条又は第107条の2）と同様に「やむを得ない事由」，「正当な事由」を要件とする。

【乙案】相当の事由により氏又は名の読み仮名を変更しようとするときは，家庭裁判所の許可を得て，届け出ることができるものとする。

【丙案】氏又は名の読み仮名の変更について，家庭裁判所の許可を不要とし，届け出ることのみでできるものとする。

（注1）婚姻，縁組によって氏を改めた場合，離婚，離縁等によって復氏した場合，氏の変更による入籍届，又は戸籍法第107条若しくは第107条の2の変更の届をした場合等（婚氏続称又は縁氏続称の場合を除く。なお，婚氏続称又は縁氏続称の場合については，第2の1(5)（補足説明）3参照。），氏又は名が変動すると，氏又は名の読み仮名も，これに伴って変動すると考えられるため，この場合には，読み仮名の変更に関する手続は必要ないと考えられる。

（注２）本文【乙案】を採用する場合において，第２の１（３）（補足説明）６のとおり，氏の読み仮名と名の読み仮名については，異なる基準により許容される範囲を画することとすることも考えられることを考慮すべきであるとの意見があった。

（補足説明）

1 固定化の必要性とその程度

　　氏名の読み仮名については，第１の３本文(1)及び第１の４のとおり，情報システムにおける検索及び管理等の能率を向上させることが法制化が必要な理由の一つであるとともに，他者からは「なまえ」として個人を特定する情報の一部として認識されるものであるところ，以下の理由から，その変更を安易に認めることにより上記意義が損なわれるおそれがあることから，本文【丙案】については案として検討の対象とすることに疑問があるとの意見があった。

　　①氏名の読み仮名が変更されると，氏名の読み仮名を利用して検索等を行っている個人のデータベースとの照合等において情報の不一致を招き，円滑な本人特定を阻害するおそれがあること。

　　②氏の読み仮名は，配偶者の氏を称する婚姻などの身分変動や戸籍法第１０７条の氏の変更など氏の変動により従前のものと異なるものとなる可能性があるが，いずれも身分行為や家庭裁判所の許可などを要し，無制限に行われるものではなく，また，名の読み仮名は，戸籍法第１０７条の２の名の変更以外により従前のものと異なるものとなることはないところ，氏又は名の読み仮名のみの変更を特段の事由なく認めるとすると，円滑な本人特定を阻害するおそれがあること。

　　他方で，上記各理由については，上記①につき，個人を特定するための他の情報（生年月日など）により照合することが可能であり，また，上記②につき，例えば，名簿の並べ替えなどは氏をキーとして行うのが通常であるところ，氏が従前のものと異なるものとなる可能性は決して少なくないとも考えられる。そして，氏名の読み仮名の変更の履歴は戸籍に記載されることから，氏名の読み仮名の法制化が必要な理由の中核をなす一意性（第１の３本文(1)参照）は確保されるため，氏又は名の読み仮名の変更については，氏又は名の変更よりも柔軟に認

- 18 -

めること（本文【乙案】又は【丙案】）も考えられる。

　なお，仮に，氏名の読み仮名の変更を特段の事由なく認めるとすると（本文【丙案】），同一人と特定されることを回避するために読み仮名の変更が繰り返されるおそれがあるところ，本文【丙案】を採用する場合であっても，第2の1(6)の同一戸籍内の規律は適用され，何度も変更を繰り返す場合には，権利濫用の法理によりその届出を不受理とすることも考えられる。

2　【甲案】を採用した場合に届出が想定される場面

　本文【甲案】を採用した場合において変更の届出が想定される場面については，現在の氏又は名の変更の取扱いが参考となる。

　氏については，一定の事由によって氏を変更しようとするときは，家庭裁判所の許可を得て（ただし，一定の場合には，家庭裁判所の許可を得ないで），名については，正当な事由によって名を変更しようとするときは，家庭裁判所の許可を得て，届け出ることができるとされている。

　このうち，戸籍法第107条第1項及び第4項（外国人である父又は母の称している氏に変更しようとするものなどの要件あり）に規定する氏の変更については，やむを得ない事由がある場合に家庭裁判所の許可を得て，届け出ることができるとされている。

　このやむを得ない事由に該当する事例としては，著しく珍奇なもの，甚だしく難解難読のものなど，本人や社会一般に著しい不利不便を生じている場合はこれに当たるであろうし，その他その氏の継続を強制することが，社会観念上甚だしく不当と認めるものなども，これを認めてよいと考えられている（青木義人＝大森政輔全訂戸籍法439頁）。

　婚姻により夫の氏になったものの，その後離婚し，婚氏続称の届出をして，離婚後15年以上婚氏を称してきた女性が，婚姻前の氏に変更することの許可を申し立てた事案において，やむを得ない事由があると認められると判断し，申立てを却下した原審判を変更して，氏の変更を許可した事例（東京高裁平成26年10月2日決定（判例時報2278号66頁））もある。

　また，同法第107条の2に規定する名の変更については，正当な事由がある場合に家庭裁判所の許可を得て，届け出ることができるとされている。

　この正当な事由の有無は一概に言い得ないが，営業上の目的から襲名の必要が

あること，同姓同名の者があって社会生活上支障があること，神官僧侶となり，又はこれをやめるため改名の必要があること，珍奇な名，異性と紛らわしい名，外国人に紛らわしい名又は難解難読の名で社会生活上の支障があること，帰化した者で日本風の名に改める必要があること等はこれに該当するであろうが，もとよりこれのみに限定するものではないと考えられており，また，戸籍上の名でないものを永年通名として使用していた場合に，その通名に改めることについては，個々の事案ごとに事情が異なるので，必ずしも取扱いは一定していないが，相当な事由があるものとして許可される場合が少なくないとされている（前掲全訂戸籍法４４２頁）。

また，性同一性障害と診断された戸籍上の性別が男性である申立人が，男性名から女性名への名の変更許可を申し立てた事案において，正当な事由があると認められると判断し，原審を取り消して名の変更を許可した事例（大阪高裁令和元年９月１８日決定（判例時報２４４８号３頁））もある。

さらに，名の変更については，出生届出の際の錯誤あるいは命名が無効であることを理由として認められる場合がある（戸籍６１０号７５頁）。

以上の例と読み仮名の特性に鑑みれば，氏の読み仮名にあっては，著しく珍奇なもの，永年使用しているもの，錯誤による届出によるものなどを理由とした届出が，名の読み仮名にあっては，珍奇なもの，永年使用しているもの，性自認（性同一性）と一致しないもの，錯誤による又は無効な届出によるものなどを理由とした届出などが考えられる。さらに，これらの届出のうち，実際に氏名の読み仮名のみの変更の届出が想定される場面は，極めて限定されるが，例えば，氏名の読み仮名の永年使用については，濁点の有無や音訓の読みの変化などが，氏の読み仮名のうち著しく珍奇なもの及び名の読み仮名のうち珍奇なものについては，①第２の１(3)によれば不受理とすべきものが誤って受理されたもの，又は②本人以外が届け出た氏名の読み仮名について，不受理事由はないが本人にとってなお著しく珍奇なもの若しくは珍奇なものの届出が考えられる。

3 【甲案】又は【乙案】を採用した場合における新戸籍編製時の扱い

新たに戸籍を編製する場合において，戸籍の筆頭に記載することとなる者の氏の読み仮名が戸籍に既に記載されているときは，新たな戸籍における氏の読み仮名は，原則として，従前の戸籍におけるものと同一のものとなる。

他方で，新戸籍が編製されると，当該者が除籍された戸籍での同一氏の制約はなくなるところ，新戸籍が編製された場合であっても，氏の読み仮名の変更については，本文【甲案】又は【乙案】を採用した場合において，原則どおり家庭裁判所の許可を得て届け出る必要があるとする考え方のほか，新戸籍の編製を契機に氏の読み仮名の変更を届出のみで可能とする考え方がある。

　この点，①氏の読み仮名の変更の履歴は戸籍に記載されることから，氏名の読み仮名の法制化が必要な理由の中核をなす一意性（第1の3本文(1)参照）は確保されること，②新たな読み仮名についても第2の1(3)本文のとおり適切に判断されること，③氏の読み仮名は既成の事実と位置付けているものの，同籍者がいる場合には，当該者と他の同籍者が使用しているものが異なる場合も想定されるところ，新戸籍の編製により，氏の読み仮名を実際に使用しているものに整合させることが戸籍法第6条の規律との関係でも可能となることを考慮した上で，新戸籍編製の機会における変更に際し，濫用防止の観点から，家庭裁判所の許可を必要とするか否かが問題となる。

　なお，転籍については，上記③の必要性もないことから，その濫用を防止するため，家庭裁判所の許可を必要とすべきと考えられる。

(6) 同一戸籍内の規律

　同一戸籍内においては，氏の読み仮名を異なるものとすることはできないとすることが考えられる。

　当該規律については，法令に規定することも考えられる。

（補足説明）

1　戸籍編製の規律

　戸籍は，一の夫婦及びその双方又は一方と氏を同じくする子ごとに編製するとされており（戸籍法第6条），同一戸籍内の同籍者の氏は異ならないこととなっている。氏の読み仮名についても，氏と異なる取扱いをすべき特段の理由はないものと考えられる。また，現在，戸籍における氏については，戸籍法施行規則附録第6号のいわゆる紙戸籍の記載ひな形及び付録第24号様式のいわゆるコンピュータ戸籍の全部事項証明書のひな形等において，氏は戸籍の筆頭者の氏名欄

- 21 -

にのみ記載することとされているが，氏の読み仮名は，氏と同様に戸籍の筆頭者の氏名欄にのみ記載する方法又は名の読み仮名とともに戸籍に記載されている者欄に記載する方法が考えられる。

なお，第2の1(2)【乙案】を採用した場合にも，本文の考えによると，戸籍法第6条の規定は氏の読み仮名にも適用（又は準用）されるとすることになる。

また，戸籍を異にする同氏の子は，家庭裁判所の許可を要することなく，届出のみによって，父又は母と同籍する入籍が先例上認められているところ（昭和23年2月20日民事甲第87号法務庁民事局長回答，昭和33年12月27日民事甲第2673号法務省民事局長通達，昭和34年1月20日民事甲第82号法務省民事局長回答），本文の考えによると，この場合に，父又は母と子との間で氏の読み仮名が異なるときは，子の読み仮名の変更を要することとなるが，上記先例と同様に家庭裁判所の許可を要することなく，届出のみによる入籍が許容されるのか否かが問題となりうる。

2　同一戸籍内にない親族間の扱い

戸籍を異にする親族間で氏の読み仮名が異なることは，氏が異なることがあるのと同様に，許容されるものと考えられる。なお，氏の異同は，夫婦，親子の関係を有する当事者間においてのみ生ずる問題であると考えられている（昭和31年12月28日付け民事甲第2930号法務省民事局長回答）。

2　氏名の読み仮名の収集方法

(1)　氏名の読み仮名の届出

第2の1(2)【乙案】を採用した場合においては，戸籍法第13条第1号に定める氏又は名を初めて戸籍に記載することとなる以下の戸籍の届書（イにあっては調書）の記載事項として，法令に規定することが考えられる（以下の届書に併せて記載した出生子等以外の氏名の読み仮名の取扱いについては第2の2(2)（補足説明）4参照）。

ア　出生の届書（戸籍法第49条，55条，56条）（名（新戸籍が編製されるときにあっては，氏名）の読み仮名）

イ　棄児発見調書（戸籍法第57条）（氏名の読み仮名）

ウ　国籍取得の届書（戸籍法第102条）（名（新戸籍が編製されるときにあって

は，氏名）の読み仮名）

エ　帰化の届書（戸籍法第１０２条の２）（名（新戸籍が編製されるときにあっては，氏名）の読み仮名）

オ　氏の変更の届書（戸籍法第１０７条）（氏の読み仮名）

カ　名の変更の届書（戸籍法第１０７条の２）（名の読み仮名）

キ　就籍の届書（戸籍法第１１０条，１１１条）（名（新戸籍が編製されるときにあっては，氏名）の読み仮名）

（補足説明）

1　届出の原則

　　戸籍制度においては，戸口調査により戸籍を編製した明治初期を除き，原則として届出によって戸籍に記載し，公証してきた。

　　したがって，氏名の読み仮名を戸籍に記載するに当たっても，戸籍の届出によって記載するとすることが原則となる。

2　氏名の読み仮名の性質

　　戸籍の届出は，報告的届出と創設的届出とに分類される。報告的届出は，既成の事実又は法律関係についての届出であり，原則として，届出義務者，届出期間についての定めがある。一方，創設的届出は，届出が受理されることによって身分関係の発生，変更，消滅の効果を生ずる届出である。

　　なお，報告的届出と創設的届出の性質を併有するものとして，認知の効力を有する出生の届出，国籍留保の意思表示を伴う出生の届出，就籍の届出（本籍を定める届出の部分が創設的届出の性質を有する。），帰化の届出（新戸籍が編製される場合にあっては，本籍及び氏名を定める届出の部分が創設的届出の性質を有する。）等がある。

　　氏名についてみると，例えば，出生の届出は，創設的届出の性質を併有するものがあるものの，民法第７９０条の規定により称するとされている氏及び命名された名という既成の事実を届け出るものであって，そのほとんどは報告的届出である。そして，氏名の読み仮名についても，同様に，氏にあっては現に使用されている読み仮名，名にあっては命名された時に定められた読み仮名という既成の事実を届け出るものと整理するのが相当と考えられる。

3 その他新たな氏を定めることができる場合の取扱い

　　外国人が，日本人と婚姻後，日本人の氏を称して帰化し，その後離婚した場合には，復すべき氏はないが，その者の意思によって新たな氏を定めることができると扱われている（昭和２３年１０月１６日付け民事甲第２６４８号法務庁民事局長回答）。この場合には，離婚届書に新たな氏の読み仮名を記載することができるとするのが相当と考えられる。

4 第２の１(2)【甲案】を採用した場合の取扱い

　　第２の１(2)【甲案】を採用した場合には，本文アからキまでの届書等の記載事項として，氏名とともに届出がされることとなる。

(2) 既に戸籍に記載されている者の氏名の読み仮名の収集方法

　　既に戸籍に戸籍法第１３条第１号に定める氏名が記載されている者に係る氏名の読み仮名の収集方法として，以下の案が考えられる。

　　なお，【丙案】については，【甲案】又は【乙案】と併せて採用することもあり得る。

【甲案】氏名の読み仮名の届を設け，戸籍に記載されている者又はその法定代理人に一定の期間内の届出義務を課す方法

【乙案】氏名の読み仮名の届を設け，戸籍に記載されている者又はその法定代理人に一定の期間内の届出を促す方法

【丙案】市区町村長の職権により戸籍に記載する方法

（補足説明）

1 届出又は職権記載申出の対象となる氏名の読み仮名

　　初めて氏又は名を届け出るときのこれらの読み仮名の届出（第２の２(1)本文参照）は，氏又は名の読み仮名という既成の事実を届け出るものであり，その変更は，第２の２(1)本文オ若しくはカ又は第２の１(5)本文【甲案】，【乙案】若しくは【丙案】によって可能となるものと整理している。

　　一方，既に氏又は名が戸籍に記載されているときのこれらの読み仮名の届出又は職権記載申出は（本文参照），初めて氏又は名が届け出られたときの読み仮名を既成の事実として届け出る又は職権記載申出をするのが原則とも考えられる

が，便宜通用使用などにより既成の事実が変更していれば，変更後のものを既成の事実として届け出る又は職権記載申出をすることも可能と整理することが考えられる。ただし，旅券などの公簿に氏名の読み仮名又はこれらを元にしたローマ字が登録され，公証されている場合には，第2の1(3)本文各案いずれによっても，これに反するものを届け出る又は職権記載申出をすることはできないと整理することも考えられる。

2　届出人

　　氏については，同一戸籍内の同籍者の氏は異ならないこととなっており，氏の読み仮名についても同様に考えられるため（第2の1(6)本文参照），本文【甲案】又は【乙案】の氏名の読み仮名の届の届出人は，同籍者全員とする必要があるかが問題となる。特に，ＤＶ（ドメスティック・バイオレンス）などにより離婚には至っていないが，別居状態にある者については，届出をすることが困難との意見もあった。

　　なお，同籍者全員を届出人としない場合には，同籍者の一人が届け出た氏の読み仮名が，他の同籍者が認識しているものと異なることも想定される。この場合には，戸籍法第113条の「その記載に錯誤があることを発見した場合」に該当するとして，利害関係人である他の同籍者は，家庭裁判所の許可を得て，戸籍訂正を申請することとなるものと考えられるが，具体的な処理についてはなお検討が必要である。

3　届出期間

　　本文【甲案】又は【乙案】の氏名の読み仮名の届については，例えば，改正法令の施行日から一定期間内（当該者が届出人等となる戸籍の届出をする場合にあっては，当該届出の時まで）にしなければならない又はするものとする旨法令に規定することが考えられる。

　　戸籍の届出については，戸籍法第137条において，正当な理由がなくて期間内にすべき届出をしない者は，過料に処するとされているところ，本文【甲案】において，定められた期間を経過した場合には，過料の対象となるため，当該期間が適切なものとなるよう検討するとともに，その効果的な周知方法についても検討する必要がある。

　　また，戸籍法第44条第1項において，市区町村長は，届出を怠った者がある

- 25 -

ことを知ったときは，相当の期間を定めて，届出義務者に対し，その期間内に届出をすべき旨を催告しなければならないとされている。本文【甲案】において，氏名の読み仮名の届が期間内にされなかったときは，同項が適用されるものと考えられる。なお，同条第2項において，当該期間内に届出をしなかったときは，市区町村長は，更に相当の期間を定めて，催告をすることができるとされ，同条第3項において，これらの催告をすることができないとき，又は催告をしても届出がないときは，市区町村長は，管轄法務局長の許可を得て，戸籍の記載をすることができるとされている。もっとも，同項の措置に関しては，（補足説明）4の氏名の読み仮名の届があったものとして取り扱うもの，（補足説明）9の資料又は氏名の読み仮名を職務上知った官庁等からの本籍地市区町村長への通知により市区町村長が届出の内容（当該者の氏名の読み仮名）を職務上知っていると評価することができなければ，戸籍の記載をすることはできないこととなる。

　なお，上記催告は，届出期間を経過した場合にしか行えないが，本文【甲案】において，届出期間経過前であっても，運用として，市区町村から氏名の読み仮名の届を促す案内を送付することなどは可能であると考えられる。

　他方，本文【乙案】及び【丙案】においては，届出義務が定められていないため，上記催告，職権記載等の対象とはならないが，運用として，市区町村から氏名の読み仮名の届又は職権記載の申出を促す案内を送付することなどは可能であると考えられる。

4　届出方式

　本文【甲案】又は【乙案】の氏名の読み仮名の届については，他の戸籍の届出がされた場合についても，届出人等について記載された氏名の「読み仮名」をもって，氏名の読み仮名の届があったものとして取り扱うことも考えられる。また，この氏名の「読み仮名」は，本文【丙案】の職権による記載の資料とすることも考えられる。これらの場合には，その旨周知するとともに，届書の様式に注記することが適当であると考えられる。なお，令和2年3月31日現在の本籍数は，約5千2百万戸籍，令和元年度の戸籍の届出数は，約4百万件であり，仮に，上記のとおり他の戸籍の届出の際に氏名の読み仮名の届（本文【甲案】又は【乙案】）又は職権記載申出（本文【丙案】）があったものとして取り扱う場合には，単独の氏名の読み仮名の届（本文【甲案】又は【乙案】）又は職権記載申出（本文【丙

案】）と併せて，年間数百万件以上の氏名の読み仮名の届又は職権記載申出が想定される。

　また，届出の方法としては，この他マイナポータルを活用すべきとの意見があった。

5　届出時に疑義がある場合の疎明

　第2の1(3)本文【乙案】を採用する場合であって，本文【甲案】又は【乙案】を採用する場合においては，原則として，氏名の読み仮名の届出に際し，これを証明する資料の添付を求めないが，氏名の読み仮名の許容性に疑義がある場合には，届出人に対し，氏名の読み仮名が通用して使用されていることを示す疎明資料の提示を求めるとすることも考えられる。

6　届出期間の定めのない報告的届出の例

　報告的届出については，原則として届出義務が課され，届出期間が定められているが，届出義務が課されておらず，届出期間が定められていない例として，法改正に伴う経過的な取扱いである外国の国籍の喪失の届出（昭和59年法律第45号附則第10条第2項）の例がある。これは，改正法により，重国籍者が併有する外国国籍を喪失したときは，その旨の届出義務が課されることとなったが，施行前にはそのような義務が課されていなかったので，施行前に外国国籍を喪失した場合については改正法を適用しないこととしつつ，戸籍記載上から重国籍が推定される者が法律上又は事実上権利制限や資格制限を受けるおそれもあり，重国籍状態を解消していることを明らかにすることについて本人も利益を有することから，施行前に外国国籍を喪失している旨の届出をする資格を本人に認め，その届出について，戸籍法第106条第2項の規定を準用することとされたものである（田中康久「改正戸籍法の概要」民事月報昭和59年号外81頁参照）。また，傍訓については，通達によって，記載の申出をすることができるとされていた。

7　承認の擬制

　本文【甲案】の氏名の読み仮名の届を前提としつつ，届出期間経過後，市区町村が保有する情報を基に，国民に戸籍に記載する氏名の読み仮名の通知を送付し，一定期間内に異議を述べなかったときは，同期間経過後に当該通知に係る氏名の読み仮名を承認したものとみな（擬制）し，市区町村長が職権により戸籍に

氏名の読み仮名を記載する制度とすることも考えられる。

　なお，身分関係に関し，通知後，一定の期間の経過に一定の効力を持たせる制度として，昭和５９年法律第４５号により創設された国籍選択催告制度（国籍法第１５条，戸籍法第１０５条）がある。これは，重国籍の日本国民が法定の期限までに日本国籍の選択をしない場合，法務大臣が書面により国籍の選択をすべきことを催告し，催告を受けた者が催告を受けた日から１月以内に日本国籍の選択をしなければ，原則としてその期間が経過した時に日本国籍を失う（擬制）というものである。ただし，国籍喪失後は，戸籍法第１０５条による法務局長等からの報告により，市区町村長は，職権で戸籍に国籍喪失の記載をし，除籍することとされているが，これまで法務大臣による国籍選択の催告がされたことはない。

8　【丙案】の考え方

　市区町村長の職権により氏名の読み仮名を戸籍に記載することができる本文【丙案】の具体的な方法に関しては，以下の２案が考えられる。

　一つ目の案は，氏名の読み仮名の届出義務はないものの，第２の１(2)により氏名の読み仮名が戸籍の記載事項として法令に規定されている以上，戸籍法第２４条第１項の戸籍の記載に遺漏があると評価し，当該戸籍に記載された者若しくはその法定代理人からの職権記載申出（（補足説明）４の職権記載申出があったものとして取り扱うものを含む。）又は氏名の読み仮名を職務上知った官庁等からの本籍地市区町村長への通知があれば，同条第２項の戸籍訂正により市区町村長が氏名の読み仮名を記載することができると考えるものである。もっとも，これまでの戸籍訂正の運用に鑑みると，第２の２(2)（補足説明）４の資料がない限り，職権記載申出を促した上で，実際に申出があった場合にのみ戸籍訂正をする運用とするのが相当と考えられる。

　二つ目の案は，市区町村長が職務上氏名の読み仮名を知ったときは，職権によりその記載をすることができるとする規定を法令に設けるものである。なお，市区町村長が職権で記載することができるとする規定の例としては，戸籍法施行規則第４５条「行政区画，土地の名称，地番号又は街区符号の変更があつたときは，戸籍の記載は訂正されたものとみなす。ただし，その記載を更正することを妨げない。」の例がある。

9　戸籍訂正の資料

法務省民事局長通達に定める婚姻届の標準様式には，「夫になる人」及び「妻になる人」の氏名欄に「よみかた」欄が付されているため，本文【丙案】を採用し，戸籍法第２４条第２項の規定により戸籍訂正する場合においては，例えば，当該「よみかた」が記載され現に保管されている婚姻届を資料として，本籍地市区町村が戸籍に氏名の読み仮名を記載することも考えられる。もっとも，これまでの戸籍訂正の運用に鑑みると，第２の２(2)（補足説明）４の資料がない限り，職権記載申出を促した上で，実際に申出があった場合にのみ戸籍訂正をする運用とするのが相当と考えられる。

10　戸籍訂正における配慮すべき事項

　謝罪広告等請求事件（最判昭和６３年２月１６日第三小法廷民集４２巻２号２７頁）判決において，氏名を正確に呼称される利益に関して，「氏名は，社会的にみれば，個人を他人から識別し特定する機能を有するものであるが，同時に，その個人からみれば，人が個人として尊重される基礎であり，その個人の人格の象徴であって，人格権の一内容を構成するものというべきであるから，人は，他人からその氏名を正確に呼称されることについて，不法行為法上の保護を受けうる人格的な利益を有するものというべきである。」，「我が国の場合，漢字によつて表記された氏名を正確に呼称することは，漢字の日本語音が複数存在しているため，必ずしも容易ではなく，不正確に呼称することも少なくないことなどを考えると，不正確な呼称が明らかな蔑称である場合はともかくとして，不正確に呼称したすべての行為が違法性のあるものとして不法行為を構成するというべきではなく，むしろ，不正確に呼称した行為であつても，当該個人の明示的な意思に反してことさらに不正確な呼称をしたか，又は害意をもつて不正確な呼称をしたなどの特段の事情がない限り，違法性のない行為として容認されるものというべきである。」との判断が示されている。

　これを踏まえると，仮に，本文【甲案】を採用し，戸籍法第４４条第３項の規定により職権で氏名の読み仮名を戸籍に記載し，公証する又は本文【丙案】を採用し，戸籍法第２４条第２項の規定により戸籍訂正し，公証するには，少なくとも本人の明示的な意思に反しないように配慮すべきと考えられる。

第3 ローマ字による表記等

　氏名の読み仮名を戸籍の記載事項として法制化した後，戸籍以外の公簿や各種証明書等に記載されている氏名の読み仮名及び氏名のローマ字表記を戸籍に記載される氏名の読み仮名と整合させる（氏名の読み仮名をヘボン式ローマ字等によって表記させる。）必要があると考えられるところ，これをどうやって確保するか，検討する必要があると考えられる。

　なお，デジタル・ガバメント実行計画において，「在留カードとマイナンバーカードの一体化について，現在関係省庁等で検討を進めているところであり，（中略）２０２５年度（令和７年度）から一体化したカードの交付を開始する予定である。」とされているところ，この一体化したカードにおける氏名の表記方法についても，検討する必要があるとの意見があった。

「氏名の読み仮名の法制化に関する研究会取りまとめ」の概要

法務省民事局民事第一課長　土手敏行

法務省民事局戸籍企画官兼局付　長橋佑里香

　我が国に全国統一の近代的身分登録制度が設けられたのは、明治4年太政官布告第170号の戸籍法によってであり、それ以降幾度の制度改正がされてきたが、これまで、氏名に読み仮名を付することに関して、戸籍法令に規定されたことはない。また、昭和50年、昭和56年、平成29年に氏名の読み仮名を戸籍の記載事項とすることが検討されたものの、いずれもその制度化は見送られてきた。

　こうした中、デジタル・ガバメント実行計画（令和2年12月25日改定。同日閣議決定。）において、「マイナンバー制度及び国と地方のデジタル基盤抜本改善ワーキンググループ報告」のとおり、迅速に戸籍における読み仮名（カナ氏名）の法制化を図ることとされた。

　さらに、令和3年5月19日に公布されたデジタル社会の形成を図るための関係法律の整備に関する法律附則第73条においても、行政手続において、個人の氏名を平仮名又は片仮名で表記したものを利用して個人を識別することができるよう、戸籍の記載事項とすることを含め検討するよう求められた。

　このような状況の下、迅速に戸籍における氏名の読み仮名の法制化を図るための論点や考え方等を検討し、整理することを目的として、有識者を構成員とする「氏名の読み仮名の法制化に関する研究会」（座長：窪田充見神戸大学大学院法学研究科教授。以下「研究会」という。）が一般社団法人金融財政事情研究会に設置され、法務省も関係府省等とともに参加して、戸籍における氏名の読み仮名の法制化について検討することとなった。

　研究会は、令和3年1月28日から同年7月28日までの間、7回にわたって会議を開催し、議論を重ね、令和3年8月31日、検討結果を氏名の読み仮名の法制化に関する研究会取りまとめ（以下「取りまとめ」という。）として

公表した。

　取りまとめに掲載されている論点は、多岐にわたるが、本稿においては、その主要部分を紹介し、今後を展望することとする。なお、意見にわたる部分は、もとより筆者らの個人的見解である。

　なお、氏名を平仮名又は片仮名をもって表記したものには、読み仮名、よみかた、ふりがなど様々な名称が付されているが、取りまとめと同様、本稿においても、「氏名の読み仮名」と表記している。

1　氏名の読み仮名の法制化が必要な理由

　取りまとめは、「第1　氏名の読み仮名の法制化が必要な理由」、「第2　氏名の読み仮名の法制化事項」、「第3　ローマ字による表記等」の3つからなるが、取りまとめ第1では、第2の前提となる法制化が必要な理由についての検討結果が示されている。

⑴　氏名の読み仮名やその法制化の必要性についての従来の検討

　取りまとめ第1の1及びその（補足説明）では、戸籍に氏名の読み仮名を記載することについて、民事行政審議会及び戸籍制度に関する研究会において検討された結果を紹介している。このうち、氏名の読み仮名を戸籍の記載事項とする必要性に関しては、「戸籍制度に関し当面改善を要する事項」に関する諮問に対する答申（昭和50年2月28日民事行政審議会答申。以下「昭和50年答申」という。）においては、「戸籍上の氏名にふりがなをつければ、各人の氏名の読み方が客観的に明白となり、便利をもたらす」と、戸籍法施行規則第60条の取扱いに関する諮問に対する答申（昭和56年5月14日民事行政審議会答申。以下「昭和56年答申」という。）においては、「出生の届出等に際しては、必ず名の読み方を記載すべきものとし、戸籍上にその読み方を登録記載するという制度を採用すれば、各人の名の読み方が客観的に明白となり、社会生活上便利である。」とされているとおり、遅くとも昭和50年にはその必要性が認識されていたことが分かる。

　他方、法制化を見送った理由については、昭和50年答申において、「漢字それ自体の読み方にそぐわないふりがなを付して届出がされた場合の処理や、後日におけるふりがなの訂正の方法などにつき、多くの実務上の問題が派生するので、

この問題は、今後の検討にまつべきである。」、昭和56年答申において、「無原則に読み方が登録されると、かえって混乱の生ずるおそれがあり、かつ、混乱を防ぐためにどの範囲の読み方が認められるかの基準を立てることは必ずしも容易ではなく、戸籍事務の管掌者においてその読み方の当否を適正に判断することには困難を伴うことが予想される。また、振り仮名の訂正又は変更をどのような手続で認めるかについても、なお検討すべき余地が残されている。これは、氏についても同様である。」、戸籍制度に関する研究会最終取りまとめ（平成29年８月１日戸籍制度に関する研究会資料22）において、①読み仮名の法的位置付けとして、氏や名の一部となるか、②漢字の音訓や字義に全く関係のない読み仮名の取扱い、③同じ氏の親子や兄弟について異なる氏の読み仮名が届け出られた場合の取扱い、④読み仮名の収集方法が主な問題点として挙げられ、「これらの問題の解決は困難であり、戸籍実務上及び一般国民の社会生活上混乱を生じさせることになるものと考えられることから、戸籍に振り仮名を記載する取扱いとすることについては、その必要性や国民の意識も踏まえ、なお慎重に検討すべきである。」とされている。これらの理由は、現時点においてもなお解決しなければならない問題として存在しているものである。

(2) 研究会における検討

　取りまとめ第１の２では、第１の１及びその（補足説明）で紹介した従来の検討と研究会における検討との違いを示している。それまでの民事行政審議会等においては、いずれも、戸籍に氏名の読み仮名を記載することが諮問事項や主たる検討事項として明示されず、時間的制約がある中、主たる検討事項等が優先して検討されたものである。他方、(1)のとおり、現時点においても氏名の読み仮名の法制化に当たってなお解決しなければならない問題が存在していることに変わりはないものの、研究会においては、氏名の読み仮名の法制化のみを検討事項とし、前記「マイナンバー制度及び国と地方のデジタル基盤抜本改善ワーキンググループ報告」の工程表に定める時間的制約（工程表では、研究会における検討は令和３年夏頃までとなっている。）のある中、戸籍における氏名の読み仮名の法制化の実現を前提に、具体的な検討事項を明示した上、法制化が必要な理由及び登録・公証される意義を踏まえて、氏名の読み仮名の法制化事項が検討されたものである。

(3) 氏名の読み仮名の法制化が必要な理由

　取りまとめ第1の3では、氏名の読み仮名を一意のものとして登録・公証することが必要な実務上の理由が2点示されている。

　一つは、氏名の読み仮名を一意のものとして、これを官民の手続において利用可能とすることにより、氏名の読み仮名が個人を特定する情報の一部であるということを明確にし、情報システムにおける検索及び管理等の能率、更には各種サービスの質を向上させ、社会生活における国民の利便性を向上させるためであり、もう一つは、氏名の読み仮名をマイナンバーカードなどの公的な身分証に記載し、本人確認資料として広く利用させ、これを客観的に明白にすることにより、正確に氏名を呼称することが可能となる場面が多くなり、国民の利便に資する上、氏名の読み仮名を本人確認事項の一つとすることを可能とすることによって、各種手続における不正防止を補完することが可能となるためである。

　こうした法制化が必要な理由については、研究会の会議の初期段階から多くの委員によってこれを明らかにする必要性が指摘されていたものであり、上記2点の理由は、委員による活発な意見交換を踏まえて取りまとめられたものである。

(4) 氏名の読み仮名が登録・公証される意義

　取りまとめ第1の4では、氏名の読み仮名の法制化が必要な実務上の理由に加え、より広範な意義として、氏名の読み仮名が一意的に決まり、それを登録・公証すること自体に意義がある上、多くの日本人にとっては、氏名と同様その読み方（読み仮名）にも強い愛着があるため、これが戸籍などの公簿に登録・公証されることにも意義があることなどが示されている。なお、第1の4の内容は、第1の3の法制化が必要な理由と同列のものとして、これに加えることも考えられたが、取りまとめにおいては、やや性質が異なるものとして、別項目とされた。もっとも、第1の4についても法制化が必要な理由に当たることに変わりはない。

(5) そのほかの氏名の読み仮名を取り巻く状況

　取りまとめ第1の5では、主に氏名の読み仮名に関する政府、国会の動きが示されている。また、（補足説明）2において、行政手続及び戸籍の届出における戸籍謄抄本の添付省略など、国民の利便性が大幅に向上する令和元年改正戸籍法の施行後の状況を前提に、氏名の読み仮名が戸籍の記載事項となることにより、

将来的には、各種行政手続において、公証された読み仮名の情報を利用し、手続をより円滑に進めることが可能となることが想定され、更なる国民の利便性の向上に資することが示されている。

2 氏名の読み仮名の法制化事項

取りまとめ第2では、第1を踏まえ、氏名の読み仮名の法制化事項についての検討結果が示されている。

(1) 氏名の読み仮名の戸籍の記載事項化

取りまとめ第2の1では、氏名の読み仮名を戸籍の記載事項とするに当たっての論点ごとに、考え方が示されている。

ア　氏名の読み仮名の名称

取りまとめ第2の1(1)では、氏名の読み仮名を戸籍の記載事項として法令に規定するに当たっての名称として、「氏名を平仮名で表記したもの」又は「氏名を片仮名で表記したもの」の2案が示されている。これらの案が示されたのは、デジタル社会の形成を図るための関係法律の整備に関する法律附則第73条において、「個人の氏名を平仮名又は片仮名で表記したもの」と規定されたためである。

なお、仮に「氏名を平仮名で表記したもの」とする案を採用した場合において、既に市区町村等行政機関や金融機関等民間において用いられている仮名が片仮名であるときには、同一人の読み仮名相互間の同一性を確認するに当たって、平仮名表記と片仮名表記における差異を考慮する必要が生じるものの、例えば、長音は、平仮名表記では通常直前の音の母音で表記されているものを片仮名表記では長音符号に置き換えて比較するなど、一定のルールにより対応可能となるものと考えられる。

イ　氏名の読み仮名の位置付け

取りまとめ第2の1(2)では、氏名の読み仮名を戸籍の記載事項として、戸籍法第13条第1号に定める氏名の一部と位置付ける【甲案】と戸籍法第13条第1号に定める氏名とは別個のものと位置付ける【乙案】の2案が示されている。

現在、戸籍法第13条各号には、戸籍の記載事項が定められているところ、同条第1号に「氏名」と定められている。

【甲案】は、具体的には、同条第１号を「氏名（氏名を平仮名で表記したものを含む。）」と改め、又は戸籍法の実施命令である戸籍法施行規則に「法第13条第１号に規定する氏名には氏名を平仮名で表記したものを含む。」旨を規定することなどが考えられる。

　【乙案】は、具体的には、同条第１号の２として、「氏名を平仮名で表記したもの」と定め、又は同条第８号に規定する「その他法務省令で定める事項」として、戸籍法施行規則に「氏名を平仮名で表記したもの」を定めることなどが考えられる。

　（補足説明）１においては、【甲案】の問題として、【甲案】を採用した場合には、戸籍法に規定されている氏名に関する他の規定においても、氏名の読み仮名が含まれないと解される規定を除き、「氏名」に氏名の読み仮名が含まれることになるが、そのことを明記する必要があるか否か、検討する必要があるとされている。また、他の法令に規定されている氏名に関する規定について、「氏名」に氏名の読み仮名が含まれるのか否か疑義が生じるおそれもあるとされている。さらに、戸籍法第107条又は第107条の２に規定する氏又は名の変更の申立ては、氏又は名とこれらの読み仮名とのセットでなければすることができないのか、氏又は名の読み仮名の変更が許容されないものとなれば、氏又は名の変更も許容されないものとなるのかといった点も検討する必要があるとされている。

　（補足説明）２においては、【乙案】の問題として、【乙案】を採用した場合には、戸籍法に規定されている氏名に関する他の規定においても、氏名の読み仮名を氏名と同様の取扱いとするときは、当該他の規定にその旨を規定する必要があるとされている。

ウ　氏名の読み仮名と音訓や字義との関連性及び氏名の読み仮名をめぐる許容性
　　取りまとめ第２の１(3)では、氏名の読み仮名の届出の受否等を判断するに当たっての基準として、法の一般原則である民法第１条第３項の権利濫用の法理及び法の適用に関する通則法第３条の公序良俗の法理等によるものとする【甲案】と、氏名の読み仮名は国字の音訓及び慣用により表音されるところのほか、字義との関連性が認められるものとする【乙案】の２案が示されている。なお、【乙案】を採用する場合には、【甲案】も適用するとされている。

本項目については、様々な考え方があることを十分踏まえて検討する必要があるものとされているが、これは、多様な考え方があり得る論点であることから、これを十分踏まえて検討しなければならないことを取りまとめ時点で特に示したものである。もとより、他の項目についても、様々な考え方を十分踏まえて検討する必要があることに変わりはない。

　（補足説明）５のとおり、【乙案】に関しては、慣用によることを基準とすることについて消極的な意見があり、また、「慣用」が既にあるものを意味するのであれば、新たな名乗り訓（名前に特有の訓読み）となる可能性を持つ新しい読み方を認めないこととなり、これまでの命名文化・習慣が継承されないことになるので、反対である旨の意見があった。

　（補足説明）10においては、周知すべき事項に関して、①採用した基準に該当するものをできるだけわかりやすく周知する必要があること、②例えば、氏が「鈴木」であるその読み仮名を「サトウ」として届け出るものについて許容すべきか否か、検討する必要があること、③届け出られた氏名の読み仮名の変更は、必ずしも認められるわけではないこと、及び④【甲案】を採用した場合には、氏名の読み仮名が戸籍に記載されたことをもって、氏名の漢字部分の読み方が公認されたわけではないことを、十分周知する必要があるものとされている。なお、②に関して、特定の氏又は名の読み仮名が認められない例を示すことは、現に氏又は名の読み仮名として当該読み仮名を使用している者がいる可能性があることを考慮すると、原則として差し控えるべきであると考えられる。

　（補足説明）11においては、第２の２(2)本文【甲案】又は【乙案】を採用した場合、短期間に市区町村に大量の届出がされ、これに比例して受理しない処分及び不服申立てが多数に及ぶことが想定されるところ、氏名の読み仮名の戸籍への記載を円滑に実施するため、例えば、市区町村長が氏名の読み仮名の届出を受理しない処分をする場合には、当分の間、管轄法務局等に全て照会することとする運用も考えられることが示されている。

エ　戸籍に読み仮名として記載することができる平仮名又は片仮名の範囲

　　取りまとめ第２の１(4)では、戸籍に読み仮名として記載することができる平仮名又は片仮名の範囲について、平仮名の範囲にあっては、現代仮名遣い（昭

和61年内閣告示第1号）及び「現代仮名遣い」の実施について（昭和61年内閣訓令第1号）によることとする案、片仮名の範囲にあっては、現代仮名遣い本文第1の直音（「あ」など）、拗音（「きゃ」など）、撥音（「ん」）及び促音（「っ」）を片仮名に変換したものとする案が示されている。また、現代仮名遣いに含まれていないが、戸籍の先例上、子の名として戸籍に記載することができるとされている小書き（「ぁ」・「ァ」など）及び片仮名についての長音（ー）も、範囲に含めることが示されている。

オ　氏名の読み仮名の変更

　　取りまとめ第2の1(5)では、氏又は名の変更を伴わない氏名の読み仮名の変更を認める規律として、氏又は名の変更（戸籍法第107条又は第107条の2）と同様に「やむを得ない事由」、「正当な事由」を要件とする【甲案】、相当の事由により氏又は名の読み仮名を変更しようとするときは、家庭裁判所の許可を得て、届け出ることができるものとする【乙案】、家庭裁判所の許可を不要とし、届け出ることのみでできるものとする【丙案】の3案が示されている。なお、これらは、氏名の読み仮名を氏名とは別個の新たな戸籍の記載事項と位置付けた場合の規律である。

　　なお、【乙案】を採用する場合、第2の1(3)（補足説明）6のとおり、氏の読み仮名と名の読み仮名については、異なる基準により許容される範囲を画することとすることも考えられることを考慮すべきであるとの意見があった。

　　（補足説明）1のとおり、氏名の読み仮名の固定化とその程度に関して、氏名の読み仮名の変更を安易に認めることにより氏名の読み仮名を法制化する意義が損なわれるおそれがあることから、【丙案】については検討の対象とすることに疑問があるとの意見があった。他方で、氏又は名の読み仮名の変更については、氏又は名の変更よりも柔軟に認めることも考えられるとされている。なお、【丙案】を採用する場合であっても、何度も氏名の読み仮名の変更を繰り返す場合には、権利濫用の法理によりその届出を不受理とすることも考えられるとされている。

　　（補足説明）2においては、【甲案】を採用した場合に届出が想定される場面として、氏の読み仮名にあっては、著しく珍奇なもの、変更しようとする氏の読み仮名が永年使用しているものであること、錯誤による届出によるものなど

を理由とした届出が、名の読み仮名にあっては、珍奇なもの、変更しようとする名の読み仮名が永年使用しているものであること、性自認（性同一性）と一致しないもの、錯誤による又は無効な届出によるものなどを理由とした届出などが示されている。さらに、これらの届出のうち、実際に氏名の読み仮名のみの変更の届出が想定される場面は、極めて限定されるものの、そのような場面として、例えば、氏名の読み仮名の永年使用については、濁点の有無や音訓の読みの変化などが、氏の読み仮名のうち著しく珍奇なもの及び名の読み仮名のうち珍奇なものについては、①不受理とすべきものが誤って受理されたもの、又は②本人以外が届け出た氏名の読み仮名について、不受理事由はないが本人にとってなお著しく珍奇なもの若しくは珍奇なものの届出が示されている。

　（補足説明）3においては、【甲案】又は【乙案】を採用した場合における新戸籍編製時の扱いに関して、原則どおり家庭裁判所の許可を得て届け出る必要があるとする考え方のほか、新戸籍の編製を契機に氏の読み仮名の変更を届出のみで可能とする考え方が示されている。

カ　同一戸籍内の規律

　同一戸籍内においては、氏の読み仮名を異なるものとすることはできないとすることが示されている。これは、戸籍は、一の夫婦及びこれと氏を同じくする子ごとに編製するとされ（戸籍法第6条）、同一戸籍内の同籍者の氏は異ならないこととなっており、氏の読み仮名についても、氏と異なる取扱いをすべき特段の理由はないからである。

　なお、同一戸籍内にない親族間の扱いについては、戸籍を異にする親族間で氏の読み仮名が異なることは、氏が異なることがあるのと同様に、許容されるものと考えられる。これは、氏の異同は、夫婦、親子の関係を有する当事者間においてのみ生ずる問題であるからである（昭和31年12月28日付け民事甲第2930号法務省民事局長回答）。

(2)　氏名の読み仮名の収集方法

　取りまとめ第2の2では、氏名の読み仮名の収集方法に関する原則的な扱い及び経過的な扱いについての考え方が示されている。

ア　氏名の読み仮名の届出

　取りまとめ第2の2(1)では、戸籍法第13条第1号に定める氏又は名を初めて

戸籍に記載することとなる出生の届書等の戸籍の届書の記載事項とする案が示されている。これは、第2の1⑵【乙案】を採用した場合のものであり、【甲案】を採用した場合には、現在の届出事項である氏名の一部として届出されることとなる。

　なお、（補足説明）2において、氏名の読み仮名の性質に関して、氏にあっては現に使用されている読み仮名、名にあっては命名された時に定められた読み仮名という既成の事実を届け出るものと整理するのが相当とされている。

イ　既に戸籍に記載されている者の氏名の読み仮名の収集方法

　取りまとめ第2の2⑵では、既に戸籍に戸籍法第13条第1号に定める氏名が記載されている者に係る氏名の読み仮名の収集方法として、氏名の読み仮名の届を設け、戸籍に記載されている者又はその法定代理人に一定の期間内の届出義務を課す【甲案】、氏名の読み仮名の届を設け、戸籍に記載されている者又はその法定代理人に一定の期間内の届出を促す【乙案】、市区町村長の職権により戸籍に記載する【丙案】の3案が示されている。なお、【丙案】については、【甲案】又は【乙案】と併せて採用することもあり得るとされている。

　（補足説明）2において、氏については、同一戸籍内の同籍者の氏は異ならないこととなっており、氏の読み仮名についても同様に考えられるため、氏名の読み仮名の届の届出人は、同籍者全員とする必要があるかが問題となるとされているところ、この点について、特に、DV（ドメスティック・バイオレンス）などにより離婚には至っていないが、別居状態にある者については、届出をすることが困難との意見もあった。

　なお、同籍者全員を届出人としない場合には、同籍者の一人が届け出た氏の読み仮名が、他の同籍者が認識しているものと異なることも想定されるところ、この場合には、戸籍法第113条の「その記載に錯誤があることを発見した場合」に該当するとして、利害関係人である他の同籍者は、家庭裁判所の許可を得て、戸籍訂正を申請することとなるものと考えられるが、具体的な処理についてはなお検討が必要であるとされている。

　（補足説明）3において、届出期間については、例えば、改正法令の施行日から一定期間内（当該者が届出人等となる戸籍の届出をする場合にあっては、当該届出の時まで）にしなければならない又はするものとする旨法令に規定す

ることが示されている。また、運用として、市区町村から氏名の読み仮名の届
又は職権記載の申出を促す案内を送付することは可能であるとされている。

　（補足説明）４において、届出方式については、他の戸籍の届出がされた場
合に、届出人等について記載された氏名の「読み仮名」をもって、氏名の読み
仮名の届があったものとして取り扱うことや【丙案】の資料とすることが示さ
れている。また、これらの場合には、その旨周知するとともに、届書の様式に
注記することが適当であることも示されている。なお、届出の方法としては、
マイナポータルを活用すべきとの意見があった。

　（補足説明）５において、届出時に疑義がある場合の疎明に関しては、原則
として、氏名の読み仮名の届出に際し、これを証明する資料の添付を求めない
が、氏名の読み仮名の許容性に疑義がある場合には、届出人に対し、氏名の読
み仮名が通用して使用されていることを示す疎明資料の提示を求めるとするこ
とも考えられるとされている。

　（補足説明）７においては、【甲案】の氏名の読み仮名の届を前提としつつ、
届出期間経過後、市区町村が保有する情報を基に、国民に戸籍に記載する氏名
の読み仮名の通知を送付し、一定期間内に異議を述べなかったときは、同期間
経過後に当該通知に係る氏名の読み仮名を承認したものとみな（擬制）し、市
区町村長が職権により戸籍に氏名の読み仮名を記載する制度とする案が示され
ている。

　（補足説明）８においては、【丙案】の具体的な方法として、２つの案が示さ
れている。

　一つ目の案は、戸籍法第24条第１項の戸籍の記載に遺漏があると評価し、当
該戸籍に記載された者若しくはその法定代理人からの職権記載申出又は氏名の
読み仮名を職務上知った官庁等からの本籍地市区町村長への通知があれば、同
条第２項の戸籍訂正により市区町村長が氏名の読み仮名を記載することができ
るとするものである。もっとも、これまでの戸籍訂正の運用に鑑みると、原則
として、職権記載申出を促した上で、実際に前者の申出があった場合にのみ戸
籍訂正をする運用とするのが相当であるとされている。

　二つ目の案は、市区町村長が職務上氏名の読み仮名を知ったときは、職権に
よりその記載をすることができるとする規定を法令に設けるものである。

（補足説明）10においては、職権で戸籍に氏名の読み仮名を記載するに当たっては、謝罪広告等請求事件判決（最判昭和63年2月16日第三小法廷民集42巻2号27頁）における判断を踏まえ、少なくとも本人の明示的な意思に反しないように配慮すべきとされている。

3　ローマ字による表記等

氏名の読み仮名を戸籍の記載事項として法制化した後、戸籍以外の公簿や各種証明書等に記載されている氏名の読み仮名及び氏名のローマ字表記を戸籍に記載される氏名の読み仮名と整合させる必要があるところ、これをどうやって確保するか、検討する必要があるとされている。

4　今後の展望

法務大臣は、令和3年9月16日、研究会における検討状況を踏まえ、法制審議会に対し、氏名の読み仮名の法制化に係る戸籍法令の見直しに向けた諮問（諮問第116号）を行った。諮問は、個人の氏名を平仮名又は片仮名で表記したものを戸籍の記載事項とする規定を整備するなど、戸籍法制の見直しを行う必要があると考えられるので、その要綱を示されたいというものである。

法制審議会においては、戸籍法部会（部会長：窪田充見教授）が設置され、同年11月25日を皮切りに、精力的に調査審議が重ねられている。

取りまとめで取り上げられた論点は、法制審議会における今後の調査審議でも参考にされるものと考えられるが、本稿で紹介したとおり、その論点の多くが、全ての国民に影響のあるものである。

国民の親族的身分関係を登録及び公証する戸籍制度において、氏名の読み仮名が戸籍の記載事項として新たに登録及び公証されるようにするためには、広く国民の間で十分な議論が行われ、理解が浸透することが不可欠である。取りまとめの内容や、法制審議会における調査審議の動向を踏まえて、各方面で議論が深められることが期待される。

氏名の読み仮名の法制化に関する研究会　取りまとめ

研究会の設置経緯・実施状況

デジタル・ガバメント実行計画（令和2年12月25日改定。同日閣議決定。）等を踏まえ、戸籍における氏名の読み仮名の法制化を図るための論点や考え方等を検討し、整理することを目的として、本研究会を設置。
令和3年1月28日から同年7月28日まで、全7回に渡り、検討・討議を実施。

読み仮名の法制化の必要性及び登録・公証される意義

・読み仮名が個人を特定する情報の一部であることを明確にし、情報システムにおける検索及び管理等の能率を向上させ、社会生活における国民の利便性が向上する。
・正確に氏名を呼称することができ可能となる場面が多くなり、国民の利便に資する上、本人確認書類の一つとすることができることにより、各種手続における不正防止を補完することが可能となる。
・多くの日本人にとっては、氏名と同様その読み仮名（読み方）にも強い愛着があるため、これが戸籍などの公簿に登録・公証されることにも意義があるものと考えられる。

読み仮名の戸籍の記載事項化

(1) 読み仮名の名称
① 「氏名を平仮名で表記したもの」又は
② 「氏名を片仮名で表記したもの」とする。

(2) 読み仮名の位置付け
① 戸籍法第13条第1号に定める氏名の一部又は
② 戸籍法第13条第1号に定める氏名とは別個のものと位置付ける。

(3) 音訓や字義との関連性及び公序良俗の法理をめぐる許容性
① 音訓や字義との関連性及び公序良俗の法理によるほか、又は
② 国字の音訓・慣用の表音によるほか、字義との関連で認められるものとする（①に適用）

(4) 戸籍に記載可能な平仮名又は片仮名の範囲
・現代仮名遣いに本文第1又はこれを片仮名に変換したもの
・先例上認められているもの

(5) 読み仮名の変更（氏又は名の変更を伴わない場合）
① 現行の氏又は名の変更と同様の要件とする。
② 現行の氏又は名の変更よりも緩和した事由により認める方法、又は
③ 家庭裁判所の許可を要件とし、届出のみでできるものとする。

(6) 同一戸籍内の規律
氏の読み仮名を異なるものとすることはできないものとする。

読み仮名の収集方法

読み仮名の届出
出生の届出等　氏又は名を初めて戸籍に記載することとなる戸籍の届書等の記載事項として、法令に規定する。
既に戸籍に記載されている者の読み仮名
① 氏名の読み仮名の届を設け、戸籍に記載されている者に一定期間内の届出義務を課す若しくは届出を促す方法、又は
② 市区町村長の職権により戸籍に記載する方法。

ローマ字による表記等

戸籍以外の公簿や各種証明書等に記載されている読み仮名及び氏名のローマ字表記と整合させる必要があると考えられるところ、これらをどうやって確保するか、確保する必要があるか、検討する必要がある。

第2章

資料
～議事要旨と研究会資料～

氏名の読み仮名の法制化に関する研究会　委員名簿

（敬称略，五十音順）

一般社団法人全国銀行協会 （株式会社三井住友銀行事業統括部）	青木	康祥
全国連合戸籍住民基本台帳事務協議会幹事長 （東京都杉並区区民生活部区民課長）	江川	雅志
内閣官房情報通信技術総合戦略室参事官	奥田	直彦
最高裁判所事務総局家庭局第二課長	木村	匡彦
神戸大学大学院法学研究科教授	窪田	充見
一般社団法人全国銀行協会 （株式会社三菱ＵＦＪ銀行事務企画部　調査役）	小林	泰斗
早稲田大学社会科学総合学術院教授	笹原	宏之
東京都大田区戸籍住民課戸籍住民担当係長	髙橋	昌昭
元魚津公証役場公証人	新谷	雄彦
慶應義塾大学大学院法務研究科教授	西	希代子
弁護士（広島弁護士会所属）	舩木	孝和
全国連合戸籍住民基本台帳事務協議会幹事長 （東京都江東区区民部区民課長）	星名	剛
株式会社インターネットイニシアティブ 取締役副社長	村林	聡
外務省領事局旅券課長	山口	勇
早稲田大学大学院法務研究科教授	山野目章夫	

（法務省）

法務省民事局民事第一課長	土手	敏行
法務省民事局参事官	国分	貴之
法務省民事局参事官	佐藤	隆幸
法務省民事局戸籍企画官	長橋佑里香	

氏名の読み仮名の法制化に関する研究会第1回会議議事要旨

第1　日時　令和3年1月28日（木）17時〜19時
第2　場所　一般社団法人金融財政事情研究会会議室を事務局にリモート実施
第3　出席者（役職名・敬称略）
　座長　窪田　充見
　委員　青木　康祥，江川　雅志，奥田　直彦，木村　匡彦，笹原　宏之，
　　　　佐藤　隆幸，髙橋　昌昭，土手　敏行，長橋　佑里香，新谷　雄彦，
　　　　西　希代子，舩木　孝和，村林　聡，山口　勇，山野目　章夫
第4　議事概要
　1　開会
　（1）座長挨拶等
　　　　冒頭に，窪田充見座長から挨拶がされ，その他の委員が自己紹介を
　　　行った。
　（2）議事及び資料の取扱い等
　　　　非顕名の議事要旨を作成し，これを，委員名簿及び研究会資料とと
　　　もに，一般社団法人金融財政事情研究会のウェブサイトに掲載して公
　　　表することとされた。
　2　本日の議題（自由討議）
　　【本研究会の検討対象】
　・　本研究会の検討の対象は，仮名のみか。仮名表記とローマ字表記は1
　　　対1の対応ではないので，ローマ字による表記についても議論の対象
　　　とし，最初から議論の対象から外すとはしない方がいいのではないか。
　　【氏名の読み仮名の法制化の意義】
　・　漢字氏名の他，仮名氏名，ローマ字氏名というのを，個人として一
　　　意なものとして定めていきたい。そうしないと，このデジタル化の社
　　　会に対応出来ないと考えており，デジタル庁に向けては，そういった
　　　形で，ベースレジストリを考えているところ。
　・　氏名だけで個人を一意に特定できるわけではないのに，氏名の読み
　　　仮名を全員の戸籍に記載しなければならないというのは，システム処
　　　理の正確性・迅速性・効率性を向上させることができるというところ
　　　に飛躍してしまっているのではないか。システム処理の正確性・迅速
　　　性・効率性を向上させるためにこれだけの大作業をするのであれば，
　　　そこをきちんと丁寧に説明しないと，受け入れ難いとなりかねない。
　　　システム処理を一番簡単にできるのはマイナンバーを使えるように
　　　することなので，それはそれで正面からチャレンジすべきではないか。

1

【氏名の読み仮名の定義】

- 研究会資料では，氏名を呼称する表音を片仮名で表記したものを氏名の読み仮名と定義するとしているが，「表音」は一般的に言う「発音」と理解し，今後「表音」という表現を法律用語のように一般の人たちにも使っていくのか。

- 「表音」という言葉，あるいは概念を用いるかは，これから本研究会で考えていくべきであり，民事基本法制に本格的にこの概念が入る初めての例になるので，旅券法施行規則の表音の例はそれとして，慎重に検討しなければならない。

- 商業登記における商号の扱いについて行政通達のレベルでは類似の局面があるので，調べておく必要があるのではないか。

- 氏名の読み仮名は氏名としてコントロールされている戸籍の記載事項なのか，オプションとして戸籍に記載することも許される程度のものなのかについて検討する必要があり，それが収集方法にも関係してくる。

- 氏名の読み仮名を氏名の一部とせず，氏名とは別個の戸籍の記載事項とすることに障害はないか。

- 氏名の読み仮名を氏名の一部と位置付けるか，そうでない形で位置付けるか双方の考え方があり得るという点は，双方の考えがあり得るとしてしばらく検討を続けるべきである。

- 新たな届出にするか，住民登録などの情報に基づいて間違いないか確認してもらうとか手段はいろいろあるが，今回新たにやろうとしていることが，法律の根拠を付けて，本人に何らかの形で関与してもらい，新たに読み仮名を戸籍に記載する制度を設けたいということであれば，氏名の一部かどうかという二つの位置付けは，あまり変わらないのではないか。むしろ，今回別個に戸籍の記載事項になったという方が明確かと思う。

- 読み仮名が氏名の一部かどうかという議論と切り分けた方がいいのかもしれないが，氏名の読み仮名を任意的記載事項だとすると，全部集めない，それが漏れていても正しい記載がされていないわけではないということになり，必要的記載事項だとすると，海外に行く予定がなく，マイナンバーカードを使う予定もなくても，戸籍として正しい情報が反映されていないので，読み仮名を収集しなければならないという方向になると思う。

- 片仮名の範囲は実ははっきりしていない。国語政策とＪＩＳ漢字とでも範囲が違う。国語政策には現代仮名遣いがあって，これを片仮名に

2

置き換えれば，現代の日本語はほぼ書けることにはなる。帰化された方などは，最初から片仮名で記載されていることもあり，外国語の発音を片仮名に置き換えていることになるが，外来語の表記という内閣告示・訓令では対応しきれないところもある。片仮名の範囲のほか運用をどこまで認めるかという問題でもある。「ワ」に濁点のある片仮名などをどこまで認めるかといったことも決めておかないと窓口等で混乱が発生する。

・　片仮名を1バイトとするかなども決めておかないと，それによって使える文字が変わってくる。

・　任意的記載事項にするのか，必要的記載事項にするのかを押さえる必要がある。任意的記載事項とし，届出を要請するが，強制しないというのであれば，法律上の根拠はあるけれども運用は今と同じである。今の運用は，漢字との字義の関連性は厳格ではなく，自由に読み仮名を設定しているが，それを認めて良いのかが問題となる。そして，現在の運用をなるべく変えないとすると，読み仮名を変更する場合には，裁判所の許可を得てやってくださいという運用も一つの方法だと思う。それではまずい，変えないといけないというのであれば，その必要性を議論することが大事なのだと思う。

・　氏名の読み仮名をどう位置付けるかという問題，それが必要的記載事項か，任意的記載事項かという問題と，収集の仕方が全部関わりあってきているので，うまく整理して議論しないと，堂々巡りになるので，どういう順番で何を議論するかを検討する必要がある。

【氏名の漢字部分の音訓や字義との関連性】

・　傍訓が設けられたのは，当時の識字の問題，難しい漢字が戸籍に記載されると読めないという問題があったからである。字義については，常用漢字表の音訓表や，漢和辞典の音訓，最近は名乗りの辞典もあるが，それ以外の読みも多い。例えば，「温心」で「ハート」と読むなどあるが，そこまで何でもありとなると，一番大変なのは出生届の審査で，窓口でトラブルが起こることもある。収集する以前の問題として，新しい名前が出生届で届け出られたときの問題を検討する必要がある。

・　漢字の字義と名乗りの発音との不一致に関して，「温心」と書いて，「ハート」も当て字であるが，意味が合っている，字義が合っているではないかという話にもなりうる。100年，200年の歴史を持っている当て字もたくさんあって，誰かが客観的に判断するのは，裁判官がするとしても相当大変なことになる。名乗り訓とされているものも網羅された資料はなく，江戸時代になかったものが今では普通になっ

3

ているものもある。平和の「和」と書いて「カズ」と読むものさえ，実は確実な根拠が見つかっていないとされる。足し算で和が数だからともいうが，それが理由なのかはまだ分かっていない。混沌とした世界が漢字自体にあって，それが名前に持ち込まれて，名前でさらに拡張している感がある。今回そこまで足を踏み入れると大変だろうと思う。

- 　漢字との関連性についてある程度自由に認めていかなければならないだろうが，勝手に全く関係ないものを好きに付ければいいのか，極端に言えば，漢字と全く関係ないものが片仮名表記にあって，片仮名表記とも違うローマ字表記があるということでいいのか，どこかで線引きする必要がある。

- 　傍訓が戸籍に残っているもの（改製不適合戸籍）があれば，読み仮名をそれと違うものとしていいのかという問題がある。

- 　例えば，名が「てふ」で，戦前に「テフ」と傍訓が記載されているような方の読み仮名を「チョウ」と変更することはできるか。また，方言で仮に「チュウ」と呼んでいる場合に，「チュウ」と読み仮名を記載することはできるか。さらに，実際に「子」を補って「チョウコ」と呼んでいる場合に，「チョウコ」と読み仮名を記載することができるか。本欄のひらがなが本体なのか，読み仮名欄を含めて名前とするのか。このような問題が今回表面化するだろう。

- 　上記の問題は，読み仮名を氏名の一部と位置付けるかにもかかわる深刻な問題であり，丁寧に検討する必要がある。

【氏名の読み仮名の変更の可否等】

- 　読み仮名を氏名の一部と位置付けると，裁判所の氏名の変更の手続が使えるということは，メリットと言えるか。見方によってはデメリットかもしれず，別の仕組みを工夫しなければならない可能性も大いに想定しなければならないのではないか。

- 　現行の氏の変更は，やむを得ない事由，名の変更は，正当な事由が必要であるが，読み仮名の変更もパラレルになると思う。

【氏名の読み仮名の収集方法】

- 　住民基本台帳には読み仮名があるのではないか。例えば，選挙で本人確認をするときに読み仮名を発言させているなど，今ある読み仮名のデータとしては多分かなりあると思うが，法律上の根拠がなかったから使えない，もう一回収集し直す必要があるということを前提に議論しなければいけないのか。

- 　婚姻届には氏にもふりがなが付いている。現在は戸籍の記載事項ではないが戸籍に登録されるための書類として書かれた点では，住民票と

4

は違うレベルのものとして位置付け，市区町村の戸籍事務と国の戸籍事務（現在の婚姻届の保管事務）をうまく連携するなど工夫ができないか。
・　届出錯誤になると戸籍法第１１３条の戸籍訂正の問題となるが，届出のミスなのか審査ミスなのかよく考えないと大きな問題となるなど，具体的に細かい点まで決めておかないと市区町村の窓口の担当者が大変になる。
・　住民記録システムのふりがなについては，当初本人に確認して入力しているものではなく，その後の異動時にも直したり，直していなかったりという状況である。現在，ふりがなは，住民基本台帳法上も法令上の記載事項とはされていないので，住民票のふりがなについても正しいものが入っているとは限らない前提のものであると思う。
・　旅券は戸籍の氏名の表音をヘボン式ローマ字表記することを原則としているが，例外も認めている。有効旅券数は約3,000万冊あり，留意が必要。

3　閉会

5

本研究会の検討事項について

第1 本研究会の検討課題

　デジタル・ガバメント実行計画（令和2年12月25日改定。同日閣議決定。）において，「マイナンバー制度及び国と地方のデジタル基盤抜本改善ワーキンググループ報告」のとおり，「2024年からのマイナンバーカードの海外利用開始に合わせ，公証された氏名の読み仮名（カナ氏名）に基づき，マイナンバーカードに氏名をローマ字表記できるよう，迅速に戸籍における読み仮名（カナ氏名）の法制化を図る。これにより，官民ともに，氏名について，読み仮名（カナ氏名）を活用することで，システム処理の正確性・迅速性・効率性を向上させることができる。」とされた。

　そこで，戸籍における氏名の読み仮名（カナ氏名）の法制化を迅速に図るための論点や考え方等を検討し，整理することとする。

第2 具体的な検討事項

1 氏名の読み仮名の戸籍の記載事項化について

(1) 氏名の読み仮名の定義

　　氏名を呼称する表音を片仮名で表記したものを「氏名の読み仮名」（仮称）と定義し，戸籍の記載事項とすることについて，どのように考えるか。

　　（注）氏名の読み仮名を氏名の一部と位置付けるか，氏名とは別個の新たな戸籍の記載事項と位置付けるか，双方の考え方があり得る。

(2) 氏名の漢字部分の音訓や字義との関連性

　　氏名の漢字部分の音訓や字義との関連性の要否について，どのように考えるか。また，いずれの場合であっても，氏名の片仮名又は平仮名部分に係る読み仮名をその表音と異なるものとすることはできないとすることについて，どのように考えるか。

　　（注）旅券法施行規則（平成元年外務省令第11号）第5条第2

1

　　項において，「法第6条第1項第2号の氏名は，戸籍に記載さ
　　れている氏名（戸籍に記載される前の者にあっては，法律上の
　　氏及び親権者が命名した名）について国字の音訓及び慣用によ
　　り表音されるところによる。ただし，申請者がその氏名につい
　　て国字の音訓又は慣用によらない表音を申し出た場合にあって
　　は，公の機関が発行した書類により当該表音が当該申請者によ
　　り通常使用されているものであることが確認され，かつ，外務
　　大臣又は領事官が特に必要であると認めるときはこの限りでは
　　ない。」と規定されている。

(3)　拗音，促音又は長音の取扱い

　　現代仮名遣い（昭和61年内閣告示第1号）の例により，拗音
　　（「キャ」など）又は促音（「ッ」）などの小書のものや長音
　　（ー）も，氏名の読み仮名として戸籍に記載できるとすることに
　　ついて，どのように考えるか。

(4)　氏名の読み仮名の変更の可否等

　　氏名の読み仮名の変更の可否について，どのように考えるか。
　　また，変更を可能とした場合には，戸籍法（昭和22年法律第2
　　24号）第107条又は第107条の2の氏又は名の変更届の対
　　象とすべきか，それとも，この届に準じた新たな届の対象とすべ
　　きか。

　　（注）氏名の読み仮名の変更について，戸籍法第107条又は第
　　　　107条の2の氏又は名の変更届の対象とすれば，やむを得な
　　　　い事由により氏の読み仮名を，正当な事由により名の読み仮名
　　　　を家庭裁判所の許可を得て変更することができることとなる。

(5)　同一戸籍内の規律

　　同一戸籍内においては，氏の読み仮名を異なるものとすること
　　はできないとすることについて，どのように考えるか。

　　（注）同一戸籍内において氏の読み仮名を異なるものとすること
　　　　はできないとする場合，新たに戸籍を編製する場合において，
　　　　戸籍の筆頭に記載することとなる者の氏の読み仮名が既に記載

2

　　　されているときは，新たな戸籍における氏の読み仮名は，従前
　　　の戸籍におけるものと同一のものとなる。

２　氏名の読み仮名の収集方法について

（1）　氏名の読み仮名の届出

　　　戸籍法第13条第1号に規定する氏又は名を初めて戸籍に記載
　　することとなる以下の戸籍の届書又は調書の記載事項に氏又は名
　　の読み仮名を追加することについて，どのように考えるか。

　　ア　出生の届書（戸籍法第49条）（名の読み仮名）

　　イ　棄児発見調書（戸籍法第57条）（氏名の読み仮名）

　　ウ　国籍取得の届書（戸籍法第102条）（名（新戸籍を編製され
　　　　るときにあっては，氏名）の読み仮名）

　　エ　帰化の届書（戸籍法第102条の2）（名（新戸籍を編製され
　　　　るときにあっては，氏名）の読み仮名）

　　オ　氏の変更の届書（戸籍法第107条）（氏の読み仮名）

　　カ　名の変更の届書（戸籍法第107条の2）（名の読み仮名）

　　キ　就籍の届書（戸籍法第110条）（氏名の読み仮名）

（2）　既に戸籍に記載されている者の氏名の読み仮名の収集方法

　　　既に戸籍に戸籍法第13条第1号に規定する氏名が記載されて
　　いる者に係る氏名の読み仮名の戸籍への記載については，新たな届
　　（氏又は名の読み仮名の届）を設け，届出義務を課すか（若しくは
　　届け出ることができるとするか），又は同法第24条に規定する戸
　　籍訂正によるとするかについて，どのように考えるか。

　　（注1）氏の読み仮名の届については，同一戸籍内にある者全員が
　　　　届出人になるものと考えられる。なお，戸籍法第137条におい
　　　　て，正当な理由がなくて期間内にすべき届出をしない者は，5万
　　　　円以下の過料に処するとされている。

　　（注2）戸籍法第24条に定める戸籍訂正の契機には，本籍地市区
　　　　町村長に職権記載を促す申出又は氏名の読み仮名を職務上知った
　　　　官庁から本籍地市区町村長への通知がある。

氏名の読み仮名の法制化に関する研究会第2回会議議事要旨

第1　日時　令和3年2月25日（木）15時〜17時
第2　場所　一般社団法人金融財政事情研究会会議室を事務局にリモート実施
第3　出席者（役職名・敬称略）
　座長　窪田　充見
　委員　青木　康祥，江川　雅志，奥田　直彦，木村　匡彦，笹原　宏之，
　　　　佐藤　隆幸，髙橋　昌昭，土手　敏行，長橋　佑里香，新谷　雄彦，
　　　　西　希代子，舩木　孝和，村林　聡，山口　勇，山野目　章夫
第4　議事概要
　1　開会
　2　本日の議題
　【本研究会の検討対象】
　・　氏名の読み仮名やローマ字表記について，目的がはっきりしない。後
　　の手段がどうあるべきかの前提として，パスポートにしても住民票に
　　しても戸籍にしても，なぜこれを紐付けてどういうことをしようとし
　　ているのか。
　・　ベースレジストリの中でしっかりと個人の氏名を位置付けたい。シス
　　テム処理，情報技術を使った処理になると，カタカナであったりロー
　　マ字であったり，しっかり処理できるようにする必要がある。本人を
　　特定する一意なものとして漢字氏名，カナ氏名，ローマ字氏名としっ
　　かり位置付けていく。デジタル社会の形成において，しっかり位置付
　　けないと，デジタル化の中で，いろんな障害を生じる。マイナンバーカ
　　ードの海外利用が目的ではない。個人を識別し，特定する身分証明書
　　としてマイナンバーカードを活用していくが，海外利用にあたっては
　　ローマ字表記がマストだが，現在では，何も公証されてないものを表
　　記することになる。
　・　「2024年からのマイナンバーカードの海外利用開始に合わせ」てと
　　あるが，海外での利用と戸籍の読み仮名は，どう繋がるのか。
　・　マイナンバーカードの海外利用になると海外の方々に認識してもら
　　わなければならないが，公証されていない平仮名に基づくローマ字表
　　記になる。また，ベースレジストリとして，個人や事業所がデータをし
　　っかり整備しようと検討を始めている中，個人を認識するものとして，
　　カナ氏名，ローマ字氏名も特定し，公証する必要がある。
　・　単に海外での利便性であれば，任意的記載で足り，必要な人がやれば
　　いいだけではないか。利便性だけの問題か，別な目的があるのか。

1

- マイナンバーカードの海外利用というのは時期を特定するために書かれているものであり，本人を一意として認めるために漢字氏名とカナ氏名，ローマ字氏名を公証するのが一番の目的である。2024年度からマイナンバーカードがローマ字表記になる期限として，検討し，実施していくもの。マイナンバーカードのローマ字表記が目的ではなくて，時期がそこになるという意味。

- 「カナ氏名の法制化を図る」までと，その後の「これにより」の記載が飛び過ぎていて，システム処理の正確性，迅速性，効率性が向上するのかわからない。これをすることで，本当に正確性，迅速性，効率性が上がることを示さないと，この大作業は，コストだけかかって，一体何のためにやったんだとなりかねない。

- 海外で身分を証明する場合には問題なくパスポート1択だと思うが，マイナンバーカードはこれに並ぶ効力を持つということになるのか。

- 書かれた漢字，文字が自分の名前の中心という意識の人と，文字を知らない頃からの呼び名・発音こそが自分の名前の本体だという意識の人とがいる。日本では千数百年前から卑弥呼のような名前があって，我々は漢字が浮かぶが，卑弥呼自身は「ひみこ」のように言っても，漢字は知らなかったと思われる。呼び名しかない音の世界で，中国の人がそれに漢字を当てて記録がなされた。いつしか日本でその音と漢字の位置関係が逆転し，漢字こそ名前の本体だ，公簿たる戸籍にはその漢字だけ書けばいいという意識が明治時代には広まった。「イトウヒロブミ」も，漢字を当てたことから「ハクブン」とも読まれるようになる。自身でそのように言う人もいた。漢字が中心だからこそ，音読み，訓読みと発音が自在にできる時代には戸籍に書かれている名前の本当の読み方を本人も知らないということが，明治の頃の記録に現れている。

- 日本では氏名の発音を書くときに，平仮名，片仮名やローマ字を使わざるを得ないが，そのローマ字はパスポートはいわゆるヘボン式で，「ち」がCHIになって「つ」がTSUになるが，国語政策としては訓令式（日本式）が優先されている。目的によっては，ヘボン式に統一する明確な理由が求められる。訓令式が日本人の意識を代表するもので，例えば全部Tで書いてこそ「た行」だという主張もある。本件がローマ字に関わるのであれば，そういうことも問題として付随してくる。

- 研究会の目的となると，日本人の名前における漢字と音の関係を見直すというのをストレートにすることはできないのではないか。

2

【氏名の読み仮名の定義】

- 戸籍の届出は原則義務が課されているとの記載について，義務が課されているのは，出生届，死亡届，裁判離婚，裁判離縁など，結果が出ている報告的届出というもので，婚姻や養子縁組という創設的届出は義務化されていない。名の変更なり氏の変更は，現在では義務が課されておらず，裁判所の許可があったとしても届出義務が課されず，創設的届出であるので，そこをきちっと分けて考えた方がいい。

- 一つの局面の例を挙げると，婚姻によって新戸籍を編製する場合に，氏が変わらないケースもある。妻の氏を称する婚姻をする場合に，妻となる人は氏が変わらなくても，新戸籍を編製する局面において，従前その妻となる人がいた戸籍の氏の漢字の部分は，新戸籍にしても，妻の氏を称する婚姻であれば同じであるが，チャンスという言い方がいいのかわからないが，そのチャンスに，従前の読み仮名とは異なる読み仮名を希望するのでそちらにしてくださいとなったときに，それはやめてくださいという話になるのか，それもあるという話になるのか。そのどちらであるかをこの研究会で多数決で決める話ではなく，今後この議論が社会に告知されていくにあたって，国民世論がこの読み仮名というものを，どこまで堅苦しく，あるいは国が押しつけるような仕方でされるという感覚を持つのか，いやいや割とそのカチッと機械的に決めていただくことで良いと感ずるかといったようなことを見据えながら，考えていく必要がある論点だろう。氏の一部とすると，従前の読み仮名とは違うものを選ぶというのは論理的に自動的に位置付けられることになるが，氏の一部にならないとなると，今回新しく仕組もうとしている考え方で，従前の読み仮名でオートマチックにやっていただきますという戸籍事務の処理を法務省は考えているのかもしれないが，世論の動向によっては違う仕組み方もあるかもしれず，そちらの方がオープンな議論になる。

- 「傍訓が付されている場合には，漢字と傍訓とが一体となって名を表示し，その名を表示するには常に傍訓を付さなければならないと考える向きがある」という記載については，漢字である氏名を書くだけではなくて，常にふりがなを付けなければ完全な名前の表記ではないというものに対して，そうではないという説明であり，この話と名前の一部かどうかというのは，ずれがある。名前として書くのは，漢字を用いていいが，ふりがなは別個にあるのではなく，最終的には人を特定するための個人を識別するための名前の一部だという捉え方は，少し

3

議論のずれがあり，名前の一部かどうかということも複数の局面がある。

- 金融機関は，本人確認資料として免許証やマイナンバーカードの提示を受けて，実際に本人を確認して口座を作っている。氏名の一部になり公証されると，法的な本人確認資料を見ない限り，金融機関は受け入れができないので，全部氏名と共に仮名氏名も表示されるとならないと，実務上耐えられない。何らかの形でデータとしてもらえれば，実務的に回るが，そうすると，戸籍と民間機関が持っている個人情報とを紐付けるキーが必要で，片仮名の氏名はキーにならないので，マイナンバーカードの認証情報のようなものをくっつけてもらわない限りできないことになる。本当に必要なもの以上にもどんどん義務付けて，必要的記載事項として，義務としてやることが可能か。

- それぞれの自治体と金融機関，企業体が機関を越えてマッチングするときには，漢字はコードとか，使っているシステムが違うケースも多く，マッチングできないので，仮名でやる検索の方が合わせやすいということが一部にあるかもしれないが，大きな決め手になるものではない。とりあえずそれが必要な人には全部振るという作業をして，縛ってしまうことは，作業量も，いろんなコストも多く，デジタル処理もある中でそこまでやらないといけない理由がわからない。

- 仮名の方が検索の利便性が良いというのは，電子政府の事業に関わる中で，学んでいる。

- 銀行と顧客との取引時には，免許証等の公的本人確認書類を用いて，「氏名」を確認することが税法又は犯罪収益移転防止法上，義務付けられている。今回の検討で，読み仮名が氏名の一部と位置付けられた場合，読み仮名を本人確認時の確認項目とすべきかどうかという論点が生じると思っており，この点は実務への影響が大きい。また，もし読み仮名を本人確認時の確認項目とするのであれば，どのような公的本人確認書類に読み仮名が付され，これにより確認が可能となるのかということが明らかにされる必要があると考える。

- 昭和63年判決の記載について，これを読むと確かに個人の意思に反しないものの方がいいというのはわかるが，あの事件で問題になったのは，母国語読みと日本語読みのどちらが正確な呼称なのかということであって，その主観的な正しさと一般的な正しさ，一般的な読み方か，個人の主観的に思っている読み方とどっちが優先されるのかという話の問題ではない。ここでこの判決を書くことによって，個人の思

4

っている呼称というのが尊重されるべきだということはわかるが，その接続が必ずしもそうダイレクトにいくものではない。

・ 読み仮名の変更については，読み仮名も氏名の一部と考えると，漢字の氏・名の変更をしたいとき，読み仮名も合わせて，セットとして申し立て，判断しなければならないか。仮に，読み仮名が不適法で認められない場合には，漢字もあわせて変更が認められないか。読み仮名の変更の可否をどうするかとは別に，漢字の氏・名の変更のあり方も変わってくる可能性もある。

【現代仮名遣い】

・ 「いう」を「いふ」，「蝶」を「てふ」と書いたのは，平安時代の人々の発音に基づくもので，かつての表音的な表記であった。発音は変化するが，その変化に仮名表記をどう対応させるか，そのままにするか，さまざまな議論と方法があった。戦後に簡単にしようとして，なるべく発音（音韻）のとおりに書くと決めたのが現代仮名遣いである。

・ 長音符「ー」がないのが「現代仮名遣い」の特徴である。今回片仮名表記をすると，帰化された方の名前を書くときにカナや記号が足りなくなるが，かなりのところまでは，平仮名を片仮名に読み換えることでカバーできる。その他，「姉さん」は「ねいさん」ではなくて「ねえさん」と，「父さん」は「とおさん」ではなくて「とうさん」と書くといったことが決められている。これも歴史的仮名遣いを現代風に置き換えるといったことを1つ1つ行った結果である。例えば助詞の「は」は「は」と書くが，平安時代にそれを「ふぁ」と発音していたからそのまま書いたもの。鎌倉時代頃に発音が「わ」と変わってしまったため，「わ」を書けばいいではないかというのが表音式の書き方である。ところが，現代人にとって読みにくいので，助詞の「は」は「わ」と読むけれど「は」と書くと決められた。これを名づけと関わらせると，「なほこ」と平仮名で書く人がいた場合に，「なおこ」と現在風に読む方がいるので，この規定が少し関わってくる。

・ 例えば「かおり」さんがいるが，わ行で「かをり」と書く方もいる。その人のふりがな欄を見ると，「かおり」になっている，つまり「お」と現代仮名遣い式に置き換える人がいる。また，「かほり」さんと書く「かおり」さんもいた。定家仮名遣いと言って，鎌倉時代以降にできた新しい仮名遣いだが，やはり「かおり」のほか「かほり」とふりがなを付ける人がいる。現代仮名遣いの考え方からは逸脱している。そういう意味で，本件は現代仮名遣い（固有名詞にすべて適用するものではないとされる）の考え方をそのまま当てはめることはできない。

5

- 会津さんの「津」は，「づ」，「ず」に分かれる。津は「つ」だから，「づ」と思うが，昔から「ず」で書いていると主張するような人たちもいる。

【氏名の漢字部分の音訓や字義との関連性】

- 「十八公」と書いてマツオという例が挙がっているが，マツと読ませるのには典拠があって，「十八」を組み合わせると「木」になり，隣に「公」を持ってくると「松」になる。中国で千何百年前にそう考えた人がいて，ある種の教養のある層では「十八公」は「マツ」と読むことが楽しみながら共有されていた時代があった。現在では，むしろ常識外れとされかねないが，本当に字義と関係がないと言い切れるかどうか，個々の判断を誰がするかを考えると難しい問題である。

- 「高」と書いて「ヒクシ」に関しては，中国古典における漢字の運用法でいわゆる反訓，つまり反対の字義と称されるものさえあったことが想起される。「乱」と書いて「オサメル」と読むという例も漢籍などに時々出ており，名付けに反訓という方法を利用していると命名者から主張されたときには，反訓にも認められる範囲があると個別に判断することになるのか。

- 「和」は，平和の「和」や昭和の「和」で人気になった。そこで「カズ」という読み・表記が一般に認められているのだが，実はその根拠が明確ではない。このように，使用者が増えれば名乗り訓として認められるということを我々は経験しており，「和」で「カズ」という読みがおかしくないと思うのは，テレビで見て，友達にいて，親がそういう名前でなどという接触頻度が常識を作っていることの表れである。「月」と書いて「ルナ」ちゃんというのは，ラテン語みたいな読み方をするのかと思うが，オリンピック代表選手などに次々に現れて，だんだん馴染みが生じてきた。おそらく 10 年，20 年後の世代だと，もっとそういう意識が強まる。「月」と書いて「ルナ」というのは字義に合っているとはいえる。数の論理や意識も言語においては重要で，また身近に 1 人いるだけで馴染みが生まれることも経験するところである。

- 「海山」の読みを聞いたら，「ヒロタカ」で，海は広いなというところと山が高いということでそう読み，受け付けられているとのことであった。親が個性を考えて名前をつけて，育っていくと，本人も非常に愛着を持っている。キラキラネームとかいろんな名前が出回っているが，それをやりかえろということは，到底言えない。名前というのは，よほど混乱させるとか，そういうものではない限り，基本的に認める方向ではないか。

6

- 漢字が読めるかの議論も非常に重要と思うが，デジタル化は，漢字氏名で片仮名，平仮名も含めた仮名氏名とローマ氏名，これが本人を特定するために一意になっていることが重要。漢字氏名をローマ字でも表記し，そこが一つにまとまっている，ブレることなく，ちゃんと公証した形で一意に定めていくことが非常に重要。海と書いて「マリン」であったり，月と書いて「ルナ」というものは認めていき，社会通念上非常におかしい，名前としてちょっとそぐわないというところ以外は認めた上で，そこを一意として認めていく，さらには，変更が簡単にできない形で家庭裁判所に行くことを仮名氏名，ローマ字氏名にも適用していくことが重要。
- 私の名前を，「ルートビッヒ」，「フランチェスカ」，「フランチェスコ」でもいいか，そういうふりがなをつけたときに許容されるのか。全く逆のものもありうるとすると，全く無関係で，どう考えてもない，「ダビット」とか「デビット」と呼ばせるとかそんなものもありか。
- 全く予想できない，説明できないものはやっぱりおかしい。やはり認めるべきではない。判断基準は何だと言われるとなかなか難しいが。
- パスポートは，漢字の音訓読みをヘボン式でローマ字表記することを原則としており，他方で，海外渡航上，円滑にするために，外務大臣が認めるときは，その限りでないという例外を設け，その中で海外渡航上必要かどうかというものを申請者から疎明していただいている。全く無関係ではなくて，音訓読みに近いような形で，あくまでも例外だということで渡航上必要かどうかということを判断して認めている。ただし，一旦決めて認めたものについて変更する場合は，基本的に戸籍上の氏名が変わらない限りは認めないということで，変更については非常にハードルを高くしている。
- ○○さんという人がどこに登録されても一意に登録されていなければならないということはそのとおりで，きちんとそれを括るということは大事なこと。しかし，○○さんという人を名前だけで，不特定多数からユニークにすることはできないので，それがユニークに振られたマイナンバーを活用して処理をするというのが基本。自分がどこに登録されているものも一意であれば，読み仮名は，ある程度，自由度が認められてもいいのではないか。

【氏名の読み仮名の変更の可否等】
- 比較的自由な読み方を認めるとした場合でも，後から変更も自由にできるというのは別の問題で，一意で決まるという観点からは，ある程

7

度，自由な読み方を認めるとしても，一方で本人を同定するためのものとして，そんなに簡単に変更は認めないという考え方もある。

- 戸籍法１０７条１項と４項は家庭裁判所の許可を要する事案であり，１０７条２項と３項は届出人の意思で，２項は外国人と婚姻した場合の氏を使用する，３項は離婚したときに元の氏に戻るという届出である。この場合に，１０７条２項，３項いずれの場合にも，ふりがなまで名前に含めるとなると，１０７条２項，３項の変更したものの変更をするときは，今度は家庭裁判所の許可を要するとなるのか。

【同一戸籍内の規律】

- 同一戸籍内にとどまっている中で，お父さんは「スズキ」と読んで，子供は「ススキ」というものが許されるのか。そこで読み仮名を変えるというのは，少なくとも戸籍制度を前提とする限りは難しい。

【氏名の読み仮名の届の届出人の範囲】

- 同一戸籍内にある者全員が届出人になるという手続の記載について，一つのありうる自然な解決かもしれないが，同時に心配になることとして，典型的な局面を挙げると，配偶者から暴力を受け，又は受けるおそれがあるために住所又は居所を秘して生活する者が，単に届出人となる者との間で，社会的な接触を事実上強いられる事態は生じないように注意をしなければならない。同じ戸籍の中にある人はみんな仲がいいという保証は，とりわけ現代社会においては全くないので，今後の検討において留意する必要がある。

3 閉会

8

氏名の読み仮名の法制化に関する検討事項について

第1　本研究会の検討対象

　デジタル・ガバメント実行計画（令和2年12月25日改定。同日閣議決定。）において，「マイナンバー制度及び国と地方のデジタル基盤抜本改善ワーキンググループ報告」のとおり，「2024年からのマイナンバーカードの海外利用開始に合わせ，公証された氏名の読み仮名（カナ氏名）に基づき，マイナンバーカードに氏名をローマ字表記できるよう，迅速に戸籍における読み仮名（カナ氏名）の法制化を図る。これにより，官民ともに，氏名について，読み仮名（カナ氏名）を活用することで，システム処理の正確性・迅速性・効率性を向上させることができる。」とされた。

　そこで，本研究会においては，まずは戸籍における氏名の読み仮名，具体的には片仮名による読み仮名の法制化について検討の対象とする。もっとも，マイナンバーカードや旅券その他ローマ字により氏名が表記され，又はされる予定の公的資料があり，戸籍の記載事項はこれらローマ字により氏名が表記される公的資料に一定の影響を及ぼすこととなるため，最終取りまとめまでのスケジュールも勘案の上，片仮名による読み仮名の法制化についての方針が固まり次第，これを踏まえたローマ字による氏名の表記についての考え方についても付言することを目指すこととする。

第2　具体的な検討事項

1　氏名の読み仮名の戸籍の記載事項化について

（1）　氏名の読み仮名の定義

　　氏名を呼称する表音を片仮名で表記したものを「氏名の読み仮名」（仮称）と定義し，戸籍の記載事項とすることについて，どのように考えるか。

　　（注1）氏名の読み仮名を氏名の一部と位置付けるか，氏名とは別個の新たな戸籍の記載事項と位置付けるか，双方の考え方が

1

あり得る。

（注２）第１回研究会において，氏名の読み仮名を戸籍の必要的
記載事項と考えるか，任意的記載事項と考えるかが論点となる
との指摘があった。

　以下，必要的記載事項とは戸籍の記載事項であり，戸籍の記
載事由が発生した場合には届出を要することはもとより，その
記載がない場合には記載の遺漏による戸籍訂正の対象となるも
のと定義し，任意的記載事項とは戸籍の記載事項であるが，戸
籍の記載事由が発生した場合であっても，その記載は本人の任
意の意思に委ね，その記載がない場合にも記載の遺漏による戸
籍訂正の対象とはならないものと定義する。

　戸籍の届出については，原則として義務が課されており，そ
のほとんどが必要的記載事項である。届出義務が課されていな
い例として，法改正に伴う経過的な取扱いである外国の国籍の
喪失の届出（昭和５９年法律第４５号附則第１０条第２項）の
例がある。これは，改正法により，重国籍者が併有する外国国
籍を喪失したときは，その旨の届出義務が課されることとなっ
たが，施行前にはそのような義務は課されていなかったので，
単純化を図るため，施行前に外国国籍を喪失した場合について
は，改正法は適用しないこととしたが，戸籍記載上からは重国
籍が推定される者が，法律上又は事実上権利制限や資格制限を
受けるおそれもあるため，重国籍状態を解消していることを明
らかにすることについて，本人も利益を有するので，施行前に
外国国籍を喪失している旨の届出をする資格を本人に認め，そ
の届出については，戸籍法第１０６条第２項の規定を準用する
こととされたものである（田中康久「改正戸籍法の概要」民事
月報昭和５９年号外８１頁参照）。また，傍訓については，通達
によって，記載の申出をすることができるとされていた。

　したがって，これらについては，戸籍の記載事由（外国の国籍
の喪失）が発生しているが，その記載（届出）は本人の任意の意

2

　思に委ねられているので，任意的記載事項といえる。

（注３）商業登記においては，必ず登記をすることを要求される事項と，登記すると否とが当事者の任意である事項とがあり，前者を絶対的登記事項，後者を任意的登記事項といい，個人商人のする商号の登記（商法第１１条第２項「商人は，その商号の登記をすることができる。」）が任意的登記事項とされている（筧康生ほか詳解商業登記（上巻）全訂第２版２３頁）。

（注４）氏名の読み仮名を戸籍の必要的記載事項と考える場合には，２(2)の新たな届（氏又は名の読み仮名の届）を設けるときは届出人に届出義務を課すことになり，また，戸籍の記載に遺漏があることを理由とした戸籍法第２４条に規定する戸籍訂正の対象となる。なお，２(1)アからキまでの届書については，氏名の読み仮名を記載しないものであっても，戸籍法第３４条第２項に規定する「特に重要であると認める事項を記載しない届書」には当たらないと解することができれば，そのまま受理されると考えられる。おって，これらの場合の戸籍の記載事由の発生時期は，氏又は名を初めて戸籍に記載することとなる出生等の届出の時ではなく，新たな規律を定める法令の施行時と考えられる。

　氏名の読み仮名を戸籍の任意的記載事項と考える場合には，２(2)の新たな届（氏又は名の読み仮名の届）を設けるときは届け出ることが可能なものとなり，戸籍の記載に遺漏があることを理由とした戸籍法第２４条に規定する戸籍訂正の対象とはならない。また，２(1)アからキまでの届書については，氏名の読み仮名を記載しないものであっても，「特に重要であると認める事項を記載しない届書」と解されず，受理されることになる。

（注５）謝罪広告等請求事件（最判昭和６３年２月１６日第三小法廷民集４２巻２号２７頁）判決において，氏名を正確に呼称される利益に関して，「氏名は，社会的にみれば，個人を他人から識別し特定する機能を有するものであるが，同時に，その個人

3

からみれば，人が個人として尊重される基礎であり，その個人の人格の象徴であって，人格権の一内容を構成するものというべきであるから，人は，他人からその氏名を正確に呼称されることについて，不法行為法上の保護を受けうる人格的な利益を有するものというべきである。」，「我が国の場合，漢字によって表記された氏名を正確に呼称することは，漢字の日本語音が複数存在しているため，必ずしも容易ではなく，不正確に呼称することも少なくないことなどを考えると，不正確な呼称が明らかな蔑称である場合はともかくとして，不正確に呼称したすべての行為が違法性のあるものとして不法行為を構成するというべきではなく，むしろ，不正確に呼称した行為であつても，当該個人の明示的な意思に反してことさらに不正確な呼称をしたか，又は害意をもつて不正確な呼称をしたなどの特段の事情がない限り，違法性のない行為として容認されるものというべきである。」との判断が示されている。

　これを踏まえると，氏名の読み仮名を戸籍に記載し，公証するには，少なくとも本人の明示的な意思に反しないものとする必要があると考えられ，例えば，本人（出生届等事件本人以外が届出人となる場合には，届出人）が指定したもの又はそれが推定されるものにより記載するとすることが考えられる。

（注６）かつて申出により名に付すことができた傍訓については，名の一部ではないかとの混乱があったことから，法務省民事局長通達により取扱いが周知されていた（「戸籍上の名の傍訓について」（昭和５０年７月１７日民二第３７４２号法務省民事局長通達五）「傍訓が付されている場合には，漢字と傍訓とが一体となつて名を表示し，その名を表示するには常に傍訓を付さなければならないと考える向きがある。しかし，傍訓は単に名の読み方を明らかにするための措置として戸籍に記載するものであつて，名の一部をなすものとは解されない。したがつて，戸籍上名に傍訓が付されている者について，戸籍の届出，登記の申

4

請，公正証書・私署証書の作成など各種の書面において名を表示するに当たり，常に傍訓を付すべき必要はないので，この趣旨を十分理解して事務処理に当たるとともに，戸籍の利用者に対しても必要に応じ適宜説明するものとする。」)。

(注7) 今国会に提出されているデジタル社会の形成を図るための関係法律の整備に関する法律案附則第73条は，「政府は，行政機関等に係る申請，届出，処分の通知その他の手続において，個人の氏名を平仮名又は片仮名で表記したものを利用して当該個人を識別できるようにするため，個人の氏名を平仮名又は片仮名で表記したものを戸籍の記載事項とすることを含め，この法律の公布後一年以内を目途としてその具体的な方策について検討を加え，その結果に基づいて必要な措置を講ずるものとする。」と規定しており，氏名の読み仮名（仮称）を単に「氏名を平仮名又は片仮名で表記したもの」と定めることも考えられる。

(注8) 氏名の読み仮名として記載することができる片仮名の範囲については，現代仮名遣い（昭和61年内閣告示第1号）の範囲とすることなどが考えられる。

(2) 氏名の漢字部分の音訓や字義との関連性

氏名の漢字部分の音訓や字義との関連性の要否について，どのように考えるか。また，いずれの場合であっても，氏名の片仮名又は平仮名部分に係る読み仮名をその表音と異なるものとすることはできないとすることについて，どのように考えるか。

(注1) 旅券法施行規則（平成元年外務省令第11号）第5条第2項において，「法第6条第1項第2号の氏名は，戸籍に記載されている氏名（戸籍に記載される前の者にあっては，法律上の氏及び親権者が命名した名）について国字の音訓及び慣用により表音されるところによる。ただし，申請者がその氏名について国字の音訓又は慣用によらない表音を申し出た場合にあっては，公の機関が発行した書類により当該表音が当該申請者により通常使用されているものであることが確認され，かつ，外務大臣又は

5

領事官が特に必要であると認めるときはこの限りではない。」と
規定されている。

（注２）法務省民事局長通達に定める出生届等の標準様式には氏
名の「よみかた」欄が付されているが，住民基本台帳事務処理上
の利便のために設けられているもので，戸籍事務では使用して
おらず，市区町村における現在の実務上，氏名の漢字の音訓や字
義との関連性は審査されていない。

（注３）傍訓について，届出が認められたものとして，「刀（フネ）」，
「登（ミノル）」，「秀和（ヒデマサ）」，「海（ヒロシ）」などがあ
り，届出が認められなかったものとして，「高（ヒクシ）」，「修（ナ
カ）」，「嗣（アキ）」，「十八公（マツオ）」がある（大森政輔「民
事行政審議会答申及びその実施について（戸籍４４１号４４
頁））。

（注４）氏名の漢字部分の音訓や字義との関連性を要しないとす
る考え方のメリットとして，市区町村における事務処理が煩雑
とならないことが挙げられるが，デメリットとして，①音訓や字
義に関係のない読み方が戸籍に記載された場合には，他人は当
該読み方を知っているか，又は戸籍等の公簿により当該者の氏
名の読み仮名を見ていない限り，分からないこと，②氏名の読み
仮名を戸籍に記載することにより，公の機関が公認したものと
考えられ，国語行政へ影響を及ぼすおそれがあること，③旅券の
氏名については原則として国字の音訓及び慣用又は公の機関が
発行した書類により審査されているところ，このような取扱い
の維持が困難となること等が考えられる。

　なお，上記②については，氏名の読み仮名は届出人又は申出
人が指定した読み方にすぎず，氏又は名として戸籍に記載して
いる漢字の社会生活上の読み方について国又は市区町村が公認
することまでを意味するものではないとも考えられる。上記③
については，旅券法を所管する外務省と十分調整する必要があ
る。

6

　　（注５）希望する氏名の読み仮名を市区町村長が受理しない処分
　　　　を不当とする者は，家庭裁判所に不服の申し立てをすることが
　　　　できる（戸籍法第１２２条）。

(3)　**拗音，促音又は長音の取扱い**

　　現代仮名遣いの例により，拗音（「キャ」など）又は促音（「ッ」）
　などの小書のものや長音（ー）も，氏名の読み仮名として戸籍に記
　載できるとすることについて，どのように考えるか。

(4)　**氏名の読み仮名の変更の可否等**

　　氏名の読み仮名の変更の可否について，どのように考えるか。ま
　た，変更を可能とした場合には，戸籍法（昭和２２年法律第２２４
　号）第１０７条又は第１０７条の２の氏又は名の変更届の対象と
　すべきか，それとも，この届に準じた新たな届の対象とすべきか。

　　（注１）氏名の読み仮名の変更について，戸籍法第１０７条又は
　　　　第１０７条の２の氏又は名の変更届の対象とすれば，やむを得
　　　　ない事由により氏の読み仮名を，正当な事由により名の読み仮
　　　　名を家庭裁判所の許可を得て変更することができることとなる。

　　　　やむを得ない事由に該当する事例としては，著しく珍奇なも
　　　　の，甚だしく難解難読のものなど，本人や社会一般に著しい不
　　　　利不便を生じている場合はこれに当たるであろうし，その他そ
　　　　の氏の継続を強制することが，社会観念上甚だしく不当と認め
　　　　るものなども，これを認めてよいと考えられている（青木義人
　　　　＝大森政輔全訂戸籍法４３９頁）。

　　　　正当な事由の有無は一概に言い得ないが，営業上の目的から
　　　　襲名の必要があること，同姓同名の者があって社会生活上支障
　　　　があること，神官僧侶となり，又はこれをやめるため改名の必
　　　　要があること，珍奇な名，異性と紛らわしい名，外国人に紛ら
　　　　わしい名又は難解難読の名で社会生活上の支障があること，帰
　　　　化した者で日本風の名に改める必要があること等はこれに該当
　　　　するであろうが，もとよりこれのみに限定するものではないと
　　　　考えられており，また，戸籍上の名でないものを永年通名とし

7

て使用していた場合に，その通名に改めることについては，個々
の事案ごとに事情が異なるので，必ずしも取扱いは一定してい
ないが，相当な事由があるものとして許可される場合が少なく
ないとされている（前掲全訂戸籍法４４２頁）。

　以上の氏名の変更の取扱いを参考とすると，氏名の読み仮名
のみが変更の対象となる場合として，著しく珍奇な読み仮名又
は永年使用していた読み仮名が考えられる。

（注２）戸籍法第１０７条又は第１０７条の２の変更の届に準じ
た新たな届を設けるとした場合には，氏の読み仮名と名の読み
仮名の変更の要件（やむを得ない事由又は正当な事由）は，氏
と名の変更とパラレルにすることが考えられる。

（注３）戸籍法第１１３条においては，「戸籍の記載が法律上許さ
れないものであること又はその記載に錯誤若しくは遺漏がある
ことを発見した場合には，利害関係人は，家庭裁判所の許可を
得て，戸籍の訂正を申請することができる。」と規定されている。
ここで，戸籍の訂正とは，戸籍の記載が当初より不適法又は真
実に反する場合にされるものであり，「錯誤があること」とは，
戸籍の記載が事実に合致しないことをいうとされている（前掲
全訂戸籍法４５５，４６０頁）。

　したがって，氏名の読み仮名を誤記して届出等がされれば，
戸籍法第１１３条の戸籍訂正の対象となり得るが，例えば，時
の経過により，読み仮名が変わったという場合には，当初より
不適法又は真実に反する場合に当たらないため，同条の戸籍訂
正の対象とはならないものと考えられる。

(5)　同一戸籍内の規律

　同一戸籍内においては，氏の読み仮名を異なるものとすること
はできないとすることについて，どのように考えるか。

（注）同一戸籍内において氏の読み仮名を異なるものとすること
はできないとする場合，新たに戸籍を編製する場合において，戸
籍の筆頭に記載することとなる者の氏の読み仮名が既に記載さ

8

れているときは，新たな戸籍における氏の読み仮名は，従前の戸
籍におけるものと同一のものとなる。

2　氏名の読み仮名の収集方法について

(1)　氏名の読み仮名の届出

戸籍法第13条第1号に規定する氏又は名を初めて戸籍に記載
することとなる以下の戸籍の届書又は調書の記載事項に氏又は名
の読み仮名を追加することについて，どのように考えるか。

ア　出生の届書（戸籍法第49条）（名の読み仮名）

イ　棄児発見調書（戸籍法第57条）（氏名の読み仮名）

ウ　国籍取得の届書（戸籍法第102条）（名（新戸籍を編製され
るときにあっては，氏名）の読み仮名）

エ　帰化の届書（戸籍法第102条の2）（名（新戸籍を編製され
るときにあっては，氏名）の読み仮名）

オ　氏の変更の届書（戸籍法第107条）（氏の読み仮名）

カ　名の変更の届書（戸籍法第107条の2）（名の読み仮名）

キ　就籍の届書（戸籍法第110条）（氏名の読み仮名）

(2)　既に戸籍に記載されている者の氏名の読み仮名の収集方法

既に戸籍に戸籍法第13条第1号に規定する氏名が記載されて
いる者に係る氏名の読み仮名の戸籍への記載については，新たな届
（氏又は名の読み仮名の届）を設け，届出義務を課すか（若しくは
届け出ることができるとするか），又は同法第24条に規定する戸籍
訂正によるとするかについて，どのように考えるか。

(注1)氏の読み仮名の届については，同一戸籍内にある者全員が届
出人になるものと考えられる。なお，戸籍法第137条において，
正当な理由がなくて期間内にすべき届出をしない者は，5万円以
下の過料に処するとされている。

(注2)戸籍法第24条に定める戸籍訂正の契機には，本籍地市区町
村長に職権記載を促す申出又は氏名の読み仮名を職務上知った官
庁から本籍地市区町村長への通知がある。

(注3)氏名の読み仮名を誤って届書に記載した場合には，錯誤によ

9

るものとして,戸籍法第１１３条の家庭裁判所の許可を得て,戸籍
訂正の届出をすることができる。また,届書又は職権申出書に記載
されている氏名の読み仮名を市区町村長が誤って戸籍に記載した
ことが保存されている届書等により判明するときは,市区町村長
限りで戸籍法第２４条第３項により戸籍訂正が可能である。

（注４）新たな届を設け,又は戸籍法第２４条の戸籍訂正によるとす
る場合にも,傍訓が記載されている改製不適合戸籍については,読
み仮名を届け出ることはできず,又は申出若しくは官庁の通知に
より戸籍訂正することもできないと取り扱うことも考えられる。

（注５）例えば,法務省民事局長通達に定める婚姻届の標準様式には,
「夫になる人」及び「妻になる人」の氏名欄に「よみかた」欄が付
されており,当該「よみかた」が記載されていれば,当該届書を資
料として本籍地市区町村が氏名の読み仮名を記載することが適当
かという問題がある。

10

氏名の読み仮名の法制化に関する研究会第3回会議議事要旨

第1　日時　令和3年3月29日（月）15時〜17時
第2　場所　一般社団法人金融財政事情研究会会議室を事務局にリモート実施
第3　出席者（役職名・敬称略）
　座長　窪田　充見
　委員　青木　康祥，江川　雅志，奥田　直彦，木村　匡彦，笹原　宏之，
　　　　佐藤　隆幸，髙橋　昌昭，土手　敏行，長橋　佑里香，新谷　雄彦，
　　　　西　希代子，舩木　孝和，村林　聡，山口　勇，山野目　章夫
第4　議事概要
　1　開会
　2　本日の議題
　【氏名の読み仮名の法制化が必要な理由】
　・　読み仮名の登録は必要だということであるが，それのために，せっか
　　く振ったマイナンバーがキーとして，活用されなくなるという動きに
　　ならないようにすべき。
　・　外国人については，戸籍はないが，在留証明，外国人証明とか，そこ
　　の読み仮名とか，そういうのはむしろ住民サービスと言うのだったら，
　　そっちの方も必要になるはずで，むしろ戸籍というよりも，住民サー
　　ビスという点からいうと，住民登録の方が強いのではないか。
　・　戸籍の方で扱う理由というのも，おそらく単純にデータをソートする
　　とか，特定するというだけであれば，住民票であろうがどこであろう
　　が，読み方が付いていればいいのだという扱いになると思うが，やは
　　りそれだけで済まないのが，おそらく名前の一部という性格があるの
　　ではないか。そうだとすると，単純に記号としても振り仮名がつけれ
　　ばいいと，ある意味で，本人関係なしに，記号として振り仮名をつけた
　　らソートできるわけであるが，そうではなくてやはり名前の一部とい
　　うふうに位置付けたときに，戸籍の問題になってくるのではないか。
　・　氏名には発音と表記がある，だからその氏名という定義というものに
　　二つの構成部分があるのだと，それで初めて氏名なのだという趣旨と
　　理解していたが，その中で今の制度では表記しかないので，むしろ今
　　回発音の部分を入れるということで，氏名の特定というものを明確に
　　するという，まさにその一意として明確にするというところに今回の
　　意義があるのだという具合に理解していたが，逆に言うと，そうなら，
　　外国の制度はその発音とかいうのは一体どうなっているのか。外国も
　　表記だけなのか，発音の部分もあるのか。

1

- 一意ないし一意性というのが，氏名に読み仮名をつけようという法制化，その法制化の施策の重要なバックボーンになっているので，「一意のものとして」「一意性」というのが何を意味するのかというのは，研究会資料のどこかの段階で示しておく必要がある。
- マイナンバーカードが国内でも利用が拡大する中で，海外でも当然利用拡大ということになってきて，普段使いのものとしてマイナンバーカードも国内でも利用場面が増えてくる中で，海外でもそういった形で身分証明書として使っていただくということが必要ではないか。
- 一意性というものがあるタイミングで一対一対応になると，ある人にとって読み仮名が一対一対応になるという意味だとすると，そのことと，当然に読み仮名が固定化されるのかというのは結びつかないのではないか。一対一対応であることは変わらないが，後はその紐づけの話のような気がする。
- この時期においてこういう読み仮名をしたということが記録上残せれば，変更自体はある程度柔軟にしてもいいのではないか。
- 一意性の範囲について，まず行政に登録されているものが，戸籍に読み仮名を登録をしたら，それがどこにでもそうなっていますという，そのどこというのは，住民票とかいろんなものがあるが，その範囲と，それから，それはやはり戸籍に登録申請をしたら，その範囲においてはワンスオンリーでいかないと，それもまたみんなが戸籍の証明書を持って範囲内のところに登録しに行かなければならないとなると大変なことになるので，そこは考慮すべきと思う。
- 今，マイナンバー関係やマイナンバーカードの関係では，基本4情報として住所，氏名，生年月日と性別，これに氏名にカナ氏名，ローマ字氏名が付け加わっていくのか，4情報とは別に基本5情報，6情報になるのかというのは，今後の議論だと思う。カナ氏名，ローマ字氏名が紐づけされることになっていくと，漢字氏名と同じように，いろんなところと情報が連携されることになるものではないかと考えている。

【氏名の読み仮名の変更】
- 登録した後に，その読み仮名を簡単には変更を認めないと，仮にそういう立場を取るとしたら，氏名の読み仮名について固定化する，あるいは簡単に変更を認めない理由ないし必要性についても，やはり整理ないし議論する必要があるのではないか。

2

- 氏名の読み仮名を一義的に登録し，公証する必要があるということと，一度登録した読み仮名について固定化することとは当然には結びつかないのではないか。
- 読み仮名を変更したときは，戸籍上変更の履歴はすべて残るということでよいのか。そうであれば，変更自体は柔軟に考えるということもありうるのではないか。
- 氏名の読み仮名は付加的な情報と位置付けることも考えられるというようなご意見もあって，そうだとすると，なおさら，なぜ変更に厳しい要件を課すのかということが問題になってくるのではないか。
- 氏名の読み仮名の変更を簡単に認めない理由であったり，必要性の中身によって，読み仮名の変更の当否の判断基準の内容にも影響があるのではないか。この点について整理をしないと，仮に今後裁判所がその変更の当否の判断をするとなった場合に，その解釈等に困難が生じるのではないか。
- 漢字の変更と読み仮名の変更はやはり一緒かどうかなというと，やはりもうちょっと緩くてもいいかという気さえする。
- 氏名の変更に関しては，もう今まで実績というのがかなり積み重なっていると思う。やはり，氏の場合と名の場合とで違うということは一般的には言われており，教科書でも書かれていることなので，少し読み仮名の問題の手がかりとして，漢字表記の氏名の変更に関するものも少し材料とすると，議論の手がかりになると思う。
- 氏名の読み仮名の変更の要件に関する判断基準はできる限り明確にすべきであるが，変更が認められる場合として，著しく珍奇な読み仮名，又は長年使用していた読み仮名が挙げられているが，そもそもこの二つに限られるか。例えば，性同一性障害を理由に，読み仮名だけを性自認に合わせて変更してほしいという申立てがあった場合にどう考えるべきかということは，問題になるように思う。また，「著しく珍奇」かどうかをどう判断すべきか，変更後の読み仮名について，最初の届の場面と同じ程度の漢字部分の音訓・字義との関連性が要求されるのか，例えば，音訓・字義との関連性のない読み仮名を永年使用している場合どう考えるべきか，なども問題となる。
- そもそも，この氏名の漢字の変更についてどういう基準で判断しているかということについて，現行法の下においては，氏名の漢字部分の変更の可否については，現在の氏又は名が社会生活上支障を生じさせるか，あるいは著しい支障を生じさせるかという基準で判断していると考えられるが，この基準が読み仮名の変更にも当てはまるのか，当

3

てはまる場合，この基準を満たすか否かを判断するための具体的な考慮要素について，どのように考えるべきか。

【氏名の読み仮名の収集方法】
・　収集方法について，全く新たに集め直すというのと，既に戸籍に何らかの記載がされている情報に基づいてそれを利用してというのとでは，後者の方が断然使いやすい制度になるのだろうとは思う。
・　変更については，研究会資料で挙げられている考慮要素はどのように位置付けられるか，他に考えられる考慮要素はないかといった観点から検討すべきではないか。また，「著しく珍奇」というのをどう判断すればいいのか。

【氏名の読み仮名の戸籍の記載事項化】
・　長年使用しているうちに皆が受け入れているものはもう認められる。一方，昨日今日出来たようなものは一概にキラキラネームだなどと言って切り捨てるということが，本当に可能なのだろうか。
・　読み仮名を法制化するのか，カナ氏名を法制化するのかは，何か違うのではないか。
・　カナ氏名という言い方をすると，漢字との関連性が非常に薄くなるような気がする。
・　民法上の氏にこの読み仮名を含むのかという議論をしたときに，いくつか考えるべき問題があって，それは婚姻の際の氏の変動との関係で，ちょっと論点を意識しながら考え込む議論があるだろうと思う。また，戸籍法学上，特有の概念である呼称上の氏に読み仮名を含むのかという議論との関係でも，離婚の際の復氏あるいは婚氏続称との関係で，当事者の自由度をどこまで認めるのかということとの関係で検討しておかなければならない局面があるだろう。
・　表記上の氏，民法上の氏と呼称上の氏という言葉があり，表記上の氏というのは，私が勝手に作った言葉であるが，表記上の氏に読み仮名を含むのかという問題があって，例えば不動産登記法では氏名及び住所を記録すると書いてあるが，もし表記する際に必ず読み仮名を書かなければいけないという意味で，氏名に読み仮名を含むのだということになると，登記法には漢字しか書いてない，読み仮名が書いてないではないか，違法ですよというような議論が，やや揚げ足取りのような感じであるが，出てきかねない。また，例えば株主総会にある人を取締役にする議案を出すときに，漢字の氏名だけ出すと，これは不

4

適法な議案の提出で，その脇に平仮名で読み仮名を書いておかなければいけないのではないか，というようなことを先々聞かれたりしたときに，いや常識で言ってそれはないでしょうという説明ではなくて，いやいやその上で，氏に読み仮名を含むということは多義的なので，一度研究会資料や部会資料で整理しています，それによると，私が仮のニックネームをつけたことなんですが，表記上の氏には含まないという運用を想定していますのでその心配は要りませんよというような説明をして，きちっと明快に説明していくことが大事で，そういう議論を重ねることによって，一般の取引の場面で人の名前を挙げるときに，いちいち読み仮名を表記してないと，それはその違法な不十分な文書の作成なのかというと，いやそういう国民生活の広範囲にわたっての不便をお願いすることは考えてないんですよというような説明をいよいよ整えていく，だんだんに整えていって，研究会資料にも，皆さんのコンセンサスが得られる範囲で文章化していくということが大事だろう。

3　閉会

5

氏名の読み仮名の法制化が必要な理由

1　氏名の読み仮名（注）やその法制化の必要性に関しては，これまで，主に以下のとおり説明されている。

① 戸籍制度に関し当面改善を要する事項に関する諮問に対する答申について（昭和50年2月28日民事行政審議会答申）において，「戸籍上の氏名にふりがなをつければ，各人の氏名の読み方が客観的に明白となり，便利をもたらす面はある」とされている。

② 戸籍法施行規則第60条の取扱いに関する諮問に対する答申について（昭和56年5月14日民事行政審議会答申）において，「出生の届出等に際しては，必ず名の読み方を記載すべきものとし，戸籍上にその読み方を登録記載するという制度を採用すれば，各人の名の読み方が客観的に明白となり，社会生活上便利である。」とされている。

③ 平成31年3月28日に漢字，代替文字，読み仮名，ローマ字等の文字情報の現状や導入方法に関するガイドとして，策定された「文字環境導入実践ガイドブック」（内閣官房情報通信技術（IT）総合戦略室）において，次のように記載されている。
　　「行政機関では，行政運営上，本人確認等を厳格に行う場合や個人のアイデンティティに配慮する場合に，この膨大な文字を用いようとする傾向があります。その結果，外字をそれぞれのコンピュータに導入する方法や，当該文字のヨミガナを別途データとして管理する方法が採られてきました。」，「標準的な文字の取扱いにしても，約1万文字もあり，文字自体の読み方が分かりにくく，複数の文字の組み合わせによって読み方が特殊，難読又は複数になる場合があります。また，例えば氏名の並べ替え（ソート）をする場合，システムでは文字コードでソートされるため，表 2-1 のように，漢字によりソートした場合には人間が認識しにくい順番で並びますが，ヨミガナによりソートした場合には五十音順に並びますので，人間が認識しやすくなります。したがって，サービス・業務及び情報システムを設計していく上では，漢字と併せてヨミガナを取り扱うことができるようにすることを強く推奨します。」，「日本人にあっても外国人にあっても，同じ氏名であれば，複数のヨミガナを持つ可能性があり，近年は氏名からでは容易にわからないヨミガナも存在します。しかしながら，我が国の現行制度においては，氏名のヨミガナを規定する法令は明確でなく，ヨミガナは氏名の一部とされていないという課題があります。一方，氏名のヨミガナは，氏名と同

- 1 -

様に，本人の人格を形成する要素の一部であって，他者と区別し本人を特定するものの一つとなっている実態があります。さらに，情報システムの構築及び管理においては，氏名のヨミガナがデータの検索キーや外部キーの重要な要素の一つとなっています。情報システムにおいては，清音と濁音のような小さな違いであっても，同一人物が異なる人物と特定されてしまう場合があり（「山崎」のヨミガナを「ヤマサキ」とデータベースに登録していた場合，「ヤマザキ」で検索しても特定できない等），デジタル技術を活用して適切に行政サービスを提供する上で問題が発生するおそれがあります。」

④ 第198回国会 衆議院内閣委員会（平成31年4月26日）において，岡本あき子委員から「例えば，「つ」に点々と，「す」に点々。やはり親御さんは，特に自分のお子さんに対しては，読み仮名，振り仮名も含めて，思い入れをつけて名前を命名しているということを考えると，確かに行政制度上は，「つ」に点々でも，「す」に点々でも行政上は何の問題もないという説明になってしまうが，でも，それは一人一人のアイデンティティーにかかわる問題ですし，そこをないがしろにする行政であってはならないと思っている。ぜひその点，配慮を忘れずに，しっかり，振り仮名のあり方，読み方のあり方も含めたアイデンティティーというところはぜひ国としても議論していただきたい。」と意見されている。

⑤ 第203回国会 衆議院予算委員会（令和2年11月4日）において，玉木雄一郎委員から「平仮名，片仮名の，この仮名をどうするのかというのが，実は，何かデジタル庁をつくってどうしようかという立派な議論の前に，振り仮名の処理が，ルールもちゃんと決まっていなければ，例えば，出生届には振り仮名を書くことが義務づけられているが，戸籍とか住民基本台帳は義務づけられていない。例えば，サトルなのかサトシなのか，漢字だけ見たらわからない，でも，役場の人が見て，漢字だからこうだなと便宜的に入れていることがいっぱいあって，それで別人だということで突合できなくて，御存じのとおり，銀行の全銀システムは片仮名になっているので，合わない。この片仮名の統一をきちんとやらないと，実はこういうところでつまずいている。」という質問に対し，平井大臣（デジタル改革担当）から，「名前と読み仮名というのは，これは一部の方ですけれども，選挙のたびに自分の名前の読み方を変えて立候補される方もいる。だから，要するに，日本では名前の読み方というものを誰も公に明かしていないというところが，個人を特定するときに非常に不安定になる。なので，マイナンバー等々が国民に振られたということは間違いない。これは，今，総理が主宰するデジタル・ガバメント閣僚会議のもとに，マイナンバー制度及び国と地

方のデジタル基盤基本改善ワーキンググループにおいて，氏名の読みの公証，公に明かすのに向けた工程表を年内につくろうということで，当然，法改正も視野に入れている。」と発言されている。

⑥　デジタル・ガバメント実行計画（令和2年12月25日改定。同日閣議決定。）において，「マイナンバー制度及び国と地方のデジタル基盤抜本改善ワーキンググループ報告」のとおり，「2024年からのマイナンバーカードの海外利用開始に合わせ，公証された氏名の読み仮名（カナ氏名）に基づき，マイナンバーカードに氏名をローマ字表記できるよう，迅速に戸籍における読み仮名（カナ氏名）の法制化を図る。これにより，官民ともに，氏名について，読み仮名（カナ氏名）を活用することで，システム処理の正確性・迅速性・効率性を向上させることができる。」とされている。

⑦　第204回国会　衆議院予算委員会（令和3年1月25日）において，牧島かれん委員から「私の名前をどのように読むのかというのが，どこにも法的な位置づけがされていない。私の名前の片仮名表記あるいは平仮名表記というものを一つに整えていただき，曖昧性がなくなるようにしていただきたい。」という質問に対し，平井大臣（デジタル改革担当）から，「戸籍において個人の氏名を平仮名又は片仮名で表記したものを公証するということこそ，まさにデジタル社会の一つのインフラ，我々が整備しなきゃいけないベースレジストリの典型的なものだと思う。」と発言されている。

⑧　今国会に提出されているデジタル社会の形成を図るための関係法律の整備に関する法律案附則第73条においては，「政府は，行政機関等に係る申請，届出，処分の通知その他の手続において，個人の氏名を平仮名又は片仮名で表記したものを利用して当該個人を識別できるようにするため，個人の氏名を平仮名又は片仮名で表記したものを戸籍の記載事項とすることを含め，この法律の公布後一年以内を目途としてその具体的な方策について検討を加え，その結果に基づいて必要な措置を講ずるものとする。」と規定されている。

（注）氏名を片仮名又は平仮名をもって表記したものには，読み仮名，よみかた，ふりがな，片仮名など様々な名称が付されているが，ここでは，「氏名の読み仮名」という。

2　1を踏まえると，以下の理由により氏名の読み仮名の法制化が必要と考えられる。なお，申出により難読な名に付することができるとされていた傍訓は先例で定められていたが，戸籍の記載事項は，法令において規定するのが原則である。

①　氏名の読み仮名を一意のものとして，これを官民の手続において利用可能とすることにより，情報システムにおける検索及び管理等の能率，更には各種サービスの質を向上させ，社会生活における国民の利便性を向上させるため，氏名が記載事項となっている戸籍などの公簿に氏名の読み仮名を一意のものとして登録し，公証する必要がある。

②　氏名の読み仮名をマイナンバーカードなどの公的な身分証に記載し，本人確認資料として広く利用させ，これを客観的に明白にすることにより，正確に氏名を呼称することが可能となる場面が多くなり，国民の利便に資すること，また，本人確認事項の一つとすることによって，各種手続における更なる不正防止の強化を図ることが可能となることから，氏名が記載事項となっている戸籍などの公簿に公的な身分証に記載する氏名の読み仮名を一意のものとして登録し，公証する必要がある。

③　氏名の読み仮名を本人の人格を形成する要素の一部と捉える観点からは，これを公簿に登録し，公証すべきと考えることができる。

- 4 -

氏名の読み仮名の法制化に関する研究会第4回会議議事要旨

第1　日時　令和3年4月28日（水）17時～19時
第2　場所　一般社団法人金融財政事情研究会会議室を事務局にリモート実施
第3　出席者（役職名・敬称略）
　座長　窪田　充見
　委員　青木　康祥，奥田　直彦，木村　匡彦，国分　貴之，笹原　宏之，
　　　　髙橋　昌昭，土手　敏行，長橋　佑里香，新谷　雄彦，西　希代子，
　　　　舩木　孝和，星名　剛，村林　聡，山口　勇，山野目　章夫
第4　議事概要
　1　開会
　2　本日の議題
　　【戸籍制度に関する研究会最終取りまとめに挙げられた問題点の整理】
　　・　「漢字との関連性を考慮せず，届出のとおり戸籍に記載することとす
　　　ると，漢字とその読み方を公の機関が公認したものと考えられること」
　　　が問題点として書かれているが，どうやってもこの問題は残るので，
　　　この関係での二案だというと，少し問題があると感じた。これは答え
　　　がない，解決の方法がないと思う。
　　・　第1の3（1）から（4）までは，むしろ各論のところでまとめ，まと
　　　めのところをどう書くべきかという議論かと思う。

　　【氏名の読み仮名の法制化が必要な理由】
　　・　これまでの議論では，戸籍に振り仮名の記載をすることについて，そ
　　　の必要性や国民の意識も踏まえてなお慎重に検討すべきであるという
　　　ことだった。それが，政府や行政機関に係る申請届出処分の通知その
　　　他手続においてひらがなで表記したものを利用して，そういう措置を
　　　執る，この新しい法律案でそういうのが決まっているというが，具体
　　　的にそのメリット，どういうことをやろうとしているのか，明示が必
　　　要かと感じる。
　　・　時代の流れを考えると，外国人の方が増えて，帰化する方も多いし，
　　　他方で子供の権利が言われるようになっている。そういう状況を考え
　　　たとき，例えば子供という視点から観たとき，子供は文字よりも音を
　　　認識する方が先だと思うので，表音文字である仮名を自分を表象する
　　　文字として公に書いてもらえるのは，それなりに意味があるかもしれ
　　　ないし，概念的には意味があると思う。昔は帰化したときに漢字の名
　　　前を付けなければならなかったので，漢字は表意文字であるが，自分

1

の意図しない漢字を当てざるを得なかったという方もいると思う。そういう時に表音文字であるカタカナを正式な文字として書けるし，定義できる，その方がより自分らしいと感じるというか，正確と感じるというか，落ち着きが良いと感じるというか，色んな思いを持つ方がいると思うので，そういった時代変化に合わせた外国人とかあるいは子供という視点から何かよい書き方ができないか。

・　韓国は昔は漢字が正式であったが，今はハングルが正式であり，漢字というのを持たない方もいるが，読み仮名的なものとしてハングルを例として記載するのは適切か。

・　名前というものには、現在、読みと表記の二つの面，聴覚的な情報と視覚的な情報とがあるということが、少なくとも言語の世界では前提として認識されている。現状では、その表記だけが公簿である戸籍に表示されているという状態であると理解される。

・　氏名の読み仮名の社会的なニーズといったものを整理して研究会での議論の結果として含めるのが良いか。

・　漢字圏では一字一音の原則があるが，日本はそれを大きく崩している。日本の場合，変則的で，音読みもあり，訓読みもあり，それらの応用もあり，ある意味で無秩序な状態にあるため，国語政策も名前の読み方には関わらないとしてきたほどである。そういうこともあって，戸籍のような公簿上の読み仮名は韓国くらいにしか見られず，日本では独自の多様性といったものの現れとして読み仮名が必要だといった説明もあり得るか。

・　氏名の読み仮名を一意のものとして云々というのは，一つの読み方しかあり得ないということで，不正利用のところまで入るということまで含もうとしているのか，それともその後の国民の利便性の向上を図るためだけなので，飽くまでもそういう観点での読み仮名であり，要するに，行政サービスとかそういうものがちゃんと行き届いているかどうか，あるいはチェックをするための読み仮名であるという位置付けなのか，その点によってこの制度の建て方も大きく違ってくるし，これからの利用についても変わってくるので，そこははっきりした方がいい。

・　通常，金融機関等は，基本4情報の提示を受けて，顔写真と本人との確認を行うことによって本人確認をしている。それを強化するというが，免許証とかマイナンバーカードとか，現物の提示を受けて本人確認を行うということにおいては，強化ということはない。それイコール本人確認そのものなので，読み仮名が加わったことによって，強化

2

が行われることはないと思う。ただし，その情報を元にコンピュータに登録して，その情報を使って，同じ人が取引をしたりするときに，漢字の氏名がコンピュータのコードが違ったりして，一意にならなかったりすることがあるので，その時には役に立つということはあり得る話であり，補完的な話ではないか。

・　今回の検討の主目的は，戸籍に氏名の読み仮名を振って，それを法制化することというのが一番のトピックと思う。第2の2（注2）の記述は，現在行われている本人確認のあり方を変更するようにも受け止められると思っている。本人確認のあり方を変更するのは，元々の目的とはちょっと違う。本人確認は金融機関その他の日本社会のいろんなところで実施されており，現行の本人確認のやり方を変更するとなると，結構影響も大きいので，慎重に検討しないといけない。例えば，金融機関の本人確認において運転免許証を用いる場合，氏名と生年月日と住所，顔写真，そういったものを見て，確認を行っているが，性別までは，運転免許証にはないので，金融機関では見ていない。民間で，性別まで見る必要があるとなると，大変な部分があるかと思う。

・　法制化が必要な理由について第2の2の（1）と（2）だけでは弱く，もっと本質的な要素があるのかという気がだんだんしている。我々は，氏名というと漢字で書いた氏名を念頭に置いて，それについての読み仮名という捉え方をした上で，読み仮名についてどうするのか，という議論をするが，例えば，お名前はと聞かれたときに，音としての名前しかないわけで，音としての名前に対して漢字はどのように書くのですかという形で聞いた場合は，むしろ名前というのは，音として認識された上で，それにどういう漢字を当てるのかという捉え方もあり得るだろう。別にどちらが正しいということではなくて，我々の日常生活の中では当然のように音としての名前というのを使って，その音としての名前は必ずしも漢字の読み方ではなくて，やはりそれ自体が名前なのかなという気もする。利便性とか，そういうもの以外に，もう少しあるかと思った。以前の資料では人格とあったが，人格を持ち出さなくても，そもそも名前はそういうものだよねというのを，委員の中である程度共有できるのであれば，それをむしろ，出していくというのは，議論という点でも意味があると思う。

・　言語は，大前提として音がまずある。言語によっては文字，表記を持っている。音声だけの言語は，世界中にまだ多くあり，ローマ字表記さえも定まっていないというものがたくさんある。言語の本質は音だという認識が漢字圏以外で広く見られ，明治以降，日本人の言語研究者

3

たちも西洋の言語を取り入れる中で，言語は音が中心と捉えるように
なる。それまでは漢字が中心とみる人が多かった。初め名前は互いに
呼び合ったもので，呼び名というものだった。いつしか逆転が起こっ
た。日本人と言っても漢字が書ける人も江戸時代にはそう多くなかっ
た。何とか左衛門と書いてもゼムなどと発音していたことも資料でわ
かっている。我々は漢字が中心だと認識しているが，それは識字率が
高まった現代ならではのことで，漢字があれば十分という意識が強ま
ったと感じている。どこまで書くかは別として，言語の世界では，音が
重要というのは共通した認識となっている。

【氏名の読み仮名の定義】
・　第3の1(1)の「なお書き」については，なお書きで済む話ではない
　と思う。読み仮名を氏名の一部にするかどうかの場合分けを踏まえて，
　この後，こちらにした場合にはこうなるし，そうでない場合にはこう
　なるという論理分析が続いていくものであって，報告書ができた時に
　読んでもらう人にとっても，ここのところは非常に考え込まなければ
　いけないことだということを明瞭に伝えるべく，論点として，今でも
　可視化されているが，もっと可視的な記述にするのがよい。
・　氏名の読み仮名の概念をどう考えるかは，第3の1(1)両案あると感
　じるし，これは今後の議論でオープンに，どちらであるかを初めから
　落としどころを決め付けるような仕方で議論していかない方がいいと
　感じる。仮に【甲案】を採った時に旅券法施行規則が関係法制整備で改
　正が避けられなくなると，旅券の事務は今まで長い蓄積があるところ
　で運営されてきたので，そちらは今までの取組を可能な限り尊重され
　なければならないと話が進んでいかなければならない。もっとも，そ
　うは言っても，【甲案】を採ったから旅券法施行規則を変えなくてはい
　けないという論理必然性の関係にはならないようにも感じる。

【氏名の読み仮名と音訓や字義との関連性等】
・　仮名の範囲については，現代仮名遣いでは文字種はひらがなしか示し
　ていないので，それをカタカナに読み換えるという一言があると，親
　切かと思う。仮に「てふてふ」と戸籍に書かれているけれど，振り仮名
　欄は「チョウチョウ」とするというのは現代仮名遣いの考え方に沿っ
　ているが，そういう話ではないと理解してよいか。また，外来語的な名
　のカタカナをどこまで認めるかという部分は，ここに書いておかなけ
　れば，後で混乱が生じかねない。

4

- 第3の1(2)において，【甲案】，【乙案】の関係は，二者択一というよりも，【甲案】と【甲案】プラス【乙案】という趣旨かと思う。悪魔くんとか，そういう名前については，【乙案】で言えば，漢字の読み方としては問題ない。しかし，公序良俗というのは同じように出てくるので，【甲案】は，音訓の読み仮名には縛りがない，縛りを付けようとしてもできない，【乙案】は，ある程度それを縛って，今までのものはともかく，これから付ける名前については，多少縛っていこう，ただ公序良俗や権利濫用というところについては同じように，両案ともに適用する，そういうことかと思う。
- 第3の1(2)の【甲案】，【乙案】については，対立よりは，それぞれの良いところを最終案にしていくというのがベストではないか。
- 社会的な慣用とは，多くの人が現に使ってきたとか，あるいは典拠みたいなものがあるということになるか。漢和辞典を引くと名乗り訓というものが示されていて，平和の和にカズがあったり，朝という字に頼朝のトモがあるが，実は明確な根拠が見つかっていないものである。しかし，平安時代，鎌倉時代から，現代に至るまで使われている。新しい名乗りはいつでも出て来て，そこそこ広まるものもある。月と書いてルナというのは，平成期に広まった。漢和辞典の名乗り訓を，全て慣用と認めた場合に，例えば一番規模の大きい漢和辞典である『大漢和辞典』の中には，神様の神という字の名乗り欄にアホという読みが出ている。神と書いてアホというのは典拠があったとしても名付けに使うと物議を醸しかねず，複雑な議論になりかねない。

  これは100年ぐらい前から漢和辞典で受け継がれてきたものだが，公序良俗や，表現の自由などにも関わりそうである。漢和辞典もそうしたものを含んでいる。
- 不服申立てや読み仮名の変更などにおいても，判断基準が具体的にないと判断に混乱を来す。どのように読み仮名を収集するのかにもよるが，親権の一作用で読み仮名を付けるという場面だけではない中で，権利の濫用といったときの権利は何か，もう少し検討をする必要がある。もう少し，判断基準，判断に資するようなところがないと，なかなか大変かと思う。
- 第3の1(2)に【甲案】，【乙案】二つあるが，【乙案】の表現よりももう少しゆるい表現というのがあってもいい。
- 家庭裁判所に不服申立てができるという点であるが，受理しないものをすぐに家庭裁判所というよりも，その前に法務省とかどこかの行政官庁，上級官庁で判断をしてもらうという方が迅速ではないか。この

5

問題は早く迅速に受理するかどうかを決定する手続が必要で，全国各地の受付を全部まとめて統一することは非常に難しいし，そういう意味では，行政官庁のところで少しまとめ，受理についての不服を受け付ける，そういうものがあった方がいい。

・　悪魔ちゃん事件の場合には，子供の利益を加味した上で，親の命名権，親権の濫用という枠組みが比較的立ちやすいが，例えば現時点であれば本人自身が申請するという場合を考えると，権利濫用より本当は公序良俗の方が本則かという気もする。だから公序良俗に変えてくれということではないが，ここの書き方のところで，権利濫用のことだけで書かれてしまうと，やはりちょっと違和感があり，かなり限定されるのではないかと感じる。

・　第3の1(2)の【甲案】，【乙案】のハイブリッドというか，中間というか，そういうものを，今後の検討のために可視化しておくことには賛成である。実際問題として考えたとき，中間的な第3の案を，純粋に文章で書けるかという問題，それからそれが果たして現場でワークしていくのかということは，見通しは必ずしも楽観できないと感じるが，今後の議論を，オープンにしてもらう観点からいうと，選択肢二つよりも，議論の成果として三つぐらいは示した方がいい。

・　第3の1(2)の【甲案】に関して，八王子支部審判は，「命名権を親権の一作用」と言った後で，「あるいは」として，「子のための代位行為とする」と言っており，命名する行為が親権の一作用だと決め付けているわけではないと思うので，学説上も，命名権は親権中に含まれるのかそうではないのか，もう少し人格権的な，生まれてきたばかりの子供本人が持っている人格権を代行するという理解も有力に採られていて，八王子支部審判は別にそこを何か決めようとしているのではないとして，「あるいは」と書いていると思う。権利濫用という【甲案】に書いているところは親権だと決めつけて話が進むと，学説の議論との関係で少し苦しくなってくるので，そこは今のような二つの理解がいずれかの権利の内容だと思う。しかし，そうは言っても，今回生まれてきた人の読み仮名を付ける場面だけではなく，新しい制度施行後しばらくは，既に成人して一定の社会生活を営んでいる人が私の読み仮名をこれだと考えていますという届出が多いかもしれないが，それは別に代行しているのでも何でもなくて，本人のこう読んでほしいという，それこそ人格権的な権利となると思うので，これを防止する場面だと思う。そうだとしても，濫用という考え方もあるのかもしれないが，いやそれをもしかしたらあなたの権利かもしれないけれども，公序良俗

6

違反というふうなアプローチの方がしっくりくるかもしれない。だから，【甲案】のところは，何か突然公序良俗しかないみたいに書かれて，その権利が親権だと決めつけるようになるよりは権利の濫用や公序良俗と書くということではどうか。また，理論的に考えると，悩ましく，公序良俗というのが，民法90条に出てくる公序良俗だと法律行為が対象であるので，公序良俗がもう少し広く使われている用例か何かで補足説明する方がいい。

・　悪魔ちゃん事件をここで書くのは適切なのかという問題意識であるが，公の目から見て人の名前としてそれが適切なのかという問題よりは，むしろ人が子供に付けるという命名権は親や祖父母だけの権利ではなくて，人が子供に付ける名前として，それが適切なのかといった観点からの審判例であるので，それをここで書くということは，人に名付けとして適切なのかと，公から見て適切なのかを同視することになってしまわないか。

・　漢字表記とその読み仮名は，一体となってその人の名前をなしているのか，それともその読み仮名は補助的なものなのか。

・　悪魔ちゃんと名付けたケースは公序良俗の面からも，命名権からも議論があるが，例えば悪魔と書いてテンシとかエンジェルとか読み仮名を付けたとし，それらを一体としてみると，実は悪い意味ばかりでもないのではという議論もでてくる可能性があり，問題は複雑になりそうだ。神と書いてアホと読み仮名を付けた場合もどちらが本体かなど，議論の進む先が気になる。

【氏名の読み仮名の変更の可否等】
・　性同一性について書かれているが，第3の1（1）で【乙案】を採った場合，かなり読み仮名の自由度の幅が狭くなるような気がするが，男性から女性あるいは女性から男性への読み仮名の変更は問題ないということになり，自由度との関係でどうなのかという気がする。
・　性同一性については，もう少し丁寧にそのバックグラウンドを説明する必要があるのではないか。

【同一戸籍内の規律】
・　選択的夫婦別姓を否定するものではないことを，注意事項というような形で一言触れてはどうか。

3　閉会

7

氏名の読み仮名の法制化に関する研究会取りまとめ（たたき台）

第1　はじめに

1　検討開始の経緯

　　令和2年6月30日に開催されたマイナンバー制度及び国と地方のデジタル基盤抜本改善ワーキンググループ（第2回）において，「読み仮名の法制化等の検討」が課題として盛り込まれた「マイナンバー制度及び国と地方のデジタル基盤の抜本的な改善に向けて－課題の整理－」が議題とされ，これらの課題について，今後，年内に工程表を策定するとともに，できるものから実施することとなった。

　　令和2年9月25日に開催されたマイナンバー制度及び国と地方のデジタル基盤抜本改善ワーキンググループ（第3回）において，法務省から，読み仮名の法制化等の検討について説明し，有識者から，「読み仮名の法制化について，デジタルに使うものなので機械が扱えるということが非常に重要な前提であり，そのためには，漢字氏名・片仮名氏名・アルファベット氏名の3つの氏名が必要。「読み仮名」の検討とすると，デジタル改革から国語や文化まで議論が広がるので，「片仮名氏名」に検討を絞ることも有効ではないか。マイナンバーカードにアルファベット表記が必要なタイミングを考えると6年度目途ではぎりぎりであるため，スケジュールを意識して進める必要。」との発言があった。

　　令和2年12月11日に開催されたマイナンバー制度及び国と地方のデジタル基盤抜本改善ワーキンググループ（第6回）において，マイナンバー制度及び国と地方のデジタル基盤抜本改善ワーキンググループ報告「マイナンバー制度及び国と地方のデジタル基盤の抜本的な改善に向けて」が取りまとめられた。

　　デジタル・ガバメント実行計画（令和2年12月25日改定。同日閣議決定。）において，「マイナンバー制度及び国と地方のデジタル基盤抜本改善ワーキンググループ報告」のとおり，「2024年からのマイナンバーカードの海外利用開始に合わせ，公証された氏名の読み仮名（カナ氏名）に基づき，マイナンバーカードに氏名をローマ字表記できるよう，迅速に戸籍における読み仮名（カナ氏名）の法制化を図る。これにより，官民ともに，氏名について，読み仮名（カナ氏名）を活用することで，システム処理の正確性・迅速性・効率性を向上させることができる。」とされた。

- 1 -

　以上の動向を踏まえ，戸籍における氏名の読み仮名（カナ氏名）の法制化を迅速に図るための論点や考え方等を検討し，整理することを目的として，本研究会が設けられた。

　なお，第1回本研究会における議論を踏まえ，本研究会においては，まずは戸籍における氏名の読み仮名，具体的には片仮名による読み仮名の法制化について検討の対象とするが，マイナンバーカードや旅券その他ローマ字により氏名が表記され，又はされる予定の公的資料があり，戸籍の記載事項はこれらローマ字により氏名が表記される公的資料に一定の影響を及ぼすこととなるため，最終取りまとめまでのスケジュールも勘案の上，片仮名による読み仮名の法制化についての方針が固まり次第，これを踏まえたローマ字による氏名の表記についての考え方についても付言することを目指すこととされた。

　また，令和3年2月9日，デジタル社会の形成を図るための関係法律の整備に関する法律案が第204回通常国会に提出され，現在審議されているところ，同法案附則第73条において，「政府は，行政機関等に係る申請，届出，処分の通知その他の手続において，個人の氏名を平仮名又は片仮名で表記したものを利用して当該個人を識別できるようにするため，個人の氏名を平仮名又は片仮名で表記したものを戸籍の記載事項とすることを含め，この法律の公布後一年以内を目途としてその具体的な方策について検討を加え，その結果に基づいて必要な措置を講ずるものとする。」と規定されている。

（注1）氏名を片仮名又は平仮名をもって表記したものには，読み仮名，よみかた，ふりがな，片仮名など様々な名称が付されているが，本研究会取りまとめにおいては，「氏名の読み仮名」という。なお，氏名の読み仮名の定義や法制上の位置付けを踏まえ，今後，適当な名称が定められるものと考えられる。

（注2）「マイナンバー制度及び国と地方のデジタル基盤抜本改善ワーキンググループ」は，令和2年10月12日デジタル・ガバメント閣僚会議決定「マイナンバー制度及び国と地方のデジタル基盤抜本改善ワーキンググループの開催について」に基づき，開催されている。なお，令和2年9月25日までについては，令和2年6月23日関係省庁申合せ「マイナンバー制度及び国と地方のデジタル基盤抜本改善ワーキンググループの開催について」に基づき開催されていたが，「マイナンバー

－ 2 －

制度及び国と地方のデジタル基盤抜本改善ワーキンググループの開催について」の廃止について（令和2年10月12日関係省庁申合せ）による廃止前のワーキンググループで検討した事項等については，ワーキンググループに引き継がれるものとするとされている（令和2年10月12日デジタル・ガバメント閣僚会議決定「マイナンバー制度及び国と地方のデジタル基盤抜本改善ワーキンググループの開催について」附則）。

2　これまでの検討経緯

　戸籍に氏名の読み仮名を記載することに関しては，過去3回，当時の法務大臣の諮問機関であった民事行政審議会及び法務省民事局に設置された戸籍制度に関する研究会において検討されたものの，いずれも「今後の検討にまつべき」，「なお検討すべき余地が残されている」，「なお慎重に検討すべき」として，制度化は見送られてきた。

　具体的には，「戸籍制度に関し当面改善を要する事項」に関する諮問に対する答申（昭和50年2月28日民事行政審議会答申。以下「答申①」という。）においては，「子の名に用いる漢字の問題に関連して，出生届等の際に，戸籍上の氏名にすべて「ふりがな」をつけることが望ましいという意見が提出された。しかし，この点について，多数意見は，戸籍上の氏名にふりがなをつければ，各人の氏名の読み方が客観的に明白となり，便利をもたらす面はあるが，漢字それ自体の読み方にそぐわないふりがなを付して届出がされた場合の処理や，後日におけるふりがなの訂正の方法などにつき，多くの実務上の問題が派生するので，この問題は，今後の検討にまつべきである。」とされた。

　戸籍法施行規則第60条の取扱いに関する諮問に対する答申（昭和56年5月14日民事行政審議会答申。以下「答申②」という。）においては，「出生の届出等に際しては，必ず名の読み方を記載すべきものとし，戸籍上にその読み方を登録記載するという制度を採用すれば，各人の名の読み方が客観的に明白となり，社会生活上便利である。しかし，無原則に読み方が登録されると，かえって混乱の生ずるおそれがあり，かつ，混乱を防ぐためにどの範囲の読み方が認められるかの基準を立てることは必ずしも容易ではなく，戸籍事務の管掌者においてその読み方の当否を適正に判断す

- 3 -

ることには困難を伴うことが予想される。また，振り仮名の訂正又は変更をどのような手続で認めるかについても，なお検討すべき余地が残されている。これは，氏についても同様である。」とされた。

戸籍制度に関する研究会最終取りまとめ（平成２９年８月１日戸籍制度に関する研究会資料２２）においては，「これらの問題の解決は困難であり，戸籍実務上及び一般国民の社会生活上混乱を生じさせることになるものと考えられることから，戸籍に振り仮名を記載する取扱いとすることについては,その必要性や国民の意識も踏まえ,なお慎重に検討すべきである。」とされた。

なお，答申①は，昭和４９年３月，法務大臣から民事行政審議会に対してされた「最近の実情にかんがみ，戸籍制度に関し当面改善を要する事項について意見を承りたい。」との諮問に対するものであり，主たる検討事項は，⑦戸籍の公開，④届出人の範囲の拡大，⑦本籍の表示方法，⑤子の名に用いる漢字，⑦戸籍の筆頭者についてであった。

答申②は，昭和５４年１月，法務大臣から民事行政審議会に対してされた「国語審議会においては，当用漢字表を廃止し，新漢字表（仮称）を制定すべき旨の答申がなされる見通しとなつたことに伴い，戸籍法施行規則第六十条の取扱いについて意見を承りたい。」との諮問に対するものであり，主たる検討事項は，⑦子の名に用いる文字の基本的取扱い，④子の名に用いる常用平易な漢字の範囲，⑦子の名に用いる漢字の字体についてであり，④及び⑦に関連して，⑤戸籍上の氏名の読み方を登録する制度の採否についても検討された。

また，戸籍制度に関する研究会における主たる検討事項は，⑦番号制度（マイナンバー制度）導入，④戸籍事務を処理するためのシステムの一元化（クラウド化）の是非及びこれに伴う制度の見直しの要否,⑦戸籍記載の正確性の担保についてであった。

そして，上記研究会最終取りまとめにおいて挙げられた主な問題点は，①読み仮名の法的位置付けとして，氏や名の一部となるか，②漢字の音訓や字義に全く関係のない読み仮名の取扱い，③同じ氏の親子や兄弟について異なる氏の読み仮名が届け出られた場合の取扱い，④読み仮名の収集方法であった。

3 本研究会における検討

－ 4 －

　上記民事行政審議会及び戸籍制度に関する研究会における検討は，戸籍に氏名の読み
仮名を記載することについて，いずれも，諮問事項や主たる検討事項とは別の問題とし
て検討され，制度化は先送りされたところ，本研究会においては，戸籍における氏名の
読み仮名の法制化自体を検討事項として，全〇回にわたり検討を行った。

　なお，戸籍制度に関する研究会最終取りまとめにおいて挙げられた上記2の①から④
までの問題点については，以下のとおり，整理し，対応することとしている（詳細につ
いては，第3参照。）。

⑴　読み仮名の法的位置付けとして，氏や名の一部となるか

　　その法的位置付けが明らかでないことについては，第3の1⑴本文のとおり，氏
　名の読み仮名を戸籍の記載事項として戸籍法第13条第1号に定める氏名の一部と位
　置付けるか，氏名とは個別に位置付けるか，双方の考えがあるとした上で，第3の1
　⑴（補足説明）3及び4において，それぞれの問題を整理している。

⑵　漢字の音訓や字義に全く関係のない読み仮名の取扱い

　　漢字の音訓又は字義に全く関係のない読み仮名が届け出られた場合に，漢字との関
　連性を考慮せず，届出のとおり戸籍に記載することとすると，漢字とその読み方を公
　の機関が公認したものと考えられることになりかねず，また，氏名の漢字と読み仮名
　との間に関連があるか否かを戸籍窓口で審査することは，非常に困難であるところ，
　その対応については，第3の1⑵のとおり，2案を提示している。

⑶　同じ氏の親子や兄弟について異なる氏の読み仮名が届け出られた場合の取扱い

　　出生届等の届出により，順次，氏名の読み仮名を戸籍に記載することとした場合，
　同じ氏である親子や兄弟が，それぞれ別の届出において，異なる読み仮名を届け出る
　可能性があり，連続する戸籍間に不整合が生じることが考えられるところ，その対応
　については，第3の1⑸のとおり，同一戸籍内においては，氏の読み仮名を異なるも
　のとすることはできないこととする案を提示している。

⑷　読み仮名の収集方法

　　全ての戸籍に一律に氏名の読み仮名を付すこととする場合，全国民に対して郵送等
　により自己の氏名の読み仮名を届出させる必要があり，国民の負担が大きい上に，市
　区町村の作業量が膨大となり，相当混乱が生ずることが考えられるところ，第3の2
　のとおり，氏名の読み仮名の収集方法を提示している。なお，氏名の読み仮名の収集

　方法は，氏名の読み仮名の法制化の必要性に応じてその方策を検討する必要があるため，第2において，氏名の読み仮名の法制化の必要性について整理している。

4　令和元年改正戸籍法

(1)　概要

　　平成25年の戸籍法施行規則の改正により戸籍副本データ管理システムにおいて各管轄法務局等が保存する戸籍の副本のデータが保存，管理されるようになったことを踏まえ，戸籍副本データ管理システムの仕組みを活用した新たなシステム（以下「新システム」という。）を構築し，戸籍に記載された各人について戸籍の副本に記録された情報により作成される個人単位の情報（戸籍関係情報。戸籍法第121条の3）を整備し，情報連携の対象に戸籍関係情報を追加することを可能とするとともに，戸籍の副本データを戸籍事務において利用し，本籍地以外での戸籍証明書の発行を可能とする等の措置を講ずることなどを内容とする戸籍法の改正が行われ，令和元年5月24日，成立した（令和元年法律第17号。以下，完全施行後の戸籍法を「改正戸籍法」という。）。改正戸籍法の概要は以下のとおりである。

①　行政手続における戸籍証明書の添付省略

　　改正戸籍法では，法務大臣において，新システムを利用して，情報連携の対象となるべき戸籍関係情報を作成し，これを他の行政機関等に提供することとし，そのために必要な法制上の措置が講じられた。

　　これにより，各種行政手続における戸籍証明書の添付省略が可能となる。

②　戸籍の届出における戸籍証明書等の添付省略

　　戸籍の届出に伴う戸籍証明書等の添付省略を実現し国民の利便性を図るとともに，戸籍事務内部における事務の効率化を進めるという観点から，新システムにおいては，各市区町村長が法務大臣の保存する戸籍又は除かれた戸籍の副本を利用して戸籍事務を行うことを可能とすることとし，このようなシステムを利用して戸籍事務を行うことが法律上明らかにされた。

　　これにより，戸籍の届出における戸籍証明書等の添付省略が可能となる。

③　本籍地以外での戸籍証明書等の発行等

現在の戸籍事務においては，戸籍証明書等の交付の請求は，当該戸籍を管理する本籍地の市区町村長に対してのみしか請求することができないところ，戸籍事務を新システムによって取り扱うものとすることに伴い，戸籍又は除かれた戸籍が磁気ディスクをもって調製されている場合には，戸籍法第１０条第１項の請求（いわゆる本人等請求）は，いずれの市区町村長に対してもすることができることとされた。

　また，本人等請求については，戸籍電子証明書（磁気ディスクをもって調製された戸籍に記録された事項の全部又は一部を証明した電磁的記録）又は除籍電子証明書（磁気ディスクをもって調製された除籍に記録された事項の全部又は一部を証明した電磁的記録）について，することができるとされた。

⑵　**令和５年度以降の状況**

　令和５年度における改正戸籍法の完全施行により，新システムにおいて，戸籍事務を扱う各市区町村と他の行政機関との連携及び各市区町村間の連携がより円滑に進むことが想定され，行政サービスの質の向上が期待されるとともに，各種行政手続及び戸籍の届出における戸籍証明書等の添付省略並びに本籍地以外での戸籍証明書等の発行等が可能となることから，国民の利便性が大幅に向上する。そして，氏名の読み仮名が戸籍の記載事項となることにより，将来的には，氏名の読み仮名を上記情報連携の対象として，各種行政手続において，公証された読み仮名の情報を利用し，手続をより円滑に進めることが可能となることが想定されるのであって，更なる国民の利便性の向上に資するものと考えられる。

第2 氏名の読み仮名の法制化が必要な理由

1 氏名の読み仮名やその法制化の必要性

氏名の読み仮名やその法制化の必要性に関しては，これまで，主に以下のとおり説明されている。

(1) 答申①において，「戸籍上の氏名にふりがなをつければ，各人の氏名の読み方が客観的に明白となり，便利をもたらす面はある」とされている。

(2) 答申②において，「出生の届出等に際しては，必ず名の読み方を記載すべきものとし，戸籍上にその読み方を登録記載するという制度を採用すれば，各人の名の読み方が客観的に明白となり，社会生活上便利である。」とされている。

(3) 平成31年3月28日に漢字，代替文字，読み仮名，ローマ字等の文字情報の現状や導入方法に関するガイドとして策定された「文字環境導入実践ガイドブック」（内閣官房情報通信技術（IT）総合戦略室）において，次のように記載されている。

「行政機関では，行政運営上，本人確認等を厳格に行う場合や個人のアイデンティティに配慮する場合に，この膨大な文字を用いようとする傾向があります。その結果，外字をそれぞれのコンピュータに導入する方法や，当該文字のヨミガナを別途データとして管理する方法が採られてきました。」，「標準的な文字の取扱いにしても，約1万文字もあり，文字自体の読み方が分かりにくく，複数の文字の組み合わせによって読み方が特殊，難読又は複数になる場合があります。また，例えば氏名の並べ替え（ソート）をする場合，システムでは文字コードでソートされるため，表2−1のように，漢字によりソートした場合には人間が認識しにくい順番で並びますが，ヨミガナによりソートした場合には五十音順に並びますので，人間が認識しやすくなります。したがって，サービス・業務及び情報システムを設計していく上では，漢字と併せてヨミガナを取り扱うことができるようにすることを強く推奨します。」，「日本人にあっても外国人にあっても，同じ氏名であれば，複数のヨミガナを持つ可能性があり，近年は氏名からでは容易にわからないヨミガナも存在します。しかしながら，我が国の現行制度においては，氏名のヨミガナを規定する法令は明確でなく，ヨミガナは氏名の一部とされていないという課題があります。一方，氏名のヨミガナは，氏名と同様に，本人の人格を形成する要素の一部で

- 8 -

あって，他者と区別し本人を特定するものの一つとなっている実態があります。さらに，情報システムの構築及び管理においては，氏名のヨミガナがデータの検索キーや外部キーの重要な要素の一つとなっています。情報システムにおいては，清音と濁音のような小さな違いであっても，同一人物が異なる人物と特定されてしまう場合があり（「山崎」のヨミガナを「ヤマサキ」とデータベースに登録していた場合，「ヤマザキ」で検索しても特定できない等），デジタル技術を活用して適切に行政サービスを提供する上で問題が発生するおそれがあります。」

(4)　第203回国会　衆議院予算委員会（令和2年11月4日）において，「平仮名，片仮名の，この仮名をどうするのかというのが，実は，何かデジタル庁をつくってどうしようかという立派な議論の前に，振り仮名の処理が，ルールもちゃんと決まっていなければ，例えば，出生届には振り仮名を書くことが義務づけられているが，戸籍とか住民基本台帳は義務づけられていない。例えば，サトルなのかサトシなのか，漢字だけ見たらわからない。でも，役場の人が見て，漢字だからこうだなと便宜的に入れていることがいっぱいあって，それで別人だということで突合できなくて，御存じのとおり，銀行の全銀システムは片仮名になっているので，合わない。この片仮名の統一をきちんとやらないと，実はこういうところでつまずいている。」という趣旨の質問に対し，平井大臣（デジタル改革担当）から，「名前と読み仮名というのは，これは一部の方ですけれども，選挙のたびに自分の名前の読み方を変えて立候補される方もいる。だから，要するに，日本では名前の読み方というものを誰も公に明かしていないというところが，個人を特定するときに非常に不安定になる。なので，マイナンバー等々が国民に振られたということは間違いない。これは，今，総理が主宰するデジタル・ガバメント閣僚会議のもとに，マイナンバー制度及び国と地方のデジタル基盤基本改善ワーキンググループにおいて，氏名の読みの公証，公に明かすのに向けた工程表を年内につくろうということで，当然，法改正も視野に入れている。」という趣旨の発言がされている。

(5)　デジタル・ガバメント実行計画（令和2年12月25日改定。同日閣議決定。）において，「マイナンバー制度及び国と地方のデジタル基盤抜本改善ワーキンググループ報告」のとおり，「2024年からのマイナンバーカードの海外利用開始に合わせ，公証された氏名の読み仮名（カナ氏名）に基づき，マイナンバーカードに

　氏名をローマ字表記できるよう，迅速に戸籍における読み仮名（カナ氏名）の法制化を図る。これにより，官民ともに，氏名について，読み仮名（カナ氏名）を活用することで，システム処理の正確性・迅速性・効率性を向上させることができる。」とされている。

(6)　第２０４回国会　衆議院予算委員会（令和３年１月２５日）において，「私の名前をどのように読むのかというのが，どこにも法的な位置づけがされていない。私の名前の片仮名表記あるいは平仮名表記というものを一つに整えていただき，曖昧性がなくなるようにしていただきたい。」という質問に対し，平井大臣（デジタル改革担当）から，「戸籍において個人の氏名を平仮名又は片仮名で表記したものを公証するということこそ，まさにデジタル社会の一つのインフラ，我々が整備しなきゃいけないベースレジストリの典型的なものだと思います。」と発言されている。

２　氏名の読み仮名の法制化が必要な理由

　上記１を踏まえると，氏名の読み仮名を法制化し，氏名が記載事項となっている戸籍などの公簿に氏名の読み仮名を一意のものとして登録・公証することが必要な理由は，以下のとおりと考えられる。

(1)　氏名の読み仮名を一意のものとして，これを官民の手続において利用可能とすることにより，情報システムにおける検索及び管理等の能率，更には各種サービスの質を向上させ，社会生活における国民の利便性を向上させるため。

(2)　氏名の読み仮名をマイナンバーカードなどの公的な身分証に記載し，本人確認資料として広く利用させ，これを客観的に明白にすることにより，正確に氏名を呼称することが可能となる場面が多くなり，国民の利便に資する上，本人確認事項の一つとすることによって，各種手続における更なる不正防止の強化を図ることが可能となるため。

（注１）ここでの「一意」とは，一個人について，特定の時点における氏名の読み仮名を一つに特定することを意味する。

（注２）基本４情報といわれる氏名，住所，生年月日及び性別に氏名の読み仮名を加えた５つの情報により本人確認を行うことによって，各種手続における更なる不正防止の強化を図ることも可能となる。

（補足説明）

1　登録・公証する公簿

　　氏名の読み仮名の法制化をするに当たっては，氏名の読み仮名を登録し，公証す
　る公簿として，戸籍ではなく，住民基本台帳も考えられるのではないかとの意見も
　あった。この点，氏名の読み仮名は氏名と密接な関係を有するものであり，氏名を
　初めて公簿に登録する場面である出生の届出等の際に，戸籍の届書の記載事項とし
　て収集することが最も適当と考えられる（第3の2(1)参照）。なお，現在も運用
　上，出生の届出の場面で，事件本人の「よみかた」を収集し，住民基本台帳に登録
　しているところであるが，戸籍の届出の際に収集しつつ，あえて戸籍の記載事項と
　しない理由はないものと考えられる。

2　韓国における姓名の表記

　　韓国においては，家族関係登録簿の特定登録事項のうち，姓名欄には，漢字で表
　記することができない場合を除き，ハングルと漢字を併記するとされている（大韓
　民国家関係の登録等に関する規則第63条第2項第1号。柳淵馨「大韓民国におけ
　る新しい家族関係登録制度の概要」（戸籍時報特別増刊号640号86頁））。

　　なお，家族関係登録制度実施前の戸籍の取扱いについて，姓名欄は漢字で表記す
　ることができない場合を除き，漢字で記載するとされていたが（大韓民国戸籍法施
　行規則第70条第2項。柳光熙「韓国の戸籍実務」384頁），国語基本法の公文
　書ハングル化原則によって，姓名については，ハングルと漢字の両方を記載するよ
　うになったとのことである。

第3 氏名の読み仮名の法制化事項

1 氏名の読み仮名の戸籍の記載事項化

⑴ 氏名の読み仮名の定義

　　以下の案のとおり，氏名の読み仮名を定義し，戸籍の記載事項として法令に規定することが考えられる。

【甲案】氏名を片仮名で表記したもの

【乙案】氏名について国字の音訓及び慣用により表音されるものを片仮名で表記したもの

　　なお，氏名の読み仮名を戸籍の記載事項として戸籍法第13条第1号に定める氏名の一部と位置付けるか，氏名とは別個のものと位置付けるかについては，いずれの考え方もあり得る。

（補足説明）

　1　【甲案】の用例

　　　令和3年2月9日，デジタル社会の形成を図るための関係法律の整備に関する法律案が第204回通常国会に提出され，現在審議されているところ，同法案附則第73条においては，「個人の氏名を平仮名又は片仮名で表記したもの」と規定されており，本文【甲案】の用例の参考としている。

　2　【乙案】の用例

　　　旅券法施行規則（平成元年外務省令第11号）第5条第2項においては，旅券に記載するローマ字表記の氏名について，「戸籍に記載されている氏名（戸籍に記載される前の者にあっては，法律上の氏及び親権者が命名した名）について国字の音訓及び慣用により表音されるところによる。」と規定されており，本文【乙案】の用例の参考としている。

　　　なお，本文【乙案】を採用する場合には，第3の1⑵本文【乙案】を採用するのが自然である。

　3　氏名の一部と位置付けた場合の問題

　　　仮に，氏名の読み仮名を戸籍の記載事項として戸籍法第13条第1号に定め

- 12 -

る氏名の一部と位置付けた場合には，戸籍法に規定されている氏名に関する他の規定においても，氏名に氏名の読み仮名が含まれることになるものと考えられるが，そのことを明記する必要があるか否か，検討する必要がある。なお，他の法令に規定されている氏名に関する規定において，氏名に氏名の読み仮名が含まれるのか否か疑義が生じるおそれもある。

　氏名の読み仮名を戸籍の記載事項として戸籍法第１３条第１号に定める氏名の一部と位置付けた場合には，氏又は名の変更の届出について規定する戸籍法第１０７条又は第１０７条の２の規定における氏又は名にも氏又は名の読み仮名が含まれることとなり，氏又は名の読み仮名についてもこれらの変更の届出の対象となるものと考えられる。ただし，この場合にも，読み仮名の変更についての規律を別途設けるかも含めて検討する必要がある。

　なお，氏名の一部と位置付けた場合には，氏又は名の変更を申し立てた場合に，読み仮名とセットでなければ変更できないのか，また，音訓や字義との関連性等から読み仮名の変更が不適法であれば，氏名の変更も不適法となるのかといった点についても検討する必要がある。

4　氏名とは別個のものと位置付けた場合の問題

　仮に，氏名の読み仮名を戸籍の記載事項として戸籍法第１３条第１号に定める氏名とは別個のものと位置付けた場合には，戸籍法に規定されている氏名に関する他の規定においても，氏名に氏名の読み仮名を含めることとするときは，当該他の規定にその旨を規定する必要があると考えられる。

5　傍訓の扱い

　平成６年１２月１日まで申出により戸籍に記載することができると実務上扱われていた名の傍訓については，名の一部ではないかとの混乱があったことから，名の一部をなすものとは解されない旨法務省民事局長通達により取扱いが周知されていた（「戸籍上の名の傍訓について」（昭和５０年７月１７日民二第３７４２号法務省民事局長通達五））。同通達では，「傍訓が付されている場合には，漢字と傍訓とが一体となつて名を表示し，その名を表示するには常に傍訓を付さなければならないと考える向きがある。しかし，傍訓は単に名の読み方を明らかにするための措置として戸籍に記載するものであつて，名の一部をなすもの

- 13 -

とは解されない。したがつて，戸籍上名に傍訓が付されている者について，戸籍の届出，登記の申請，公正証書・私署証書の作成など各種の書面において名を表示するに当たり，常に傍訓を付すべき必要はないので，この趣旨を十分理解して事務処理に当たるとともに，戸籍の利用者に対しても必要に応じ適宜説明するものとする。」とされていた。

⑵　氏名の読み仮名と音訓や字義との関連性等

氏名の読み仮名と音訓や字義との関連性等を理由とする届出の受否又は戸籍法第２４条の戸籍訂正（第３の２⑵本文参照）に当たっては，以下の案のとおり，判断することが考えられる。

【甲案】私法の一般原則である民法第１条第３項の権利の濫用の法理によるものとする。

【乙案】氏名の読み仮名は国字の音訓及び慣用により表音されるところによるものとする。

なお，【乙案】を採用する場合には，法令に規定することが考えられる。

（補足説明）

1　【甲案】の参考例

東京家裁八王子支部平成６年１月３１日審判（判例時報１４８６号５６頁）は，「民法１条３項により，命名権の濫用と見られるようなその行使は許されない。」との判断を示しているところ，当該届出事案に係る先例の解説（戸籍６１０号７５頁）では，「命名権を親権の一作用あるいは子のための代位行為とするとしても，これに行政がどの程度関与することができるか，あるいは根本的に関与することが妥当であるかとする問題が存在する。現行法上，これらに関する明文の規定は存在しないが，私法の一般原則である民法第１条第３項の権利の濫用の法理の一適用場面であると考えられるほか，本件出生届が子の福祉を著しく害するものであると考えられること等を考慮すれば，あえて行政が関与することもやむを得ないものであり，この行政の関与は，社会的にも容認され得るものと思われる。」とされており，本文【甲案】の参考としている。

2　【乙案】の参考用例

　　旅券法施行規則第5条第2項において，「法第6条第1項第2号の氏名は，戸籍に記載されている氏名（戸籍に記載される前の者にあっては，法律上の氏及び親権者が命名した名）について国字の音訓及び慣用により表音されるところによる。ただし，申請者がその氏名について国字の音訓又は慣用によらない表音を申し出た場合にあっては，公の機関が発行した書類により当該表音が当該申請者により通常使用されているものであることが確認され，かつ，外務大臣又は領事官が特に必要であると認めるときはこの限りではない。」と規定されており，本文【乙案】の用例の参考としている。

3　現行の読み仮名の審査

　　法務省民事局長通達に定める出生届等の標準様式には氏名の「よみかた」欄が付されているが，住民基本台帳事務処理上の利便のために設けられているもので，戸籍事務では使用しておらず，市区町村における現在の実務上，氏名の音訓や字義との関連性は審査されていない。

4　傍訓の例

　　かつて申出により名に付することができた傍訓について，届出が認められたものとして，「刀（フネ）」，「登（ミノル）」，「秀和（ヒデマサ）」，「海（ヒロシ）」などがあり，届出が認められなかったものとして，「高（ヒクシ）」，「修（ナカ）」，「嗣（アキ）」，「十八公（マツオ）」がある（大森政輔「民事行政審議会答申及びその実施について（戸籍441号44頁）」。

5　審判・民事行政審議会答申における名についての判断

　　東京家裁八王子支部平成6年1月31日審判（判例時報1486号56頁）は，「名は，氏と一体となって，個人を表象，特定し，他人と区別ないし識別する機能を有し，本人又は命名権者個人の利益のために存することは勿論であるが，そのためだけに存在するものではない。即ち，名は極めて社会的な働きをしており，公共の福祉にも係わるものである。従って，社会通念に照らして明白に不適当な名や一般の常識から著しく逸脱したと思われる名は，戸籍法上使用を許されない場合があるというべきである。このことは，例えば，極めて珍奇な名や卑猥な名等を想起すれば容易に理解できるところである。」，「明文上，命名にあっては，

－ 15 －

「常用平易な文字の使用」との制限しかないが，改名，改氏については，家庭裁判所の許可が必要であり，許可の要件として，「正当な事由」（改名）「やむを得ない事由」（改氏）が求められている（戸籍法１０７条の２，１０７条）。そして，一般に，奇異な名や氏等一定の場合には改名，改氏が許可とされるのが例であり，逆に，現在の常識的な名から珍奇ないしは奇異な名への変更は許されないのが実務の取扱である。即ち，戸籍法自体が，命名（改名も命名を含んでいる）において，使用文字だけでなく，名の意味，内容を吟味する場合のあることを予想し，明定している。」との判断を示している。

　また，答申②においては，「子の名は，出生に際し，通常親によつて命名されるのであるが，ひとたび命名されると，子自身終生その名を用いなければならないのみならず，これと交渉を持つ他人もまた，目常の社会生活においてその名を読み書きしなければならない機会が多い。そこで，子の利益のために，子を悩ませるような書き難い漢字による命名を避けることが望ましいのみならず，日常の社会生活上の支障を生じさせないために，他人に誤りなく容易に読み書きでき，広く社会に通用する名の用いられることが必要である。」としている。

　これらは，本文【甲案】又は【乙案】のいずれを採用する場合にも参考となり得るものと考えられる。

6　周知すべき事項

　本文【甲案】を採用した場合には権利の濫用に当たると考えられるものを，本文【乙案】を採用した場合には当該基準をできるだけ分かりやすく周知する必要があるものと考えられる。あわせて，届け出られた氏名の読み仮名の変更は，戸籍法第１０７条若しくは第１０７条の２又は第３の１(4)本文の手続により，必ずしも認められるわけではないことも，十分周知する必要があるものと考えられる。

7　平仮名・片仮名部分の氏名の読み仮名

　氏又は名の全部又は一部が平仮名又は片仮名で表記されている場合にも，漢字部分と同様に本文【甲案】又は【乙案】によることが適当と考えられる。

8　不服申立て

　新たに法令に規定される氏名の読み仮名の届出（第３の２(1)及び(2)本文参

照）を市区町村長が受理しない処分を不当とする者は，家庭裁判所に不服の申立
てをすることができる（戸籍法第１２２条）。

⑶ 戸籍に記載することができる片仮名の範囲

氏名の読み仮名として戸籍に記載することができる片仮名の範囲については，直
音（「ア」など），拗音（「キャ」など），撥音（「ン」）及び促音（「ッ」）な
ど現代仮名遣い（昭和６１年内閣告示第１号）の範囲とすることが考えられる。

また，現代仮名遣いに含まれていないが，先例上，子の名として戸籍に記載する
ことができるとされている「ヰ」，「ヱ」，「ヲ」及び「ヴ」のほか，長音（ー）
についても，範囲に含めることが考えられる（平成１６年９月２７日付け法務省民
二第２６６４号法務省民事局長通達，昭和４０年７月２３日付け法務省民事局変更
指示）。

以上については，法令に規定することも考えられる。

⑷ 氏名の読み仮名の変更の可否等

氏名の読み仮名の変更を可能とし，氏名の読み仮名を氏名とは別個の新たな戸籍
の記載事項と位置付けた上，戸籍法第１０７条又は第１０７条の２の変更手続の対
象としない場合には，以下の案のとおり，法令に規定することが考えられる。

【甲案】氏又は名の読み仮名を変更しようとするときは，家庭裁判所の許可を得て，
届け出ることができるものとする。

【乙案】氏又は名の読み仮名を変更しようとするときは，家庭裁判所の許可を得る
必要があるとしつつ，一定の場合には，家庭裁判所の許可を得ないで，届け出る
ことができるものとする。

（補足説明）

1 変更の可否・必要性

氏又は名の変更を伴わない読み仮名のみの変更の可否を検討するに当たって
は，現在の氏又は名の変更の取扱いが参考となる。

なお，氏又は名の読み仮名は，氏又は名を変更（婚姻，縁組によって氏を改め

－ 17 －

た場合，離婚，離縁等によって復氏した場合，氏の変更による入籍届，又は戸籍法第１０７条若しくは第１０７条の２の変更の届をした場合を含む。）すると，これに伴って変更すると考えられるため，この場合には，読み仮名の変更に関する特別な手続は必要ないと考えられる（第３の２(1)オ及びカ参照）。

　そして，氏については，一定の事由によって氏を変更しようとするときは，家庭裁判所の許可を得て（ただし，一定の場合には，家庭裁判所の許可を得ないで），名については，正当な事由によって名を変更しようとするときは，家庭裁判所の許可を得て，届け出ることができるとされている。

　このうち，同法第１０７条第１項及び第４項（外国人である父又は母の称している氏に変更しようとするものなどの要件あり）に規定する氏の変更については，やむを得ない事由がある場合に家庭裁判所の許可を得て，届け出ることができるとされている。

　このやむを得ない事由に該当する事例としては，著しく珍奇なもの，甚だしく難解難読のものなど，本人や社会一般に著しい不利不便を生じている場合はこれに当たるであろうし，その他その氏の継続を強制することが，社会観念上甚だしく不当と認めるものなども，これを認めてよいと考えられている（青木義人＝大森政輔全訂戸籍法４３９頁）。

　また，同法第１０７条の２に規定する名の変更については，正当な事由がある場合に家庭裁判所の許可を得て，届け出ることができるとされている。

　この正当な事由の有無は一概に言い得ないが，営業上の目的から襲名の必要があること，同姓同名の者があって社会生活上支障があること，神官僧侶となり，又はこれをやめるため改名の必要があること，珍奇な名，異性と紛らわしい名，外国人に紛らわしい名又は難解難読の名で社会生活上の支障があること，帰化した者で日本風の名に改める必要があること等はこれに該当するであろうが，もとよりこれのみに限定するものではないと考えられており，また，戸籍上の名でないものを永年通名として使用していた場合に，その通名に改めることについては，個々の事案ごとに事情が異なるので，必ずしも取扱いは一定していないが，相当な事由があるものとして許可される場合が少なくないとされている（前掲全訂戸籍法４４２頁）。

－ 18 －

　さらに，名の変更については，出生届出の際の錯誤あるいは命名が無効であることを理由として認められる場合がある（戸籍６１０号７５頁）。

　以上の例と読み仮名の特性，更に昨今の社会状況に鑑みれば，氏の読み仮名にあっては，著しく珍奇なもの，永年使用しているもの，錯誤による届出によるものなどを理由とした届出が，名の読み仮名にあっては，珍奇なもの，永年使用しているもの，性自認（性同一性）と一致しないもの，錯誤による又は無効な届出によるものなどを理由とした届出が想定される。

　また，氏名の読み仮名の変更の履歴は戸籍に記載されることから，氏名の読み仮名の法制化が必要な理由の中核をなす一意性（第２の２⑴参照）は確保される。

　したがって，氏又は名の変更を伴わない読み仮名のみの変更についても可能とするのが相当と考えられる。その場合の要件について，現行法の規律による上記のような整理とするのか，別の整理とするのか，検討する必要がある。

２　変更・訂正の方法

　氏名の読み仮名を訂正する方法としては，戸籍訂正（戸籍法第２４条第３項）によることが考えられる。

　また，氏名の読み仮名を氏や名の一部と位置付け，又は別個のものと位置付けた場合であっても戸籍法第１０７条若しくは第１０７条の２の変更手続の対象とすれば，氏名の変更（戸籍法第１０７条，第１０７条の２）の規律に服することとなる一方で，氏名の読み仮名を氏名とは別個のものと位置付けた上，戸籍法第１０７条又は第１０７条の２の変更手続の対象としない場合には，本文のとおりとすることが考えられる。

３　新戸籍編製時の扱い

　新たに戸籍を編製する場合において，戸籍の筆頭に記載することとなる者の氏の読み仮名が既に記載されているときは，新たな戸籍における氏の読み仮名は，原則として，従前の戸籍におけるものと同一のものとなる。

　他方で，新戸籍が編製されると，当該者が除籍された戸籍での同一氏の制約はなくなるところ，新戸籍が編製された場合であっても，氏の読み仮名の変更については，原則どおり家庭裁判所の許可を得て届け出る必要があるとする考え方（【甲案】）と，新戸籍の編製を契機に氏の読み仮名の変更を届出のみで可能と

－ 19 －

する考え方（【乙案】）がある。

　この点，①氏の読み仮名の変更の履歴は戸籍に記載されることから，氏名の読み仮名の法制化が必要な理由の中核をなす一意性（第２の２(2)参照）は確保されること，②新たな読み仮名についても第３の１(2)本文のとおり適切に判断されること，③氏の読み仮名は既成の事実と位置付けているものの，同籍者がいる場合には，当該者と他の同籍者が使用しているものが異なる場合も想定されるところ，新戸籍の編製により，氏の読み仮名を実際に使用しているものに整合させることが戸籍法第６条の規律との関係でも可能となることを考慮した上で，新戸籍編製の機会における変更に際し，濫用防止の観点から，家庭裁判所の許可を必要とするか否かが問題となる。

　なお，転籍については，上記③の必要性もないことから，その濫用を防止するため，家庭裁判所の許可を必要とすべきと考えられる。

⑸　同一戸籍内の規律

　同一戸籍内においては，氏の読み仮名を異なるものとすることはできないとすることが考えられる。

　当該規律については，法令に規定することも考えられる。

（補足説明）

１　戸籍編製の規律

　戸籍は，一の夫婦及びその双方又は一方と氏を同じくする子ごとに編製するとされており（戸籍法第６条），同一戸籍内の同籍者の氏は異ならないこととなっている。氏の読み仮名についても，氏と異なる取扱いをすべき特段の理由はないものと考えられる。

　なお，氏名の読み仮名を戸籍の記載事項として戸籍法第１３条第１号に定める氏名の一部と位置付けるか，別個のものと位置付けるかにかかわらず，本文の考えによると，戸籍法第６条は氏の読み仮名にも適用（又は準用）されるとすることになる。

　また，戸籍を異にする同氏の子は，家庭裁判所の許可を要することなく，届出

のみによって，父又は母と同籍する入籍が先例上認められているところ（昭和２３年２月２０日民事甲第８７号法務庁民事局長回答，昭和３３年１２月２７日民事甲第２６７３号法務省民事局長通達，昭和３４年１月２０日民事甲第８２号法務省民事局長回答），本文の考えによると，この場合に，父又は母と子との間で氏の読み仮名が異なるときは，子の読み仮名の変更を要することとなるが，上記先例と同様に家庭裁判所の許可を要することなく，届出のみによる入籍が許容されるのか否かが問題となりうる。

2　新戸籍編製時の扱い

　　本文によると，新たに戸籍を編製する場合（転籍，分籍，新戸籍が編製される婚姻など）において，戸籍の筆頭に記載することとなる者の氏の読み仮名が既に記載されているときは，原則として，新たな戸籍における氏の読み仮名は，従前の戸籍におけるものと同一のものとなる。

3　同一戸籍内にない親族間の扱い

　　戸籍を異にする親族間で氏の読み仮名が異なることは，氏が異なることがあるのと同様に，許容されるものと考えられる。なお，氏の異同は，夫婦，親子の関係を有する当事者間においてのみ生ずる問題であると考えられている（昭和３１年１２月２８日付け民事甲第２９３０号法務省民事局長回答）。

2　氏名の読み仮名の収集方法

(1)　氏名の読み仮名の届出

　　氏又は名の読み仮名を氏名とは別個のものと位置付ける場合においては，戸籍法第１３条第１号に定める氏又は名を初めて戸籍に記載することとなる以下の戸籍の届書（イにあっては調書）の記載事項として，法令に規定することが考えられる（以下の届書に併せて記載した事件本人以外の氏名の読み仮名の取扱いについては第３の２(2)（補足説明）３参照）。

　ア　出生の届書（戸籍法第４９条，５５条，５６条）（名（新戸籍が編製されるときにあっては，氏名）の読み仮名）

　イ　棄児発見調書（戸籍法第５７条）（氏名の読み仮名）

　ウ　国籍取得の届書（戸籍法第１０２条）（名（新戸籍が編製されるときにあって

は，氏名）の読み仮名）

エ　帰化の届書（戸籍法第１０２条の２）（名（新戸籍が編製されるときにあっては，氏名）の読み仮名）

オ　氏の変更の届書（戸籍法第１０７条）（氏の読み仮名）

カ　名の変更の届書（戸籍法第１０７条の２）（名の読み仮名）

キ　就籍の届書（戸籍法第１１０条，１１１条）（名（新戸籍が編製されるときにあっては，氏名）の読み仮名）

（補足説明）

1　届出の原則

　　戸籍制度においては，戸口調査により戸籍を編製した明治初期を除き，原則として届出によって戸籍に記載し，公証してきた。

　　したがって，氏名の読み仮名を戸籍に記載するに当たっても，戸籍の届出によって記載するとすることが原則となる。

2　氏名の読み仮名の性質

　　戸籍の届出は，報告的届出と創設的届出とに分類される。報告的届出は，既成の事実又は法律関係についての届出であり，原則として，届出義務者，届出期間についての定めがある。一方，創設的届出は，届出が受理されることによって身分関係の発生，変更，消滅の効果を生ずる届出である。

　　なお，報告的届出と創設的届出の性質を併有するものとして，認知の効力を有する出生の届出，国籍留保の意思表示を伴う出生の届出，就籍の届出（本籍地を定める届出の部分が創設的届出の性質を有する。），帰化の届出（新戸籍が編製される場合にあっては，本籍地を定める届出の部分が創設的届出の性質を有する。）等がある。

　　氏名についてみると，例えば，出生の届出は，創設的届出の性質を併有するものがあるものの，民法第７９０条の規定により称するとされている氏及び命名された名という既成の事実を届け出るものであって，そのほとんどは報告的届出である。そして，氏名の読み仮名についても，同様に，氏にあっては現に使用されている読み仮名，名にあっては命名された時に定められた読み仮名という既成の

事実を届け出るものと整理するのが相当と考えられる。

　報告的届出については，原則として届出義務が課され，届出期間が定められているが，届出義務が課されておらず，届出期間が定められていない例として，法改正に伴う経過的な取扱いである外国の国籍の喪失の届出（昭和５９年法律第４５号附則第１０条第２項）の例がある。これは，改正法により，重国籍者が併有する外国国籍を喪失したときは，その旨の届出義務が課されることとなったが，施行前にはそのような義務が課されていなかったので，施行前に外国国籍を喪失した場合については改正法を適用しないこととしつつ，戸籍記載上から重国籍が推定される者が法律上又は事実上権利制限や資格制限を受けるおそれもあり，重国籍状態を解消していることを明らかにすることについて本人も利益を有することから，施行前に外国国籍を喪失している旨の届出をする資格を本人に認め，その届出について，戸籍法第１０６条第２項の規定を準用することとされたものである（田中康久「改正戸籍法の概要」民事月報昭和５９年号外８１頁参照）。また，傍訓については，通達によって，記載の申出をすることができるとされていた。

3　初めて氏又は名を届け出るときのこれらの読み仮名の届出（本文参照）は，氏又は名の読み仮名という既成の事実を届け出るものであり，その変更は，本文オ若しくはカ又は第3の1(4)本文【甲案】若しくは【乙案】によって可能となるものと整理している。

　一方，既に氏又は名が戸籍に記載されているときのこれらの読み仮名の届出は（第3の2(2)本文参照），初めて氏又は名が届け出られたときの読み仮名を既成の事実として届け出るのが原則とも考えられるが，便宜通用使用などにより既成の事実が変更していれば，変更後のものを既成の事実として届け出ることも可能と整理することが考えられる。ただし，旅券などの公簿に氏名の読み仮名又はこれらを元にしたローマ字が登録され，公証されている場合には，第3の1(2)本文【甲案】又は【乙案】いずれによっても，これに反するものを届け出ることはできないと整理することも考えられる。

4　復氏する者が新戸籍編製の申出をしたときの扱い

　戸籍法第１９条第１項の規定により，離婚，離縁又は婚姻若しくは縁組の取消

しによって復氏する者が新戸籍編製の申出をしたときは，新戸籍が編製される。この場合には，婚姻又は縁組前の戸籍に入るわけではないため，氏の読み仮名が婚姻又は縁組前の戸籍に記載されているものと異なることも許容されるところ（第3の1（5）（補足説明）1参照），本文アからキまでの届出時に加え，新戸籍編製の申出時に，家庭裁判所の許可を得ないで，氏の読み仮名を届け出るものとすることも考えられる。戸籍法第19条第2項において同条第1項の規定を準用する場合も同様である。

5　氏名の読み仮名の届出前における届出との整合性

　　本文ア又はウの事件本人について，出生の届出又は国籍取得の届出より前に，胎児認知の届出又は外国人の認知の届出がされている場合がある。前者の場合には「胎児」が，後者の場合には外国人としての氏名が届書に記載され，その後，出生の届出又は国籍取得の届出がされたときに初めて事件本人の氏又は名及びこれらの読み仮名が届書に記載されることとなるので，届書上では，同一人について氏名の読み仮名の不整合の問題は生じない。

⑵　**既に戸籍に記載されている者の氏名の読み仮名の収集方法**

　　以下の案のとおり，既に戸籍に戸籍法第13条第1号に定める氏名が記載されている者に係る氏名の読み仮名の収集方法として，法令に規定することが考えられる。

　【甲案】氏名の読み仮名の届を設け，戸籍に記載されている者又はその法定代理人に一定の期間内の届出義務を課す方法

　【乙案】氏名の読み仮名の届を設け，戸籍に記載されている者又はその法定代理人が届け出ることができるとする方法

　【丙案】氏名の読み仮名の届を設け，戸籍に記載されている者又はその法定代理人に一定の期間内の届出義務を課すとともに，戸籍法第24条の戸籍訂正を活用する方法

　　戸籍の届出については，戸籍法第137条において，正当な理由がなくて期間内にすべき届出をしない者は，5万円以下の過料に処するとされているところ，【甲案】

- 24 -

又は【丙案】の戸籍の記載事由の発生時期は，氏又は名を初めて戸籍に記載すること
となる出生等の届出の時ではなく，新たな規律を定める法令の施行時と考えられる。

（補足説明）
1　氏の読み仮名の届出人

　　氏については，同一戸籍内の同籍者の氏は異ならないこととなっており，氏の
　読み仮名についても，同様に考えられるため，本文【甲案】から【丙案】までの
　氏名の読み仮名の届の届出人は，同籍者全員とする必要があるかが問題となる。
　特に，ＤＶ（ドメスティック・バイオレンス）などにより離婚には至っていない
　が，別居状態にある者については，届出をすることが困難との意見もあった。
　　なお，同籍者全員を届出人としない場合には，同籍者の一人が届け出た氏の読
　み仮名が，他の同籍者が認識しているものと異なることも想定される。この場合
　には，戸籍法第１１３条の戸籍訂正手続により対応することとなるものと考えら
　れる。
2　氏名の読み仮名の届の届出期間

　　本文【甲案】又は【丙案】の氏名の読み仮名の届については，例えば，改正法
　令の施行日から一定期間内（当該者が事件本人又は届出人となる戸籍の届出をす
　る場合にあっては，当該届出の時まで）にしなければならない旨法令に規定する
　ことが考えられる。
3　氏名の読み仮名の届の届出方式

　　本文【甲案】から【丙案】までの氏名の読み仮名の届については，他の戸籍の
　届がされた場合についても，事件本人又は届出人について記載された氏名の「読
　み仮名」をもって，氏名の読み仮名の届があったものとして取り扱うことも考え
　られる。これらの場合には，その旨周知するとともに，届書の様式に注記するこ
　とが適当であると考えられる。
4　戸籍訂正の契機

　　本文【丙案】の戸籍法第２４条の戸籍訂正の契機には，同条第１項ただし書の
　本籍地市区町村長の保管する届書等により氏名の読み仮名が判明する場合又は
　同条第４項の氏名の読み仮名を職務上知った官庁等から本籍地市区町村長への

通知がある。なお，氏名の読み仮名を職務上知った官庁等が通知するためには，本籍地市区町村を把握している必要がある。

5　戸籍訂正の資料

　　法務省民事局長通達に定める婚姻届の標準様式には，「夫になる人」及び「妻になる人」の氏名欄に「よみかた」欄が付されている。本文【丙案】の戸籍訂正においては，例えば，当該「よみかた」が記載され保管されている婚姻届を資料として，本籍地市区町村が戸籍法第２４条第２項の規定により，戸籍に氏名の読み仮名を記載することが考えられる。

　　第１の１(注)のとおり，氏名を片仮名又は平仮名をもって表記したものには，読み仮名，よみかた，ふりがな，片仮名など様々な名称が付されているものがあるが，いずれも，原則として（濁音が記載されない，小書きをしないなどのルールが定められているものを除く。）氏名の読み仮名として取り扱って差し支えないものと考えられる。なお，万一，事件本人が認識している氏名の読み仮名と異なっている場合には，第３の１(4)の読み仮名の変更手続により対応することとなるものと考えられる。

6　戸籍訂正における配慮すべき事項

　　謝罪広告等請求事件（最判昭和６３年２月１６日第三小法廷民集４２巻２号２７頁）判決において，氏名を正確に呼称される利益に関して，「氏名は，社会的にみれば，個人を他人から識別し特定する機能を有するものであるが，同時に，その個人からみれば，人が個人として尊重される基礎であり，その個人の人格の象徴であって，人格権の一内容を構成するものというべきであるから，人は，他人からその氏名を正確に呼称されることについて，不法行為法上の保護を受けうる人格的な利益を有するものというべきである。」，「我が国の場合，漢字によつて表記された氏名を正確に呼称することは，漢字の日本語音が複数存在しているため，必ずしも容易ではなく，不正確に呼称することも少なくないことなどを考えると，不正確な呼称が明らかな蔑称である場合はともかくとして，不正確に呼称したすべての行為が違法性のあるものとして不法行為を構成するというべきではなく，むしろ，不正確に呼称した行為であつても，当該個人の明示的な意思に反してことさらに不正確な呼称をしたか，又は害意をもって不正確な呼称を

- 26 -

したなどの特段の事情がない限り，違法性のない行為として容認されるものというべきである。」との判断が示されている。

　これを踏まえると，氏名の読み仮名を戸籍法第２４条の規定により職権により戸籍に記載し，公証するには，少なくとも本人の明示的な意思に反しないことに配慮すべきと考えられる。

7　傍訓が付されている改製不適合戸籍の扱い

　傍訓が記載されている改製不適合戸籍については，本文【甲案】から【丙案】までの名の読み仮名の届や戸籍訂正をすることができないとすることが考えられる。

第4 ローマ字による表記

　氏名の読み仮名を戸籍の記載事項として法制化した後，戸籍以外の公簿に記載されて
いる氏名のローマ字表記を戸籍に記載される氏名の読み仮名と整合させる（氏名の読み
仮名をヘボン式ローマ字等によって表記させる。）必要があるか，仮に必要があるとし
た場合にはどのような方法や期間が望ましいのか，検討する必要があると考えられる。

氏名の読み仮名の法制化に関する研究会第5回会議議事要旨

第1　日時　令和3年5月31日（月）15時〜17時
第2　場所　一般社団法人金融財政事情研究会会議室を事務局にリモート実施
第3　出席者（役職名・敬称略）
　　座長　窪田　充見
　　委員　青木　康祥，奥田　直彦，木村　匡彦，国分　貴之，笹原　宏之，
　　　　　髙橋　昌昭，土手　敏行，長橋　佑里香，新谷　雄彦，西　希代子，
　　　　　舩木　孝和，星名　剛，村林　聡，山口　勇，山野目　章夫
第4　議事概要
　1　開会
　2　本日の議題
　【氏名の読み仮名の届出】
　・　日本人と婚姻した外国人配偶者が婚姻後，帰化し日本人配偶者の氏を
　　称して，日本人配偶者の戸籍に入ると，次に復氏の問題が生じてくる
　　が，この場合にも，氏を創設するということになり，氏の読み仮名も必
　　要になってくることも明記すべき。

　【既に戸籍に記載されている者の氏名の読み仮名の収集方法】
　・　読み仮名の届出を権利としてできるという第3の2(2)【乙案】のよ
　　うなものであれば，みんなしなくていいとなり，法制化する意味があ
　　まりないことになる。他方，【甲案】のように義務付けるのかというと，
　　もし届けなかったら過料5万円が課されてくるのかという問題になる
　　が，義務にするが過料までは課さないというのがいいのではないか。
　・　読み仮名の届出を義務とするのか権利にとどめるのかという論点と，
　　戸籍法24条の戸籍訂正を活用するかどうかというのは違うベクトル
　　の問題だろう。
　・　読み仮名の届出を権利とするという第3の2(2)【乙案】では，今回
　　法制化する意味はほとんどない。ほとんど集まることもないし，こう
　　いう形でやるのであれば，実効性はほとんどないだろう。むしろ，義
　　務とするというよりも，擬制することが必要と思う。「住民基本台帳に
　　よれば，あなたの氏名はこういう読み仮名になっています。これにつ
　　いて異議がありますか。ある場合には，一定期間の間に届け出てくだ
　　さい。」そういうものを何らかの形で各所帯あたりその人の名前をこ
　　うなっていますというような形で通知して，異議がなければそれで進

1

めるという運用などをしない限りこれを集めることは実際難しいと
思う。

・　今までの届出はベースとするのだろうが，マイナポータルとかデジ
タルのことをセットでやらないと，いちいち申込書をまた送るのかと
か，通知が封書で来て，これに対して，OK ですと書いて返すのかと
かいう，そういうルートしかないのかというのは，受け入れる人たち
が「えっ，今の時代にそうなの」となる気がするので，そういうこと
も含めて検討する必要がある。

・　権利として集めるということをするであれば，戸籍の読み仮名の法
制化をすることの意義，今後のあり方についてもう少し，理解が得ら
れるようなものにする必要がある。義務にした場合は，それぞれが届
け出るというのは実質的に実現が難しいので，今届け出られているも
のについて，通知なりをして不同意の方については言っていただくと
いう形，ただその場合については職権でそこを記載することについて
の法制化なり，ある程度の具体的な要件は定めておく必要がある。

・　第3の2(2)の【丙案】で，どれだけ戸籍訂正ができるのかというと
ころが問題だろう。現時点で読み仮名の届出があっても，読み仮名に
ついて法律の根拠がなかったので，戸籍法 24 条だけで訂正できない
のではないか。むしろ今回新たな立法が必要と思われる。今回の戸籍
に氏名の読み仮名を法制化するためには，一定期間，今のあなたの名
前の氏名の読み方はこういう形で住民基本台帳に記録されていること
を連絡し，それについて一定の訂正申出期間を経過すると読み仮
名の届出があったものとみなす，そういう制度を設けて行うという必
要があるのではないか。

・　令和 3 年法律第 24 号による不動産登記法の改正では，住所の変更
の登記について二つのルールが法制上盛り込まれていて，一方では登
記官が職権によって住民基本台帳ネットワークシステムにアクセス
して変えることができるという制度を入れると同時に，当事者に対し
ては 2 年以内に住所の変更の申請をしなければなりません，しないと
過料としますという罰則付きの規律を入れているので，実務上の運用
というか実際のことを考えると，やはり二つは，盛り込んでおいた方
がいい。法律事項となっていない段階で，戸籍法 24 条を発動するの
は非常に難しいのではないか。先にそこを決めておかないと，前に進
まないのでないか。読み仮名の届出というのはいったい何なのか，今
まで使っている読み仮名を届け出ろというのか，ここで全く新たに自
由に読み仮名は全くフリーに作っていいということなのかというと

2

ころがまず出発点として，整理しておく必要があると思う。今まで読み仮名として使用していたものを届け出なさいということになれば，今まで使用していた内容としては，出生届や婚姻届等が一つの資料ではあるし，それらの読み仮名を今回読み仮名の届出があったとして擬制し，それが違うというのであれば，連絡してくださいと，また，あるいは一緒であったとしてもこの際氏名の読み仮名を変更したいというのであれば，もうそれは柔軟に全部認めますよというような発想の制度でこれを制定するとかいうのがいいのではないか。

【ローマ字による表記】
・　公証された読み仮名に基づいたローマ字氏名が，マイナンバーカードに表記されたものとパスポートや接種証明などと違うとなると，何のためにこれやっているのかとなるので，そこの整合性を確保するということを検討する必要がある。
・　在留外国人についての表記をどうするのか，ローマ字にとか，カタカナにしても，現地読みにするのか，漢字読みにするのかなど，マイナンバーカードの表記の仕方の問題も合わせて，やっておく必要があるか。
・　一義的に固まった読み仮名とローマ字との関係について，ヘボン式と訓令式があり，ヘボン式でも複数の方式があるので，そうなった時に，例えば，パスポートとマイナンバーカードでずれがあるというのは駄目だろうということはだれも異論がない。ただそれをどうやって確保するのかというと，工夫をしなければならない。

【はじめに，氏名の読み仮名の法制化が必要な理由】
・　第1，第2はこれまでの経緯とか今まで議論した内容ということを整理するという位置付けになるので，半分ぐらいに削るという姿勢が必要ではないか。
・　第2は，結構重要なのではないか。法制化が必要な理由は明らかにこの研究会で検討した成果なので，むしろもう少し強調すべきではないか。
・　検討開始の経緯というのは一定程度記載しなければならないのではないか。今回が何のために立ち上がったのかっていうところの経緯は必要。
・　漢字の文字の問題については，戸籍のコンピュータ化の時に非常に議論があったところで，衆参委員会からも文字に愛着があるというこ

3

とで，附帯決議までされているので，読み仮名を登録公証する時には，しっかりとやっていかなければならない。

- 日本ではそもそも音の方が文字よりも先に認識されており，現在でも例えば電話をかけて，お名前と生年月日よろしいですかと言われるが，漢字を教えてくださいとはなかなか言われないので，古来から日本人は音で個人を識別すること文字より先にそれを行っていたということ，現在でも実務的には使われている古来からの日本の伝統なんだということも含めて記載してはどうか。
- 「表音」という用語がどうしても引っかかる。「国際的な表音の方法（あるいは表音文字）によって」などとしないと，一般の人からすると，何のことか分からなくなり，誤解を招きかねない。
- 社会保障や税に関し，個人を特定して正確かつ迅速に事務が処理されるようにするためには，普通個人番号が役立てられることがイメージされるが，個人番号は半面において秘匿性の高い情報であり，官庁公署はその事務を委託される諸機関が広く取得することにはおのずと限界がある。関係機関が氏名そのものを取得するほか，公的に確かめられ，認められた読み仮名を取得することには，意義がある。例を挙げると，多人数の人々について情報処理技術を用い，五十音順に配列する名簿を作成するに当たっては，漢字を含む氏名しかないとそれを達することがかなわない。こうした意義は大きな災害など社会的に異常な事態に際し，広く被災する国民に定額給付金ないしこれに類するものを迅速に支給するなどの機会においても見い出される。

【氏名の読み仮名の定義】
- 「氏名についての国字の音訓及び慣用により表音されるものを片仮名で表記したもの」との記述は旅券法施行規則の規定を用例として参考にしているが，このうち「慣用」の内容がいかなるものか明確でないため適当ではないのではないか。
- 旅券法施行規則第5条第2項は，氏名は，戸籍に記載されている氏名（戸籍に記載される前の者にあっては，法律上の氏及び親権者が命名した名）について国字の音訓及び慣用により表音されるところによる戸籍の漢字の音訓により表音されるところによる旨規定しており，その音訓をヘボン式でローマ字表記することを大原則としている。他方，旅券法施行規則第5条第2項但し書きは，申請者がその氏名の国字の音訓又は慣行によらない表音を申し出た場合にあっては，公の機関が発行した書類により当該表音が当該申請者により通常使用され

4

ているものであることが確認され，かつ，外務大臣又は領事官が特に
必要であると認めるときはこの限りではない旨規定し，例外を認めて
いる。例外としては，極端な例であるが，例えば，七音と書いてドレ
ミ（ローマ字ヘボン式表記で Doremi）と言う申請がある場合には公
の機関が発行した書類により当該表音が当該申請者により通常使用
されているものであることが確認され，かつ，特に必要であるときに
は認めている例がある。同様の例として，天に舞うと書いてヒラリ（ロ
ーマ字ヘボン式表記で Hirari）さんという，申請がある場合に認めら
れた例もある。いずれにせよ，旅券法施行規則第5条第5項は，旅券
面に記載されるローマ字表記は，外務大臣又は領事官が特に必要と認
める場合を除き変更することができない旨規定し，原則として，一度
決めたローマ字表記は戸籍氏名が変更しない限り変更はできないと
の極めて厳格な運用を行っている。

・　音訓の慣用に関して，命名に際し，子のためになどとして漢字を学
び，今までそういう読み方はなかったが，例えば「朝」と書いて「ト
モ」と読もうとか，「和」と書いて「カズ」と読もうとかそういうもの
を誰かが最初に作り出してきた。それらの明確な根拠は見つかってな
いが，多くの日本の人々の心をとらえて命名習慣となり，いわゆる名
乗り訓になっている。そういう命名で新しい読み方を作るということ
も命名習慣，命名文化の一部として存在してきた。慣用の音訓という
と，それを受け次いでいるようにもみえるが，実は違うものであり，
そういう新作を排除する，要するに過去のものから選ぶだけで，良い
ものを生み出す可能性をゼロにしてしまう怖さが第3の1(1)の【乙案】
にはある。子などから憎悪を受けるような，公序良俗に反するような
ものが出てくることへの対処は，別に考える必要があるが，そういう
受け入れられるものも自然に広まって一般化してきたという名前の
漢字の歴史を見た場合に，新作の根を絶やすような【乙案】には，反
対せざるを得ない。

・　第3の1(1)の【乙案】には反対，【甲案】には反対だという意見が
あるということも含めて，【甲案】と【乙案】を残したらいいのではな
いか。つまり名前というのを定義の仕方として二つ考えられて，【乙案】
を前提として第3の1 (3) の問題を考えるのと，【甲案】を前提とし
て (3) の問題を考えるのでは重なってくる部分もあるが，違う形でも
説明できるので，ひな形としては，とりあえず残しておくというのも
あり得る。

5

【氏名の読み仮名の位置付け】

・　氏名の一部と位置付けた場合，父母欄の父母の氏名等に全部振り仮名をふるとしたら，非常に大変である。第3の1(2)の【甲案】の方は，もう少し考え直した方がいい。【乙案】として戸籍法13条1項に定める氏名と別個のものという位置付けで，例えば戸籍法施行規則付録24号のひな形で示すこととしてはどうかを，今後検討していかなければならない。

・　氏名の一部と位置付ける第3の1(2)の【甲案】を前提とすると，他の法令に規定されている氏名に関する規定において，氏名の読み仮名が含まれるのか否かという疑義が生じるところは重要である。読み仮名が氏名の一部であるとしたときに，読み仮名だけを書きましたというときに，氏名ということで有効になるのかどうかと，逆の問題も生じてくる。

【氏名の読み仮名と音訓や字義との関連性や氏名の読み仮名の適法性】

・　第3の1(3)のタイトルの氏名の読み仮名の適法性について，適法性という表現が果たして妥当か。

・　氏名の読み仮名を届け出ることと，読み仮名を自分に付けることは別であるが，憲法12条が出てきているということは，読み仮名を付けるのが国民の権利という発想か。第3の1(3)の【甲案】のようなものになると，権利性が非常に強くなるが，国に対する権利と考えるのであれば，憲法12条が出てきておかしくないが，第3の1(1)で【乙案】のようなものを採ったとき，憲法12条というのは，果たして，どうなのか。読み仮名というものが，読み仮名権という国民の国に対する権利なのかという問題が，届出が義務か権利かと別にある。読み仮名権というものが，権利として想定してもいいのか。今まで氏名に関して問題になったのは，命名権であるが，命名権というのは，人が人に名前をつけると，それがたとえ代理という形であっても，そういうものであるが，今回初めて自分で自分の読み仮名を付けるというのが問題になってくる場面であるので，今までには知らなかった概念を我々は使わなければならない。

・　第3の1(3)のタイトルである氏名の読み仮名の適法性というのは，非常に挑発的な見出しという感じはする。本文の中で適法性について記載することは構わないが，例えば氏名の読み仮名と音訓や字義との関連性並びに氏名の読み仮名の許容性をめぐる問題などのタイトルにすべきではないか。

6

【氏名に記載することができる片仮名の範囲】

・　出生届のふりがな欄では，ひらがなで「よみかた」と書いているので，暗黙の了解としてひらがなでふりがなを書き込む人がほとんどだと思う。仮にこれをカタカナにそのまま置き換えるとすると，ひらがなの体系とカタカナの体系とでは字や記号の運用の仕方に微妙なずれが生じる。例えば，仮にカタカナで「マーヤ」と長音符が入るのが本名という人がいるとして，そのふりがな欄には，ひらがなに長音符は駄目なんだという出版界などの慣例に従って，「まあや」と振ったというケースがあり得る。それを機械的にカタカナに変えると「マアヤ」となってしまい，長音符「ー」と，振り仮名欄の「ア」とでずれが生じる。つまり出生届のふりがなを，ひらがなからカタカナへ一括置換をしてそのまま利用しようとすると，それらに関して一つ一つチェックが必要ということになる。

【氏名の読み仮名の変更の可否等】

・　読み仮名は，固定化，つまり，変更しづらくすることが必要か，やむを得ない事由となり得るものでなければならないか，これだけ固定化する，ハードルを上げることが求められているかなどについても一つの視点として，記載する必要があるのではないか。

3　閉会

7

氏名の読み仮名の法制化に関する研究会取りまとめ（たたき台　その２）

第1　はじめに

1　検討開始の経緯

　　令和２年６月３０日に開催されたマイナンバー制度及び国と地方のデジタル基盤抜本改善ワーキンググループ（第２回）において，「読み仮名の法制化等の検討」が課題として盛り込まれた「マイナンバー制度及び国と地方のデジタル基盤の抜本的な改善に向けて－課題の整理－」が議題とされ，これらの課題について，今後，年内に工程表を策定するとともに，できるものから実施することとなった。

　　令和２年９月２５日に開催されたマイナンバー制度及び国と地方のデジタル基盤抜本改善ワーキンググループ（第３回）において，法務省から，読み仮名の法制化等の検討について説明し，有識者から，「読み仮名の法制化について，デジタルに使うものなので機械が扱えるということが非常に重要な前提であり，そのためには，漢字氏名・片仮名氏名・アルファベット氏名の３つの氏名が必要。「読み仮名」の検討とすると，デジタル改革から国語や文化まで議論が広がるので，「片仮名氏名」に検討を絞ることも有効ではないか。マイナンバーカードにアルファベット表記が必要なタイミングを考えると６年度目途ではぎりぎりであるため，スケジュールを意識して進める必要。」との発言があった。

　　令和２年１２月１１日に開催されたマイナンバー制度及び国と地方のデジタル基盤抜本改善ワーキンググループ（第６回）において，マイナンバー制度及び国と地方のデジタル基盤抜本改善ワーキンググループ報告「マイナンバー制度及び国と地方のデジタル基盤の抜本的な改善に向けて」が取りまとめられた。

　　デジタル・ガバメント実行計画（令和２年１２月２５日改定。同日閣議決定。）において，「マイナンバー制度及び国と地方のデジタル基盤抜本改善ワーキンググループ報告」のとおり，「２０２４年からのマイナンバーカードの海外利用開始に合わせ，公証された氏名の読み仮名（カナ氏名）に基づき，マイナンバーカードに氏名をローマ字表記できるよう，迅速に戸籍における読み仮名（カナ氏名）の法制化を図る。これにより，官民ともに，氏名について，読み仮名（カナ氏名）を活用することで，システム処理の正確性・迅速性・効率性を向上させることができる。」とされた。

　以上の動向を踏まえ，戸籍における氏名の読み仮名（カナ氏名）の法制化を迅速に図るための論点や考え方等を検討し，整理することを目的として，本研究会が設けられた。

　なお，第1回本研究会における議論を踏まえ，本研究会においては，まずは戸籍における氏名の読み仮名，具体的には片仮名による読み仮名の法制化について検討の対象とするが，マイナンバーカードや旅券その他ローマ字により氏名が表記され，又はされる予定の公的資料があり，戸籍の記載事項はこれらローマ字により氏名が表記される公的資料に一定の影響を及ぼすこととなるため，最終取りまとめまでのスケジュールも勘案の上，片仮名による読み仮名の法制化についての方針が固まり次第，これを踏まえたローマ字による氏名の表記についての考え方についても付言することを目指すこととされた。

　また，令和3年2月9日，第204回通常国会に提出されたデジタル社会の形成を図るための関係法律の整備に関する法律案は，同年5月12日成立し，同月19日公布されたところ，同法附則第73条において，「政府は，行政機関等に係る申請，届出，処分の通知その他の手続において，個人の氏名を平仮名又は片仮名で表記したものを利用して当該個人を識別できるようにするため，個人の氏名を平仮名又は片仮名で表記したものを戸籍の記載事項とすることを含め，この法律の公布後一年以内を目途としてその具体的な方策について検討を加え，その結果に基づいて必要な措置を講ずるものとする。」と規定されている。

　おって，第2回本研究会における議論を踏まえ，本研究会においては，氏名の読み仮名の法制化が必要な理由を整理することとされ，第2のとおり取りまとめられている。

（注1）氏名を片仮名又は平仮名をもって表記したものには，読み仮名，よみかた，ふりがな，片仮名など様々な名称が付されているが，本研究会取りまとめにおいては，「氏名の読み仮名」という。なお，氏名の読み仮名の定義や法制上の位置付けを踏まえ，今後，適当な名称が定められるものと考えられる。

（注2）「マイナンバー制度及び国と地方のデジタル基盤抜本改善ワーキンググループ」は，令和2年10月12日デジタル・ガバメント閣僚会議決定「マイナンバー制度及び国と地方のデジタル基盤抜本改善ワーキンググループの開催について」に

基づき，開催されている。なお，令和2年9月25日までについては，令和2年6月23日関係省庁申合せ「マイナンバー制度及び国と地方のデジタル基盤抜本改善ワーキンググループの開催について」に基づき開催されていたが，「マイナンバー制度及び国と地方のデジタル基盤抜本改善ワーキンググループの開催について」の廃止について（令和2年10月12日関係省庁申合せ）による廃止前のワーキンググループで検討した事項等については，ワーキンググループに引き継がれるものとするとされている（令和2年10月12日デジタル・ガバメント閣僚会議決定「マイナンバー制度及び国と地方のデジタル基盤抜本改善ワーキンググループの開催について」附則）。

2 これまでの検討経緯

　戸籍に氏名の読み仮名を記載することに関しては，過去3回，当時の法務大臣の諮問機関であった民事行政審議会及び法務省民事局に設置された戸籍制度に関する研究会において検討されたものの，いずれも「今後の検討にまつべき」，「なお検討すべき余地が残されている」，「なお慎重に検討すべき」として，制度化は見送られてきた。

　具体的には，「戸籍制度に関し当面改善を要する事項」に関する諮問に対する答申（昭和50年2月28日民事行政審議会答申。以下「答申①」という。）においては，「子の名に用いる漢字の問題に関連して，出生届等の際に，戸籍上の氏名にすべて「ふりがな」をつけることが望ましいという意見が提出された。しかし，この点について，多数意見は，戸籍上の氏名にふりがなをつければ，各人の氏名の読み方が客観的に明白となり，便利をもたらす面はあるが，漢字それ自体の読み方にそぐわないふりがなを付して届出がされた場合の処理や，後日におけるふりがなの訂正の方法などにつき，多くの実務上の問題が派生するので，この問題は，今後の検討にまつべきである。」とされた。

　戸籍法施行規則第60条の取扱いに関する諮問に対する答申（昭和56年5月14日民事行政審議会答申。以下「答申②」という。）においては，「出生の届出等に際しては，必ず名の読み方を記載すべきものとし，戸籍上にその読み方を登録記載するという制度を採用すれば，各人の名の読み方が客観的に明白となり，社会生活上便利

である。しかし，無原則に読み方が登録されると，かえって混乱の生ずるおそれがあり，かつ，混乱を防ぐためにどの範囲の読み方が認められるかの基準を立てることは必ずしも容易ではなく，戸籍事務の管掌者においてその読み方の当否を適正に判断することには困難を伴うことが予想される。また，振り仮名の訂正又は変更をどのような手続で認めるかについても，なお検討すべき余地が残されている。これは，氏についても同様である。」とされた。

戸籍制度に関する研究会最終取りまとめ（平成２９年８月１日戸籍制度に関する研究会資料２２）においては，「これらの問題の解決は困難であり，戸籍実務上及び一般国民の社会生活上混乱を生じさせることになるものと考えられることから，戸籍に振り仮名を記載する取扱いとすることについては,その必要性や国民の意識も踏まえ，なお慎重に検討すべきである。」とされた。

なお，答申①は，昭和４９年３月，法務大臣から民事行政審議会に対してされた「最近の実情にかんがみ，戸籍制度に関し当面改善を要する事項について意見を承りたい。」との諮問に対するものであり，主たる検討事項が，㋐戸籍の公開，㋑届出人の範囲の拡大，㋒本籍の表示方法，㋓子の名に用いる漢字，㋔戸籍の筆頭者についてであった。

答申②は，昭和５４年１月，法務大臣から民事行政審議会に対してされた「国語審議会においては，当用漢字表を廃止し，新漢字表（仮称）を制定すべき旨の答申がなされる見通しとなつたことに伴い，戸籍法施行規則第六十条の取扱いについて意見を承りたい。」との諮問に対するものであり，主たる検討事項は，㋐子の名に用いる文字の基本的取扱い，㋑子の名に用いる常用平易な漢字の範囲，㋒子の名に用いる漢字の字体についてであり，㋑及び㋒に関連して，㋓戸籍上の氏名の読み方を登録する制度の採否についても検討された。

また，戸籍制度に関する研究会における主たる検討事項は，㋐番号制度（マイナンバー制度）導入，㋑戸籍事務を処理するためのシステムの一元化（クラウド化）の是非及びこれに伴う制度の見直しの要否,㋒戸籍記載の正確性の担保についてであった。

そして，上記研究会最終取りまとめにおいて挙げられた主な問題点は，①読み仮名の法的位置付けとして，氏や名の一部となるか，②漢字の音訓や字義に全く関係のない読み仮名の取扱い，③同じ氏の親子や兄弟について異なる氏の読み仮名が届け出ら

- 4 -

れた場合の取扱い，④読み仮名の収集方法であった。

3 本研究会における検討

上記民事行政審議会及び戸籍制度に関する研究会における検討は，戸籍に氏名の読み仮名を記載することについて，いずれも，諮問事項や主たる検討事項とは別の問題として検討され，制度化は先送りされたところ，本研究会においては，戸籍における氏名の読み仮名の法制化自体を検討事項として，全〇回にわたり検討を行った。

なお，戸籍制度に関する研究会最終取りまとめにおいて挙げられた上記2の①から④までの問題点については，以下のとおり，整理している（詳細については，第3参照。）。

(1) 読み仮名の法的位置付けとして，氏や名の一部となるか

その法的位置付けが明らかでないと指摘されていたことについては，第3の1 (2) 本文のとおり，2案を提示した上で，第3の1 (2)（補足説明）1及び2において，それぞれの問題を整理している。

(2) 漢字の音訓や字義に全く関係のない読み仮名の取扱い

漢字の音訓又は字義に全く関係のない読み仮名が届け出られた場合に，漢字との関連性を考慮せず，届出のとおり戸籍に記載することとすると，漢字とその読み方を公の機関が公認したものと考えられることになりかねない一方で，氏名の漢字と読み仮名との間に関連があるか否かを戸籍窓口で審査することは，非常に困難であると指摘されており，それを踏まえて，第3の1 (3)のとおり，3案を提示するとともに，第3の1 (3)（補足説明）7において，周知すべき事項について整理している。

(3) 同じ氏の親子や兄弟について異なる氏の読み仮名が届け出られた場合の取扱い

出生届等の届出により，順次，氏名の読み仮名を戸籍に記載することとした場合，同じ氏である親子や兄弟が，それぞれ別の届出において，異なる読み仮名を届け出る可能性があり，連続する戸籍間に不整合が生じることが考えられると指摘されていたところ，第3の1 (6)のとおり，同一戸籍内においては，氏の読み仮名を異なるものとすることはできないこととする案を提示している。

(4) 読み仮名の収集方法

全ての戸籍に一律に氏名の読み仮名を付すこととする場合，全国民に対して郵送等により自己の氏名の読み仮名を届出させるとすれば，国民の負担が大きい上に，市区

町村の作業量が膨大となり，相当混乱が生ずることが考えられると指摘されていたところ，そのような事態を回避する観点から，第3の2のとおり，氏名の読み仮名の収集方法を提示している。なお，氏名の読み仮名の収集方法は，氏名の読み仮名の法制化の必要性に応じてその方策を検討する必要があるため，第2において，氏名の読み仮名の法制化の必要性について整理している。

4　令和元年改正戸籍法

(1)　概要

　　平成25年の戸籍法施行規則の改正により戸籍副本データ管理システムにおいて各管轄法務局等が保存する戸籍の副本のデータが保存，管理されるようになったことを踏まえ，戸籍副本データ管理システムの仕組みを活用した新たなシステム（以下「新システム」という。）を構築し，戸籍に記載された各人について戸籍の副本に記録された情報により作成される個人単位の情報（戸籍関係情報。戸籍法第121条の3）を整備し，情報連携の対象に戸籍関係情報を追加することを可能とするとともに，戸籍の副本データを戸籍事務において利用し，本籍地以外での戸籍証明書の発行を可能とする等の措置を講ずることなどを内容とする戸籍法の改正が行われ，令和元年5月24日，成立した（令和元年法律第17号。以下，完全施行後の戸籍法を「改正戸籍法」という。）。改正戸籍法の概要は以下のとおりである。

①　行政手続における戸籍証明書の添付省略

　　改正戸籍法では，法務大臣において，新システムを利用して，情報連携の対象となるべき戸籍関係情報を作成し，これを他の行政機関等に提供することとし，そのために必要な法制上の措置が講じられた。

　　これにより，各種行政手続における戸籍証明書の添付省略が可能となる。

②　戸籍の届出における戸籍証明書等の添付省略

　　戸籍の届出に伴う戸籍証明書等の添付省略を実現し国民の利便性を図るとともに，戸籍事務内部における事務の効率化を進めるという観点から，新システムにおいては，各市区町村長が法務大臣の保存する戸籍又は除かれた戸籍の副本を利用して戸籍事務を行うことを可能とすることとし，このようなシステムを利用

して戸籍事務を行うことが法律上明らかにされた。

これにより，戸籍の届出における戸籍証明書等の添付省略が可能となる。

③ **本籍地以外での戸籍証明書等の発行等**

現在の戸籍事務においては，戸籍証明書等の交付の請求は，当該戸籍を管理する本籍地の市区町村長に対してのみしか請求することができないところ，戸籍事務を新システムによって取り扱うものとすることに伴い，戸籍又は除かれた戸籍が磁気ディスクをもって調製されている場合には，戸籍法第１０条第１項の請求（いわゆる本人等請求）は，いずれの市区町村長に対してもすることができることとされた。

また，本人等請求については，戸籍電子証明書（磁気ディスクをもって調製された戸籍に記録された事項の全部又は一部を証明した電磁的記録）又は除籍電子証明書（磁気ディスクをもって調製された除籍に記録された事項の全部又は一部を証明した電磁的記録）について，することができるとされた。

⑵ **令和５年度以降の状況**

令和５年度における改正戸籍法の完全施行により，新システムにおいて，戸籍事務を扱う各市区町村と他の行政機関との連携及び各市区町村間の連携がより円滑に進むことが想定され，行政サービスの質の向上が期待されるとともに，各種行政手続及び戸籍の届出における戸籍証明書等の添付省略並びに本籍地以外での戸籍証明書等の発行等が可能となることから，国民の利便性が大幅に向上する。そして，氏名の読み仮名が戸籍の記載事項となることにより，将来的には，氏名の読み仮名を上記情報連携の対象として，各種行政手続において，公証された読み仮名の情報を利用し，手続をより円滑に進めることが可能となることが想定されるのであって，更なる国民の利便性の向上に資するものと考えられる。

第2　名の読み仮名の法制化が必要な理由

1　氏名の読み仮名やその法制化の必要性

氏名の読み仮名やその法制化の必要性に関しては，これまで，主に以下のとおり説明されている。

(1)　答申①において，「戸籍上の氏名にふりがなをつければ，各人の氏名の読み方が客観的に明白となり，便利をもたらす面はある」とされている。

(2)　答申②において，「出生の届出等に際しては，必ず名の読み方を記載すべきものとし，戸籍上にその読み方を登録記載するという制度を採用すれば，各人の名の読み方が客観的に明白となり，社会生活上便利である。」とされている。

(3)　平成３１年３月２８日に漢字，代替文字，読み仮名，ローマ字等の文字情報の現状や導入方法に関するガイドとして策定された「文字環境導入実践ガイドブック」（内閣官房情報通信技術（ＩＴ）総合戦略室）において，次のように記載されている。

　　　「行政機関では，行政運営上，本人確認等を厳格に行う場合や個人のアイデンティティに配慮する場合に，この膨大な文字を用いようとする傾向があります。その結果，外字をそれぞれのコンピュータに導入する方法や，当該文字のヨミガナを別途データとして管理する方法が採られてきました。」，「標準的な文字の取扱いにしても，約１万文字もあり，文字自体の読み方が分かりにくく，複数の文字の組み合わせによって読み方が特殊，難読又は複数になる場合があります。また，例えば氏名の並べ替え（ソート）をする場合，システムでは文字コードでソートされるため，表２−１のように，漢字によりソートした場合には人間が認識しにくい順番で並びますが，ヨミガナによりソートした場合には五十音順に並びますので，人間が認識しやすくなります。したがって，サービス・業務及び情報システムを設計していく上では，漢字と併せてヨミガナを取り扱うことができるようにすることを強く推奨します。」，「日本人にあっても外国人にあっても，同じ氏名であれば，複数のヨミガナを持つ可能性があり，近年は氏名からでは容易にわからないヨミガナも存在します。しかしながら，我が国の現行制度においては，氏名のヨミガナを規定する法令は明確でなく，ヨミガナは氏名の一部とされていないという課題があります。一方，氏名のヨミガナは，氏名と同様に，本人の人格を形成する要素の一部で

あって，他者と区別し本人を特定するものの一つとなっている実態があります。さらに，情報システムの構築及び管理においては，氏名のヨミガナがデータの検索キーや外部キーの重要な要素の一つとなっています。情報システムにおいては，清音と濁音のような小さな違いであっても，同一人物が異なる人物と特定されてしまう場合があり（「山崎」のヨミガナを「ヤマサキ」とデータベースに登録していた場合，「ヤマザキ」で検索しても特定できない等），デジタル技術を活用して適切に行政サービスを提供する上で問題が発生するおそれがあります。」

(4)　第２０３回国会　衆議院予算委員会（令和２年１１月４日）において，「平仮名，片仮名の，この仮名をどうするのかというのが，実は，何かデジタル庁をつくってどうしようかという立派な議論の前に，（中略）振り仮名の処理が，ルールもちゃんと決まっていなければ，例えば，出生届には振り仮名を書くことが義務づけられていますけれども，戸籍とか住民基本台帳は義務づけられていないんですよ。例えば，（中略）サトルなのかサトシなのか，漢字だけ見たらわからぬじゃないですか（以下略）。でも，それを役場の人が見て，漢字だからこうだなと便宜的に入れていることがいっぱいあって，それで別人だということで突合できなくて，御存じのとおり，銀行の全銀システムは片仮名になっていますよね。合わないんですよ。この片仮名の統一をきちんとやらないと，（中略）実はこういうところでつまずいているんですが，（中略）全然できていないんじゃないですか，まだ。」という質問に対し，平井大臣（デジタル改革担当）から，「名前と読み仮名というのは，これは一部の方ですけれども，選挙のたびに自分の名前の読み方を変えて立候補される方もいるんです。だから，要するに，日本では名前の読み方というものを誰も公に明かしていないというところが，個人を特定するときに非常に不安定になる。（中略）これは，今，総理が主宰するデジタル・ガバメント閣僚会議のもとに，マイナンバー制度及び国と地方のデジタル基盤基本改善ワーキンググループにおいて，氏名の読みの公証，公に明かすのに向けた工程表を年内につくろうということで，当然，法改正も視野に入れています。」と発言されている。

(5)　デジタル・ガバメント実行計画（令和２年１２月２５日改定。同日閣議決定。）において，「マイナンバー制度及び国と地方のデジタル基盤抜本改善ワーキンググループ報告」のとおり，「２０２４年からのマイナンバーカードの海外利用開始に

合わせ，公証された氏名の読み仮名（カナ氏名）に基づき，マイナンバーカードに氏名をローマ字表記できるよう，迅速に戸籍における読み仮名（カナ氏名）の法制化を図る。これにより，官民ともに，氏名について，読み仮名（カナ氏名）を活用することで，システム処理の正確性・迅速性・効率性を向上させることができる。」とされている。

(6)　第204回国会　衆議院予算委員会（令和3年1月25日）において，「私の名前をどのように読むのかというのが，どこにも法的な位置づけがされていない。私の名前の片仮名表記あるいは平仮名表記というものを一つに整えていただき，曖昧性がなくなるようにしていただきたい。」という質問に対し，平井大臣（デジタル改革担当）から，「戸籍において個人の氏名を平仮名又は片仮名で表記したものを公証するということこそ，まさにデジタル社会の一つのインフラ，我々が整備しなきゃいけないベースレジストリの典型的なものだと思います。」と発言されている。

2　氏名の読み仮名の法制化が必要な理由

上記1を踏まえると，氏名の読み仮名を法制化し，氏名が記載事項となっている戸籍などの公簿に氏名の読み仮名を一意のものとして登録・公証することが必要な理由は，以下のとおりと考えられる。

(1)　氏名の読み仮名を一意のものとして，これを官民の手続において利用可能とすることにより，氏名の読み仮名が個人を特定する情報の一部であるということを明確にし，情報システムにおける検索及び管理等の能率，更には各種サービスの質を向上させ，社会生活における国民の利便性を向上させるため。

(2)　氏名の読み仮名をマイナンバーカードなどの公的な身分証に記載し，本人確認資料として広く利用させ，これを客観的に明白にすることにより，正確に氏名を呼称することが可能となる場面が多くなり，国民の利便に資する上，氏名の読み仮名を本人確認事項の一つとすることを可能とすることによって，各種手続における不正防止を補完することが可能となるため。

（注1）ここでの「一意」とは，一個人について，特定の時点における氏名の読み仮名を一つに特定することを意味する。

（注2）他の漢字圏の国においては，一字一音の原則が採られているところ，我が国においては，一つの漢字に音読み及び訓読み等の複数の読み方があるものが多いと

いう特徴がある。

（注３）本文(2)については，各種手続において，氏名の読み仮名を本人確認事項の一
　　つとすることを義務付けるものではなく，そのような選択肢を設けるものである。

（補足説明）

1　登録・公証する公簿

　　氏名の読み仮名の法制化をするに当たっては，氏名の読み仮名を登録し，公証す
　る公簿として，戸籍ではなく，住民基本台帳も考えられるのではないかとの意見も
　あった。この点，氏名の読み仮名は氏名と密接な関係を有するものであり，氏名を
　初めて公簿に登録する場面である出生の届出等の際に，戸籍の届書の記載事項とし
　て収集することが最も適当と考えられる（第３の２(1))参照)。なお，現在も運用
　上，出生の届出の場面で，事件本人の「よみかた」を収集し，住民基本台帳に登録
　しているところであるが，戸籍の届出の際に収集しつつ，あえて戸籍の記載事項と
　しない理由はないものと考えられる。

2　韓国における姓名の表記

　　韓国においては，家族関係登録簿の特定登録事項のうち，姓名欄には，漢字で表
　記することができない場合を除き，ハングルと漢字を併記するとされている（大韓
　民国家族関係の登録等に関する規則第６３条第２項第１号。柳淵馨「大韓民国にお
　ける新しい家族関係登録制度の概要」（戸籍時報特別増刊号６４０号８６頁））。

　　なお，家族関係登録制度実施前の戸籍の取扱いについて，姓名欄は漢字で表記す
　ることができない場合を除き，漢字で記載するとされていたが（大韓民国戸籍法施
　行規則第７０条第２項。柳光熙「韓国の戸籍実務」３８４頁），国語基本法の公文
　書ハングル化原則によって，姓名については，ハングルと漢字の両方を記載するよ
　うになったとのことである。

3　氏名の読み仮名が登録・公証される意義

　　氏名の読み仮名が一意的に決まり，それを公証すること自体に意義があると考え
　られる上，多くの日本人にとっては，氏名と同様その読み仮名にも強い愛着がある
　ため，これが戸籍などの公簿に登録・公証されることにも意義があるものと考えら
　れる。

　　また，幼少期など，漢字で表記された氏名を表記することはできないものの，そ

－ 11 －

の読み仮名を表記することはできる場面が想定されるため，戸籍などの公簿に登録・公証されたものを表記することができることにも意義があるものと考えられる。

なお，我が国の国際化の進展に伴い，例えば，子の名の読み仮名を国際的な表音によって定め，その字義に応じた漢字によって名を定めた場合など，氏名の読み仮名により強い愛着がある者も少なくないものと考えられる。

第3 氏名の読み仮名の法制化事項

1 氏名の読み仮名の戸籍の記載事項化
⑴ 氏名の読み仮名の定義

以下の案のとおり，氏名の読み仮名を定義し，戸籍の記載事項として法令に規定することが考えられる。

【甲案】氏名を片仮名で表記したもの

【乙案】氏名について国字の音訓及び慣用により表音されるものを片仮名で表記したもの

（補足説明）

1 【甲案】の用例

令和3年2月9日，デジタル社会の形成を図るための関係法律の整備に関する法律案が第204回通常国会に提出され，現在審議されているところ，同法案附則第73条においては，「個人の氏名を平仮名又は片仮名で表記したもの」と規定されており，本文【甲案】の用例の参考としている。

なお，本文【甲案】を採用するとした場合には，旅券の取扱いへの影響が想定される。

2 【乙案】の用例

旅券法施行規則（平成元年外務省令第11号）第5条第2項においては，旅券に記載するローマ字表記の氏名について，「戸籍に記載されている氏名（戸籍に記載される前の者にあっては，法律上の氏及び親権者が命名した名）について国字の音訓及び慣用により表音されるところによる。」と規定されており，本文【乙案】の用例の参考としている。

なお，本文【乙案】を採用する場合には，第3の1⑶本文【丙案】を採用するのが自然である。

⑵ 氏名の読み仮名の位置付け

以下の案のとおり，氏名の読み仮名を位置付け，法令に規定することが考えら

— 13 —

れる。

【甲案】氏名の読み仮名を戸籍の記載事項として戸籍法第13条第1号に定める
　　氏名の一部と位置付ける。

【乙案】氏名の読み仮名を戸籍法第13条第1号に定める氏名とは別個のものと
　　位置付ける。

（補足説明）

1　【甲案】の問題

　　本文【甲案】を採用した場合には，戸籍法第107条又は第107条の2に
　規定する氏又は名の変更の届出に関する規定など戸籍法に規定されている氏名
　に関する他の規定においても，戸籍法第49条第2項第3号などに定める外国
　人の氏名や同法第50条に定める子の名に用いることのできる文字に関する規
　定など明らかに氏名の読み仮名が含まれないと解される規定を除き，氏名に氏
　名の読み仮名が含まれることになるものと考えられるが，そのことを明記する
　必要があるか否か，検討する必要がある。

　　さらに，戸籍法第107条又は第107条の2に規定する氏又は名の変更の
　申立ては，氏又は名とこれらの読み仮名とのセットでなければすることができ
　ないのか，また，第3の1(3)により氏又は名の読み仮名の変更が不適法となれ
　ば，氏又は名の変更も不適法となるのかといった点も検討する必要がある。

　　なお，他の法令に規定されている氏名に関する規定において，氏名に氏名の
　読み仮名が含まれるのか否か疑義が生じるおそれもある。なお，他の法令を所
　管する各府省部局において，氏名に氏名の読み仮名が含まれないと整理するこ
　とができれば，例えば，①登記法令において，氏名が登記事項とされていると
　ころ，その読み仮名が登記されていないこと，②会社法令において，取締役の
　選任に関する議案を提出する場合には，候補者の氏名が株主総会参考書類の記
　載事項とされているところ，その読み仮名が記載されていないことは，いずれ
　も不適法とはならない。

2　【乙案】の問題

　　本文【乙案】を採用した場合には，戸籍法に規定されている氏名に関する他の

規定においても，氏名の読み仮名を氏名と同様の取扱いとするときは，当該他の規定にその旨を規定する必要があると考えられる。

3　傍訓の扱い

　平成6年12月1日まで申出により戸籍に記載することができると実務上扱われていた名の傍訓については，名の一部ではないかとの混乱があったことから，名の一部をなすものとは解されない旨法務省民事局長通達により取扱いが周知されていた（「戸籍上の名の傍訓について」（昭和50年7月17日民二第3742号法務省民事局長通達五））。同通達では，「傍訓が付されている場合には，漢字と傍訓とが一体となつて名を表示し，その名を表示するには常に傍訓を付さなければならないと考える向きがある。しかし，傍訓は単に名の読み方を明らかにするための措置として戸籍に記載するものであつて，名の一部をなすものとは解されない。したがつて，戸籍上名に傍訓が付されている者について，戸籍の届出，登記の申請，公正証書・私署証書の作成など各種の書面において名を表示するに当たり，常に傍訓を付すべき必要はないので，この趣旨を十分理解して事務処理に当たるとともに，戸籍の利用者に対しても必要に応じ適宜説明するものとする。」とされていた。

⑶　氏名の読み仮名と音訓や字義との関連性や氏名の読み仮名の適法性

　氏名の読み仮名と音訓や字義との関連性や氏名の読み仮名の適法性を理由とする届出の受否又は戸籍法第24条の戸籍訂正（第3の2⑵本文参照）に当たっては，以下の案のとおり，判断することが考えられる。

【甲案】憲法第12条又は私法の一般原則である民法第1条第3項の権利の濫用の法理及び法の適用に関する通則法第3条の公序良俗の法理によるものとする。

【乙案】権利の濫用又は公の秩序若しくは善良の風俗に反すると認められる場合に該当するときを除くものとする。

【丙案】氏名の読み仮名は国字の音訓及び慣用により表音されるところによるものとする。なお，【甲案】も適用するものとする。

　なお，【乙案】又は【丙案】を採用する場合には，法令に規定するものとするこ

- 15 -

とが考えられる。

（補足説明）

1　【甲案】の参考例

　　日本国憲法第１２条が国民の権利濫用を禁止しているのは，行政機関に対する場合も念頭に置いており，国民に申請権が認められている場合であっても，申請が権利の濫用である場合には，当該申請は不適法な申請として，拒否処分を受けることになり，このことは，権利濫用が認められない旨の明文の規定の有無にかかわらない（宇賀克也「行政法概説Ⅰ行政法総論」［第６版］５５頁）とされており，本文【甲案】の憲法第１２条の権利の濫用の法理の参考としている。

　　東京家裁八王子支部平成６年１月３１日審判（判例時報１４８６号５６頁）は，「民法１条３項により，命名権の濫用と見られるようなその行使は許されない。」との判断を示しているところ，当該届出事案に係る先例の解説（戸籍６１０号７５頁）では，「命名権を親権の一作用あるいは子のための代位行為とするとしても，これに行政がどの程度関与することができるか，あるいは根本的に関与することが妥当であるかとする問題が存在する。現行法上，これらに関する明文の規定は存在しないが，私法の一般原則である民法第１条第３項の権利の濫用の法理の一適用場面であると考えられるほか，本件出生届が子の福祉を著しく害するものであると考えられること等を考慮すれば，あえて行政が関与することもやむを得ないものであり，この行政の関与は，社会的にも容認され得るものと思われる。」とされており，また，「民法典に規定されているが，法の一般原理を表現したものと解されるものとして，信義誠実の原則，権利濫用の禁止に関する規定がある」（塩野宏「行政法Ⅰ」［第五版補訂版］８３頁）とされており，本文【甲案】の民法第１条第３項の権利の濫用の法理の参考としている。

　　法の適用に関する通則法第３条の公序良俗の法理については，「本条の１つの整理としては，①法令においてその効力についての規定が設けられている慣習に関しては，法令の規定により認められたものとして，その法令の規定に従って法律と同一の効力を有するかどうかが判断され，②法令においてそのような規定が設けられていない慣習については，法令に規定のない事項に関する慣習に限り，

－ 16 －

法律と同一の効力が認められ」る（小出邦夫「逐条解説　法の適用に関する通則法」３０頁）とされ，本条は，成文法に規定の存在しない事項についての補充的法源としての効力（補充的効力）を慣習に認める立場を基本的に採用したものと一般に解される（櫻田嘉章＝道垣内正人「注釈国際私法第１巻」７７頁）ところ，氏名の読み仮名の定めは，法令に規定されていない事項に関するもので，公の秩序又は善良の風俗に反しないもののみ，法律と同一の効力を有するものと考えられるため，本文【甲案】の参考としている。

2　【乙案】の参考用例

少額領収書等の写しの開示請求について定める政治資金規正法第１９条の１６第５項において，「開示請求を受けた総務大臣又は都道府県の選挙管理委員会は，当該開示請求が権利の濫用又は公の秩序若しくは善良の風俗に反すると認められる場合に該当するときを除き，当該開示請求があつた日から十日以内に，当該開示請求に係る国会議員関係政治団体の会計責任者に対し，当該開示請求に係る少額領収書等の写しの提出を命じなければならない。」と規定されており，本文【乙案】の参考用例としている。

また，商標登録を受けることができない商標を定める商標法第４条第７号において，「公の秩序又は善良の風俗を害するおそれがある商標」と規定されており，本文【乙案】の参考としている。

なお，公の秩序又は善良の風俗を害するおそれがある商標の例示として，特許庁ウェブサイトにおいて，「商標の構成自体が非道徳的，卑わい，差別的，きょう激若しくは他人に不快な印象を与えるような文字，図形，記号，立体的形状若しくは色彩又はこれらの結合，音である場合。なお，非道徳的若しくは差別的又は他人に不快な印象を与えるものであるか否かは，特に，構成する文字，図形，記号，立体的形状若しくは色彩又はこれらの結合，音に係る歴史的背景，社会的影響等，多面的な視野から判断する。」と掲載されている。

3　【丙案】の参考用例

旅券法施行規則第５条第２項において，「法第６条第１項第２号の氏名は，戸籍に記載されている氏名（戸籍に記載される前の者にあっては，法律上の氏及び親権者が命名した名）について国字の音訓及び慣用により表音されるところによ

る。ただし，申請者がその氏名について国字の音訓又は慣用によらない表音を申し出た場合にあっては，公の機関が発行した書類により当該表音が当該申請者により通常使用されているものであることが確認され，かつ，外務大臣又は領事官が特に必要であると認めるときはこの限りではない。」と規定されており，本文【丙案】の用例の参考としている。

　なお，本文【丙案】を採用した場合にも，氏名の読み仮名については，慣用とされる範囲や判断基準を明確に決めることは困難であり，慣用によることを基準とすることについては消極的な意見があった。

4　現行の読み仮名の審査

　法務省民事局長通達に定める出生届等の標準様式には氏名の「よみかた」欄が付されているが，住民基本台帳事務処理上の利便のために設けられているもので，戸籍事務では使用しておらず，市区町村における現在の実務上，氏名の音訓や字義との関連性は審査されていない。

5　傍訓の例

　かつて申出により名に付することができた傍訓について，届出が認められたものとして，「刀（フネ）」，「登（ミノル）」，「秀和（ヒデマサ）」，「海（ヒロシ）」などがあり，届出が認められなかったものとして，「高（ヒクシ）」，「修（ナカ）」，「嗣（アキ）」，「十八公（マツオ）」がある（大森政輔「民事行政審議会答申及びその実施について（戸籍４４１号４４頁））。

6　審判・民事行政審議会答申における名についての判断

　東京家裁八王子支部平成６年１月３１日審判（判例時報１４８６号５６頁）は，「名は，氏と一体となって，個人を表象，特定し，他人と区別ないし識別する機能を有し，本人又は命名権者個人の利益のために存することは勿論であるが，そのためだけに存在するものではない。即ち，名は極めて社会的な働きをしており，公共の福祉にも係わるものである。従って，社会通念に照らして明白に不適当な名や一般の常識から著しく逸脱したと思われる名は，戸籍法上使用を許されない場合があるというべきである。このことは，例えば，極めて珍奇な名や卑猥な名等を想起すれば容易に理解できるところである。」，「明文上，命名にあっては，「常用平易な文字の使用」との制限しかないが，改名，改氏については，家庭裁

判所の許可が必要であり，許可の要件として，「正当な事由」（改名）「やむを得ない事由」（改氏）が求められている（戸籍法１０７条の２，１０７条）。そして，一般に，奇異な名や氏等一定の場合には改名，改氏が許可とされるのが例であり，逆に，現在の常識的な名から珍奇ないしは奇異な名への変更は許されないのが実務の取扱である。即ち，戸籍法自体が，命名（改名も命名を含んでいる）において，使用文字だけでなく，名の意味，内容を吟味する場合のあることを予想し，明定している。」との判断を示している。

　また，答申②においては，「子の名は，出生に際し，通常親によつて命名されるのであるが，ひとたび命名されると，子自身終生その名を用いなければならないのみならず，これと交渉を持つ他人もまた，日常の社会生活においてその名を読み書きしなければならない機会が多い。そこで，子の利益のために，子を悩ませるような書き難い漢字による命名を避けることが望ましいのみならず，日常の社会生活上の支障を生じさせないために，他人に誤りなく容易に読み書きでき，広く社会に通用する名の用いられることが必要である。」としている。

　これらは，本文各案のいずれを採用する場合にも参考となり得るものと考えられる。

7　周知すべき事項

　本文各案を採用した場合には当該基準に該当するものをできるだけ分かりやすく周知する必要があるものと考えられる。このうち，権利濫用及び公序良俗の法理により認められないものは，特許庁ウェブサイトに掲載されている登録商標を受けることができない商標の例示（第３の１(3)（補足説明）２参照）が参考となり，この他氏名の読み仮名独自のものとして，例えば，氏が「鈴木」であるその読み仮名を「サトウ」として届け出るものについて許容すべきか否か，検討する必要がある。

　あわせて，届け出られた氏名の読み仮名の変更は，戸籍法第１０７条若しくは第１０７条の２又は第３の１(5)本文の手続により，必ずしも認められるわけではないこと及び本文【甲案】又は【乙案】を採用した場合には，氏名の読み仮名が戸籍に記載されたことをもって，氏名の漢字部分の読み仮名が公認されたわけではないことも，十分周知する必要があるものと考えられる。

8　平仮名・片仮名部分の氏名の読み仮名

本文【甲案】又は【乙案】を採用した場合には，氏又は名の全部又は一部が平仮名又は片仮名で表記されているときも，漢字部分と同様に本文【甲案】又は【乙案】によることが適当と考えられる。

9　不服申立て

新たに法令に規定される氏名の読み仮名の届出（第3の2(1)及び(2)本文参照）を市区町村長が受理しない処分を不当とする者は，家庭裁判所に不服の申立てをすることができる（戸籍法第122条）。

なお，第3の2(2)本文【甲案】又は【丙案】を採用した場合には，短期間に市区町村に大量の届出がされ，これに比例して多数の受理しない処分及び不服申立てがなされることが想定される。戸籍事務の取扱いに関して疑義がある場合には，市区町村長は管轄法務局等に照会することができるところ（戸籍法第3条第3項），氏名の読み仮名の戸籍への記載を円滑に実施するため，例えば，市区町村長が本文各案を理由として受理しない処分をする場合には，当分の間，管轄法務局等に全て照会する運用をすることも考えられる。

⑷　戸籍に記載することができる片仮名の範囲

氏名の読み仮名として戸籍に記載することができる片仮名の範囲については，現代仮名遣い（昭和61年内閣告示第1号）本文第1の直音（「あ」など），拗音（「きゃ」など），撥音（「ん」）及び促音（「っ」）を片仮名に変換したものとすることが考えられる。

また，現代仮名遣いに含まれていないが，先例上，子の名として戸籍に記載することができるとされている「ヰ」，「ヱ」，「ヲ」及び「ヴ」のほか，小書き（「ァ」など）及び長音（ー）についても，範囲に含めることが考えられる（平成16年9月27日付け法務省民二第2664号法務省民事局長通達，昭和40年7月23日付け法務省民事局変更指示，外来語の表記（平成3年内閣告示第2号））。

以上については，法令に規定することも考えられる。

⑸　氏名の読み仮名の変更の可否等

－ 20 －

　　氏又は名の変更を伴わない氏名の読み仮名の変更を可能とし，氏名の読み仮名を
氏名とは別個の新たな戸籍の記載事項と位置付けた上，戸籍法第１０７条又は第１
０７条の２の変更手続と別の規律を設ける場合には，以下の案のとおり，法令に規
定することが考えられる。

【甲案】氏又は名の読み仮名を変更しようとするときは，家庭裁判所の許可を得て，
　　届け出ることができるものとする。

【乙案】氏又は名の読み仮名を変更しようとするときは，家庭裁判所の許可を得る
　　必要があるとしつつ，一定の場合には，家庭裁判所の許可を得ないで，届け出る
　　ことができるものとする。

（注１）氏又は名の読み仮名は，氏又は名を変更（婚姻，縁組によって氏を改めた
　　場合，離婚，離縁等によって復氏した場合，氏の変更による入籍届，又は戸籍法
　　第１０７条若しくは第１０７条の２の変更の届をした場合を含む。）すると，こ
　　れに伴って変更すると考えられるため，この場合には，読み仮名の変更に関する
　　特別な手続は必要ないと考えられる（第３の２(1)オ及びカ参照）。

（注２）第３の１(2)本文【甲案】を採用した場合には，氏名の変更（戸籍法第１
　　０７条，第１０７条の２）の規律に服することとなる（第３の１(2)（補足説明）
　　１参照）。ただし，この場合であっても，本文【乙案】と同様に，一定の場合に
　　は，家庭裁判所の許可を得ないで，届け出ることができるものとする規律を設け
　　ることも考えられる。

（注３）第３の１(2)本文【乙案】を採用した場合であっても，氏名の変更（戸籍
　　法第１０７条，第１０７条の２）の規律に服するとすることは可能である（第３
　　の１(2)（補足説明）２参照）。ただし，この場合であっても，本文【乙案】と
　　同様に，一定の場合には，家庭裁判所の許可を得ないで，届け出ることができる
　　ものとする規律を設けることも考えられる。

（注４）氏名の読み仮名を訂正する方法としては，戸籍訂正（戸籍法第２４条第３
　　項）によることが考えられる。

（補足説明）

1　変更の可否・必要性

- 21 -

氏又は名の変更を伴わない読み仮名のみの変更の可否を検討するに当たっては，現在の氏又は名の変更の取扱いが参考となる。

氏については，一定の事由によって氏を変更しようとするときは，家庭裁判所の許可を得て（ただし，一定の場合には，家庭裁判所の許可を得ないで），名については，正当な事由によって名を変更しようとするときは，家庭裁判所の許可を得て，届け出ることができるとされている。

このうち，戸籍法第１０７条第１項及び第４項（外国人である父又は母の称している氏に変更しようとするものなどの要件あり）に規定する氏の変更については，やむを得ない事由がある場合に家庭裁判所の許可を得て，届け出ることができるとされている。

このやむを得ない事由に該当する事例としては，著しく珍奇なもの，甚だしく難解難読のものなど，本人や社会一般に著しい不利不便を生じている場合はこれに当たるであろうし，その他その氏の継続を強制することが，社会観念上甚だしく不当と認めるものなども，これを認めてよいと考えられている（青木義人＝大森政輔全訂戸籍法４３９頁）。

婚姻により夫の氏になったものの，その後離婚し，婚氏続称の届出をして，離婚後１５年以上婚氏を称してきた女性が，婚姻前の氏に変更することの許可を申し立てた事案において，やむを得ない事由があると認められると判断し，申立てを却下した原審判を変更して，氏の変更を許可した事例（東京高裁平成２６年１０月２日決定（判例時報２２７８号６６頁））もある。

また，同法第１０７条の２に規定する名の変更については，正当な事由がある場合に家庭裁判所の許可を得て，届け出ることができるとされている。

この正当な事由の有無は一概に言い得ないが，営業上の目的から襲名の必要があること，同姓同名の者があって社会生活上支障があること，神官僧侶となり，又はこれをやめるため改名の必要があること，珍奇な名，異性と紛らわしい名，外国人に紛らわしい名又は難解難読の名で社会生活上の支障があること，帰化した者で日本風の名に改める必要があること等はこれに該当するであろうが，もとよりこれのみに限定するものではないと考えられており，また，戸籍上の名でないものを永年通名として使用していた場合に，その通名に改めることについて

は，個々の事案ごとに事情が異なるので，必ずしも取扱いは一定していないが，相当な事由があるものとして許可される場合が少なくないとされている（前掲全訂戸籍法４４２頁）。

　また，性同一性障害と診断された戸籍上の性別が男性である申立人が，男性名から女性名への名の変更許可を申し立てた事案において，正当な事由があると認められると判断し，原審を取り消して名の変更を許可した事例（大阪高裁令和元年９月１８日決定（判例時報２４４８号３頁））もある。

　さらに，名の変更については，出生届出の際の錯誤あるいは命名が無効であることを理由として認められる場合がある（戸籍６１０号７５頁）。

　以上の例と読み仮名の特性に鑑みれば，氏の読み仮名にあっては，著しく珍奇なもの，永年使用しているもの，錯誤による届出によるものなどを理由とした届出が，名の読み仮名にあっては，珍奇なもの，永年使用しているもの，性自認（性同一性）と一致しないもの，錯誤による又は無効な届出によるものなどを理由とした届出などが考えられる。さらに，これらの届出のうち，実際に氏名の読み仮名のみの変更の届出が想定される場面は，極めて限定されるが，例えば，氏名の読み仮名の永年使用については，濁点の有無や音訓の読みの変化などが，氏の読み仮名のうち著しく珍奇なもの及び名の読み仮名のうち珍奇なものについては，①第３の１(3)によれば不受理とすべきものが誤って受理されたもの，又は②本人以外が届け出た氏名の読み仮名について，不受理事由はないが本人にとってなお著しく珍奇なもの若しくは珍奇なものの届出が考えられる。

　また，氏名の読み仮名の変更の履歴は戸籍に記載されることから，氏名の読み仮名の法制化が必要な理由の中核をなす一意性（第２の２(1)参照）は確保される。

　したがって，氏又は名の変更を伴わない読み仮名のみの変更についても可能とするのが相当と考えられる。その場合の要件について，現行法の規律による上記のような整理とするのか，別の整理とするのか，検討する必要がある。

２　新戸籍編製時の扱い

　新たに戸籍を編製する場合において，戸籍の筆頭に記載することとなる者の氏の読み仮名が既に記載されているときは，新たな戸籍における氏の読み仮名は，原則として，従前の戸籍におけるものと同一のものとなる。

－ 23 －

　他方で，新戸籍が編製されると，当該者が除籍された戸籍での同一氏の制約はなくなるところ，新戸籍が編製された場合であっても，氏の読み仮名の変更については，原則どおり家庭裁判所の許可を得て届け出る必要があるとする考え方（【甲案】）と，新戸籍の編製を契機に氏の読み仮名の変更を届出のみで可能とする考え方（【乙案】）がある。

　この点，①氏の読み仮名の変更の履歴は戸籍に記載されることから，氏名の読み仮名の法制化が必要な理由の中核をなす一意性（第2の2(2)参照）は確保されること，②新たな読み仮名についても第3の1(3)本文のとおり適切に判断されること，③氏の読み仮名は既成の事実と位置付けているものの，同籍者がいる場合には，当該者と他の同籍者が使用しているものが異なる場合も想定されるところ，新戸籍の編製により，氏の読み仮名を実際に使用しているものに整合させることが戸籍法第6条の規律との関係でも可能となることを考慮した上で，新戸籍編製の機会における変更に際し，濫用防止の観点から，家庭裁判所の許可を必要とするか否かが問題となる。

　なお，転籍については，上記③の必要性もないことから，その濫用を防止するため，家庭裁判所の許可を必要とすべきと考えられる。

⑹　同一戸籍内の規律

　同一戸籍内においては，氏の読み仮名を異なるものとすることはできないとすることが考えられる。

　当該規律については，法令に規定することも考えられる。

（補足説明）

1　戸籍編製の規律

　戸籍は，一の夫婦及びその双方又は一方と氏を同じくする子ごとに編製するとされており（戸籍法第6条），同一戸籍内の同籍者の氏は異ならないこととなっている。氏の読み仮名についても，氏と異なる取扱いをすべき特段の理由はないものと考えられる。また，現在，戸籍における氏については，戸籍法施行規則附録第6号のいわゆる紙戸籍の記載ひな形及び付録第22号様式のいわゆるコン

ピュータ戸籍の全部事項証明書のひな形等において，氏は戸籍の筆頭者の氏名欄にのみ記載することとされているが，氏の読み仮名は，氏と同様に戸籍の筆頭者の氏名欄にのみ記載する方法又は名の読み仮名とともに戸籍に記載されている者欄に記載する方法が考えられる。

なお，第3の1(2)【乙案】を採用した場合にも，本文の考えによると，戸籍法第6条の規定は氏の読み仮名にも適用（又は準用）されるとすることになる。

また，戸籍を異にする同氏の子は，家庭裁判所の許可を要することなく，届出のみによって，父又は母と同籍する入籍が先例上認められているところ（昭和23年2月20日民事甲第87号法務庁民事局長回答，昭和33年12月27日民事甲第2673号法務省民事局長通達，昭和34年1月20日民事甲第82号法務省民事局長回答），本文の考えによると，この場合に，父又は母と子との間で氏の読み仮名が異なるときは，子の読み仮名の変更を要することとなるが，上記先例と同様に家庭裁判所の許可を要することなく，届出のみによる入籍が許容されるのか否かが問題となりうる。

2　新戸籍編製時の扱い

本文によると，新たに戸籍を編製する場合（転籍，分籍，新戸籍が編製される婚姻など）において，戸籍の筆頭に記載することとなる者の氏の読み仮名が既に記載されているときは，原則として，新たな戸籍における氏の読み仮名は，従前の戸籍におけるものと同一のものとなる。

3　同一戸籍内にない親族間の扱い

戸籍を異にする親族間で氏の読み仮名が異なることは，氏が異なることがあるのと同様に，許容されるものと考えられる。なお，氏の異同は，夫婦，親子の関係を有する当事者間においてのみ生ずる問題であると考えられている（昭和31年12月28日付け民事甲第2930号法務省民事局長回答）。

2　氏名の読み仮名の収集方法

(1)　氏名の読み仮名の届出

第3の1(2)【乙案】を採用した場合においては，戸籍法第13条第1号に定める氏又は名を初めて戸籍に記載することとなる以下の戸籍の届書（イにあっては調

書）の記載事項として，法令に規定することが考えられる（以下の届書に併せて記載した事件本人以外の氏名の読み仮名の取扱いについては第3の2(2)（補足説明）3参照）。

ア　出生の届書（戸籍法第49条，55条，56条）（名（新戸籍が編製されるときにあっては，氏名）の読み仮名）

イ　棄児発見調書（戸籍法第57条）（氏名の読み仮名）

ウ　国籍取得の届書（戸籍法第102条）（名（新戸籍が編製されるときにあっては，氏名）の読み仮名）

エ　帰化の届書（戸籍法第102条の2）（名（新戸籍が編製されるときにあっては，氏名）の読み仮名）

オ　氏の変更の届書（戸籍法第107条）（氏の読み仮名）

カ　名の変更の届書（戸籍法第107条の2）（名の読み仮名）

キ　就籍の届書（戸籍法第110条，111条）（名（新戸籍が編製されるときにあっては，氏名）の読み仮名）

（補足説明）

1　届出の原則

　　戸籍制度においては，戸口調査により戸籍を編製した明治初期を除き，原則として届出によって戸籍に記載し，公証してきた。

　　したがって，氏名の読み仮名を戸籍に記載するに当たっても，戸籍の届出によって記載するとすることが原則となる。

2　氏名の読み仮名の性質

　　戸籍の届出は，報告的届出と創設的届出とに分類される。報告的届出は，既成の事実又は法律関係についての届出であり，原則として，届出義務者，届出期間についての定めがある。一方，創設的届出は，届出が受理されることによって身分関係の発生，変更，消滅の効果を生ずる届出である。

　　なお，報告的届出と創設的届出の性質を併有するものとして，認知の効力を有する出生の届出，国籍留保の意思表示を伴う出生の届出，就籍の届出（本籍地を定める届出の部分が創設的届出の性質を有する。），帰化の届出（新戸籍が編製

される場合にあっては，本籍地を定める届出の部分が創設的届出の性質を有する。）等がある。

　氏名についてみると，例えば，出生の届出は，創設的届出の性質を併有するものがあるものの，民法第790条の規定により称するとされている氏及び命名された名という既成の事実を届け出るものであって，そのほとんどは報告的届出である。そして，氏名の読み仮名についても，同様に，氏にあっては現に使用されている読み仮名，名にあっては命名された時に定められた読み仮名という既成の事実を届け出るものと整理するのが相当と考えられる。

　報告的届出については，原則として届出義務が課され，届出期間が定められているが，届出義務が課されておらず，届出期間が定められていない例として，法改正に伴う経過的な取扱いである外国の国籍の喪失の届出（昭和59年法律第45号附則第10条第2項）の例がある。これは，改正法により，重国籍者が併有する外国国籍を喪失したときは，その旨の届出義務が課されることとなったが，施行前にはそのような義務が課されていなかったので，施行前に外国国籍を喪失した場合については改正法を適用しないこととしつつ，戸籍記載上から重国籍が推定される者が法律上又は事実上権利制限や資格制限を受けるおそれもあり，重国籍状態を解消していることを明らかにすることについて本人も利益を有することから，施行前に外国国籍を喪失している旨の届出をする資格を本人に認め，その届出について，戸籍法第106条第2項の規定を準用することとされたものである（田中康久「改正戸籍法の概要」民事月報昭和59年号外81頁参照）。また，傍訓については，通達によって，記載の申出をすることができるとされていた。

3　初めて氏又は名を届け出るときのこれらの読み仮名の届出（本文参照）は，氏又は名の読み仮名という既成の事実を届け出るものであり，その変更は，本文オ若しくはカ又は第3の1(5)本文【甲案】若しくは【乙案】によって可能となるものと整理している。

　一方，既に氏又は名が戸籍に記載されているときのこれらの読み仮名の届出は（第3の2(2)本文参照），初めて氏又は名が届け出られたときの読み仮名を既成の事実として届け出るのが原則とも考えられるが，便宜通用使用などにより既

成の事実が変更していれば，変更後のものを既成の事実として届け出ることも可
能と整理することが考えられる。ただし，旅券などの公簿に氏名の読み仮名又は
これらを元にしたローマ字が登録され，公証されている場合には，第3の1（3）
本文各案いずれによっても，これに反するものを届け出ることはできないと整理
することも考えられる。

4　復氏する者が新戸籍編製の申出をしたときの扱い

　　戸籍法第19条第1項の規定により，離婚，離縁又は婚姻若しくは縁組の取消
しによって復氏する者が新戸籍編製の申出をしたときは，新戸籍が編製される。
この場合には，婚姻又は縁組前の戸籍に入るわけではないため，氏の読み仮名が
婚姻又は縁組前の戸籍に記載されているものと異なることも許容されるところ
（第3の1（6）（補足説明）1参照），本文アからキまでの届出時に加え，新戸
籍編製の申出時に，家庭裁判所の許可を得ないで，氏の読み仮名を届け出るもの
とすることも考えられる。戸籍法第19条第2項において同条第1項の規定を準
用する場合も同様である。

5　第3の1（2）【甲案】を採用した場合の取扱い

　　第3の1（2）【甲案】を採用した場合には，本文アからキまでの届書等の記載
事項として，氏名とともに届出がされることとなる。

⑵　**既に戸籍に記載されている者の氏名の読み仮名の収集方法**

　　以下の案のとおり，既に戸籍に戸籍法第13条第1号に定める氏名が記載されて
いる者に係る氏名の読み仮名の収集方法として，法令に規定することが考えられ
る。

【甲案】氏名の読み仮名の届を設け，戸籍に記載されている者又はその法定代理人
　　　に一定の期間内の届出義務を課す方法

【乙案】氏名の読み仮名の届を設け，戸籍に記載されている者又はその法定代理人
　　　が届け出ることができるとする方法

【丙案】氏名の読み仮名の届を設け，戸籍に記載されている者又はその法定代理人
　　　に一定の期間内の届出義務を課すとともに，戸籍法第24条の戸籍訂正を活用す
　　　る方法

　戸籍の届出については、戸籍法第137条において、正当な理由がなくて期間内にすべき届出をしない者は、5万円以下の過料に処するとされているところ、【甲案】又は【丙案】の戸籍の記載事由の発生時期は、氏又は名を初めて戸籍に記載することとなる出生等の届出の時ではなく、新たな規律を定める法令の施行時と考えられる。

（補足説明）

1　氏の読み仮名の届出人

　　氏については、同一戸籍内の同籍者の氏は異ならないこととなっており、氏の読み仮名についても、同様に考えられるため、本文【甲案】から【丙案】までの氏名の読み仮名の届の届出人は、同籍者全員とする必要があるかが問題となる。特に、ＤＶ（ドメスティック・バイオレンス）などにより離婚には至っていないが、別居状態にある者については、届出をすることが困難との意見もあった。

　　なお、同籍者全員を届出人としない場合には、同籍者の一人が届け出た氏の読み仮名が、他の同籍者が認識しているものと異なることも想定される。この場合には、戸籍法第113条の戸籍訂正手続により対応することとなるものと考えられる。

2　氏名の読み仮名の届の届出期間

　　本文【甲案】又は【丙案】の氏名の読み仮名の届については、例えば、改正法令の施行日から一定期間内（当該者が事件本人又は届出人となる戸籍の届出をする場合にあっては、当該届出の時まで）にしなければならない旨法令に規定することが考えられる。

3　氏名の読み仮名の届の届出方式

　　本文【甲案】から【丙案】までの氏名の読み仮名の届については、他の戸籍の届がされた場合についても、事件本人又は届出人について記載された氏名の「読み仮名」をもって、氏名の読み仮名の届があったものとして取り扱うことも考えられる。これらの場合には、その旨周知するとともに、届書の様式に注記することが適当であると考えられる。

4 戸籍訂正の契機

本文【丙案】の戸籍法第２４条の戸籍訂正の契機には，同条第１項ただし書の本籍地市区町村長の保管する届書等により氏名の読み仮名が判明する場合又は同条第４項の氏名の読み仮名を職務上知った官庁等から本籍地市区町村長への通知がある。なお，氏名の読み仮名を職務上知った官庁等が通知するためには，本籍地市区町村を把握している必要がある。

5 戸籍訂正の資料

法務省民事局長通達に定める婚姻届の標準様式には，「夫になる人」及び「妻になる人」の氏名欄に「よみかた」欄が付されている。本文【丙案】の戸籍訂正においては，例えば，当該「よみかた」が記載され保管されている婚姻届を資料として，本籍地市区町村が戸籍法第２４条第２項の規定により，戸籍に氏名の読み仮名を記載することが考えられる。

第１の１(注)のとおり，氏名を片仮名又は平仮名をもって表記したものには，読み仮名，よみかた，ふりがな，片仮名など様々な名称が付されているものがあるが，いずれも，原則として（濁音が記載されない，小書きをしないなどのルールが定められているものを除く。）氏名の読み仮名として取り扱って差し支えないものと考えられる。なお，万一，事件本人が認識している氏名の読み仮名と異なっている場合には，戸籍法第１０７条若しくは第１０７条の２又は第３の１(5)の読み仮名の変更手続により対応することとなるものと考えられる。

6 戸籍訂正における配慮すべき事項

謝罪広告等請求事件（最判昭和６３年２月１６日第三小法廷民集４２巻２号２７頁）判決において，氏名を正確に呼称される利益に関して，「氏名は，社会的にみれば，個人を他人から識別し特定する機能を有するものであるが，同時に，その個人からみれば，人が個人として尊重される基礎であり，その個人の人格の象徴であって，人格権の一内容を構成するものというべきであるから，人は，他人からその氏名を正確に呼称されることについて，不法行為法上の保護を受ける人格的な利益を有するものというべきである。」，「我が国の場合，漢字によつて表記された氏名を正確に呼称することは，漢字の日本語音が複数存在しているため，必ずしも容易ではなく，不正確に呼称することも少なくないことなどを

考えると，不正確な呼称が明らかな蔑称である場合はともかくとして，不正確に呼称したすべての行為が違法性のあるものとして不法行為を構成するというべきではなく，むしろ，不正確に呼称した行為であつても，当該個人の明示的な意思に反してことさらに不正確な呼称をしたか，又は害意をもつて不正確な呼称をしたなどの特段の事情がない限り，違法性のない行為として容認されるものというべきである。」との判断が示されている。

　これを踏まえると，氏名の読み仮名を戸籍法第24条の規定により職権により戸籍に記載し，公証するには，少なくとも本人の明示的な意思に反しないことに配慮すべきと考えられる。

第4　ローマ字による表記

　氏名の読み仮名を戸籍の記載事項として法制化した後，戸籍以外の公簿に記載されている氏名のローマ字表記を戸籍に記載される氏名の読み仮名と整合させる（氏名の読み仮名をヘボン式ローマ字等によって表記させる。）必要があるか，仮に必要があるとした場合にはどのような方法や期間が望ましいのか，検討する必要があると考えられる。

氏名の読み仮名の法制化に関する研究会第6回会議議事要旨

第1　日時　令和3年6月30日（水）17時〜19時
第2　場所　一般社団法人金融財政事情研究会会議室を事務局にリモート実施
第3　出席者（役職名・敬称略）
　座長　窪田　充見
　委員　青木　康祥，奥田　直彦（代理出席），木村　匡彦，国分　貴之，
　　　　笹原　宏之，高橋　昌昭，土手　敏行，長橋　佑里香，新谷　雄彦，
　　　　西　希代子，舩木　孝和，星名　剛，村林　聡，山口　勇，
　　　　山野目　章夫
第4　議事概要
　1　開会
　2　本日の議題
　【氏名の読み仮名の法制化が必要な理由】
　・　日本は，漢字の文化圏ではあるが，日本の特殊性として，漢字が一つ
　　の音と対応しているわけではないことがある。

　【氏名の読み仮名が登録・公証される意義】
　・　氏名の読み仮名が登録・公証される意義として補足説明に書いてある
　　内容は，かなり本質のこと。
　・　公的給付の迅速化のためにマイナンバーを使った施策が進んでいる
　　ので，読み仮名の登録・公証だけではなく，給付迅速化のための政策も
　　進んでいるということを示すべき。
　・　マイナンバーは，社会保障，税，災害の分野で，逆に個人を特定する
　　ために作られているものなので，そこについて慎重にすべきであると
　　か，そういうことを書くのは，いかがか。

　【氏名の読み仮名の定義における平仮名又は片仮名】
　・　読み仮名の定義という項目は，あった方がいいが，片仮名又は平仮名
　　で表記したものというような定義でも十分ではないか。
　・　第204回通常国会で成立したデジタル社会の形成を図るための関
　　係法律の整備に関する法律では，平仮名又は片仮名で表記したものと
　　規定されており，平仮名を落とす理由はあまりないのではないか。
　・　読み仮名というものの学問，法律的な定義概念や世の中一般で言われ
　　る読み仮名は何かの議論をしているのか，それとも戸籍法上の概念と
　　してどのように定義し，市区町村の役場の方がどういう事務をするか

1

ということをこの法律をもって指示するのかという局面は全く性質が異なる。読み仮名の定義の議論を法制上法文に入れるのか，単にこの研究会の整理の議論としているのかという区別も必要である。仮に市区町村の役場の事務を指示するという役割を持つなら，平仮名，片仮名両方入れておいた方が安心と言われても現場は不安になる。

- 言語学，国語学の概念で読み仮名の定義を戸籍法の議論で決定したとする必要はない。法制上必要であれば，意味を明確にした上で，市区町村役場の現場では片仮名に慣れてきたということであれば，片仮名に絞り，補足説明などで学問的な定義としての読み仮名で平仮名を排除するのが一つのやり方。あるいは法制上置く必要がないのであれば，様々議論したけれども参考になる議論として，純粋学問的，規範ではなくて認識の問題として整理しておく方向のいずれかであって，どちらにするかを明確にしておくべきではないか。

- 戸籍システムの入力は全て片仮名で入力し，全部片仮名で処理している。したがって，出生届に「よみかた」と平仮名で書かれているが，平仮名で書かれていてもシステムでは，片仮名で入力して登録している。実務上はほとんど片仮名で処理しているので，ここの定義の視点がどこになるかによる。

- 氏名を平仮名又は片仮名で表記したものとした上で，実際には銀行実務あるいは戸籍のデータシステムにおいては片仮名が用いられていて，法律上の運用としてはもっぱら片仮名ということを前提として議論していく方向も考えられる。また，片仮名と平仮名において表記の音が違う点もあるので，最終的にはそうした点についても検討する必要がある。

【氏名の読み仮名と音訓や字義との関連性及び氏名の読み仮名をめぐる許容性】

- 第2の1(3)の【丙案】について，国字の音訓及び慣用による表音だけではなく，字義との関連性が認められるもの，あるいはそれが認められないもの，全く認められないものは駄目だという言葉があった方がより広がるのではないか。音訓及び慣用という表現だけでは狭くなりすぎるのではないか。

- 字義との関連性を付け加えたところで，実際に運用するとなると非常に大変な窓口の混乱が起きるということになる。そうなると，一般条項だけがいいのか，一般条項以外に権利濫用とか，注釈として関連性が全くないものというものは受理できない場合があるというような形で

2

の説明をする方がいいのか。戸籍の実務を聞いて，実際運用がどうかを考えざるを得ないのではないか。

- 出生届などを受理する際に「よみかた」についても，ある一定程度の基準が示されると窓口では非常にやりやすい。ただ，基準に合致しないものがあったときに，各種行政サービス，児童手当といったものに影響してくる。合致しないときに受理できないという場合もあるかもしれないし，受理照会をして，法務局に委ねるというような場合もあるかもしれない。受理照会をすると，住民票をその場で作ることができず，回答待ちになり，行政サービスがその間受けられないということも生じてくるので，ある程度の基準といったものがあった方がいい。

- 何らかの基準を示すことが考えられるところ，一般の方からの広い意見なども踏まえて，基準としてまとめることが考えられる。

- 「朝」と書いてトモのような，字義と関連が見つけにくい名乗訓がすでに慣用となって，そういう慣用は今後も生まれていく可能性があることをまた指摘しておきたい。氏名が 4000 万件入っている電話帳を JIS 漢字の第 3，第 4 水準を作る委員会などで分析したが，名前でタカシと読む漢字だけで 570 種も出てきた。字義と関連なくてもタカシと読ませるものもあった。ヨシと読むものも 474 種も出てきて，字義としてはプラスかマイナスかで言えばプラスなので，ヨシと読ませるというケースが過去に多かった。これからもそういうことは現れうる。例えば，曖昧の曖という字が 2004 年に人名用漢字に追加されたが，ほとんど曖昧という用法しか辞書に載ってない。ぼんやりしているという意味だが，日偏に愛情の愛で暖かさを感じる字だと名付け親がイメージして名付けに用いようとする現実があり，しかも曖昧としてよく使うために人名用漢字に入り，その後，常用漢字に追加され，自由に使える状況が生まれた。曖昧という意味しかないが，その字面の雰囲気で訓読みしようといったことが現実に起きている。人名用漢字の規則を見ると字種についての制限ははっきりと法的にあるが，その読み方と長さ，何文字連ねるか，ふりがなを何文字書いてよいかは自由とも読み取れる。現状として，名前というものが体系性を持たない開いた体系になっているうえに，日本の漢字もそういった性質を持ち，さらに命名ではプラスアルファの性質を帯びることがある。そのため，字義に関連させた読みかどうかという審査は，かなり難航しそうである。ただし，公序良俗に反するかどうかという判定基準は，実績もあって効いてくるだろう。

3

- 氏には一地方にしかない読み方の氏もあり，名の読み方とは異なり，氏の読み方は音訓や字義との関連でどんな制約もかけられない面があるのではないか。
- 慣用による表音も認められているから，氏は全部慣用によって認められるとしていいのではないか。
- 公序良俗は理解できるが，読み仮名を規制する必要があるのか。規制するという案とそういうものではないという案が併記できないか。
- 第2の1(3)の【丙案】で全て考えようというのではなくて，【丙案】は結構難しいかもしれないという意見が出つつ，案としては残しておいて検討したらどうかという流れだろう。慣用という中に含まれるかどうか自体が議論の余地としてあるのではないか。1個しかない名前で呼んできたことで，それも慣用でいいのではという見方もあるが，慣用としては含まれないという見方もあるので，その点も含めてどこかでは触れておく必要がある。
- 親や祖先の名の1字とその読み方を子に受け継がせる行為は，日本の命名文化として，1000年以上前からあり慣習とも言える。これは中国，韓国にほとんどなく，日本に顕著な命名の慣行であって，過去の1個の使用が後代に，未来に影響するということが，どうしても起こりうる。

【氏名の読み仮名の変更の可否等】
- 今までの議論は，読み仮名の変更について，氏名の変更よりも基準が緩くていいかどうかであり，こちらの方を論点として残しておいたほうがいいのではないか。
- 論理的には，氏名の読み仮名の変更について，現行の氏名の変更と同じ規律とすること，現行の氏名の変更よりも緩やかな規律とすること，家庭裁判所の許可を不要とし，届出のみで変更を可能な規律とすることの3つのパターンが考えられる。

【氏名の読み仮名の収集方法】
- 第2の2(2)の【甲案】に過料が出てきて，従来の戸籍法制を運用している人はそういうものかと思うが，一般の国民はドキッとするので，あたかも読み仮名を届け出ないと片っ端から5万円取られると伝わってはいけない。従前の扱いを見ても，戸籍も，不動産の表示に関する登記も，商業法人登記もそんなにバッタバッタと過料を課してきたわけではないので，そういう意味では運用は【甲案】と【乙案】でそんなに

4

隔たっているものではないということも，どこかで明らかにした方が
よい。

・ 第2の2(2)の【甲案】の義務が発生するのは法律の施行時としてい
るが，理論的にはもちろんそうであるが，あたかも新法施行と同時に，
直ちに5万円払えと言われるのかと思われるので，経過措置や周知期
間については適切に穏やかなものを平行して考えていかなければなら
ないというのも書いておいた方がよい。

・ 既に戸籍に登録している者が自らの読み仮名を届け出る際，本人から
疎明資料を求めることが必要かどうか，については今後の実装を考え
れば重要な論点ではないか。読み仮名は原則変更できないものである
以上，許容できない読み仮名が提出されるリスクは少ないと考え疎明
資料を求めないという考え方もある。一方で，読み仮名はこれまで日常
生活で使われてきたものであるということであれば，日常生活に使わ
れてきたことを証する資料を提出すべきという考え方もある。読み仮
名は読み仮名を付けた両親等の意思が重要であるならばそれを分かる
ような資料を提出すべきであるという考え方もある。疎明資料を求め
るとなると，実装においてかなりのコストになる。読み仮名とはそもそ
も何かということを踏まえて，既に戸籍に記載されている者の読み仮
名の収集方法について，論点とした方がいいのではないか。

・ 過料を課すのは，ものすごい反発があり，実際に課すことはほとんど
できないだろうし，そういう説明をしたら，つぶれてしまう。過料を実
際には課しませんと言ったら，届出はあまり集まらないが，課してもあ
まり集まらない。読み仮名は，住民票には記載してないが，住民基本台
帳にはおそらくほとんど記載されている。選挙人名簿，健康保険証にも
読み仮名が書いてあるケースが多いが，それは全部住民基本台帳の情
報から出ているはずである。せっかく今までの戸籍の実務で集めてい
る実績があるので，それを使うというのが一番根拠になるのではない
か。ただ，氏名の読み仮名として法的に根拠付けられていなかったから，
それをすぐ読み仮名とはできない。そうすると，異議がなければそれを
使うという制度で運用するのが一番ではないか。そういう意味で擬制
をするのか，みなすのか，承認の擬制とかということが，選択肢にある
べきではないか。

3　閉会

5

氏名の読み仮名の法制化に関する研究会取りまとめ（案）

第1　氏名の読み仮名の法制化が必要な理由

1　氏名の読み仮名やその法制化の必要性についての従来の検討

　　戸籍に氏名の読み仮名を記載することに関しては，過去3回，当時の法務大臣の諮問機関であった民事行政審議会及び法務省民事局に設置された戸籍制度に関する研究会において検討されたものの，いずれも「今後の検討にまつべき」，「なお検討すべき余地が残されている」，「なお慎重に検討すべき」として，制度化は見送られてきた。

　（補足説明）

1　民事行政審議会における検討

　　「戸籍制度に関し当面改善を要する事項」に関する諮問に対する答申（昭和50年2月28日民事行政審議会答申）においては，「子の名に用いる漢字の問題に関連して，出生届等の際に，戸籍上の氏名にすべて「ふりがな」をつけることが望ましいという意見が提出された。しかし，この点について，多数意見は，戸籍上の氏名にふりがなをつければ，各人の氏名の読み方が客観的に明白となり，便利をもたらす面はあるが，漢字それ自体の読み方にそぐわないふりがなを付して届出がされた場合の処理や，後日におけるふりがなの訂正の方法などにつき，多くの実務上の問題が派生するので，この問題は，今後の検討にまつべきである。」とされた。

　　戸籍法施行規則第60条の取扱いに関する諮問に対する答申（昭和56年5月14日民事行政審議会答申。以下「昭和56年答申」という。）においては，「出生の届出等に際しては，必ず名の読み方を記載すべきものとし，戸籍上にその読み方を登録記載するという制度を採用すれば，各人の名の読み方が客観的に明白となり，社会生活上便利である。しかし，無原則に読み方が登録されると，かえって混乱の生ずるおそれがあり，かつ，混乱を防ぐためにどの範囲の読み方が認められるかの基準を立てることは必ずしも容易ではなく，戸籍事務の管掌者においてその読み方の当否を適正に判断することには困難を伴うことが予想される。また，振り仮名の訂正又は変更をどのような手続で認めるかについても，なお検討すべき余地が

－ 1 －

残されている。これは，氏についても同様である。」とされた。

　2　戸籍制度に関する研究会における検討

　　戸籍制度に関する研究会最終取りまとめ（平成２９年８月１日戸籍制度に関する研究会資料２２）においては，「これらの問題の解決は困難であり，戸籍実務上及び一般国民の社会生活上混乱を生じさせることになるものと考えられることから，戸籍に振り仮名を記載する取扱いとすることについては，その必要性や国民の意識も踏まえ，なお慎重に検討すべきである。」とされた。

2　本研究会における検討

　　上記民事行政審議会及び戸籍制度に関する研究会における検討は，戸籍に氏名の読み仮名を記載することについて，いずれも，諮問事項や主たる検討事項とは別の問題として検討され，制度化は先送りされたところ，本研究会においては，戸籍における氏名の読み仮名の法制化自体を検討事項として，全○回にわたり検討を行った。

3　氏名の読み仮名の法制化が必要な理由

　　上記１を踏まえると，氏名の読み仮名を法制化し，氏名が記載事項となっている戸籍などの公簿に氏名の読み仮名を一意のものとして登録・公証することが必要な理由は，以下のとおりと考えられる。

(1) 氏名の読み仮名を一意のものとして，これを官民の手続において利用可能とすることにより，氏名の読み仮名が個人を特定する情報の一部であるということを明確にし，情報システムにおける検索及び管理等の能率，更には各種サービスの質を向上させ，社会生活における国民の利便性を向上させるため。

(2) 氏名の読み仮名をマイナンバーカードなどの公的な身分証に記載し，本人確認資料として広く利用させ，これを客観的に明白にすることにより，正確に氏名を呼称することが可能となる場面が多くなり，国民の利便に資する上，氏名の読み仮名を本人確認事項の一つとすることを可能とすることによって，各種手続における不正防止を補完することが可能となるため。

（注１）氏名を片仮名又は平仮名をもって表記したものには，読み仮名，よみかた，ふりがな，片仮名など様々な名称が付されているが，本研究会取りまとめにおいて

- 2 -

は，「氏名の読み仮名」という。なお，氏名の読み仮名の定義や法制上の位置付け
を踏まえ，今後，適当な名称が定められるものと考えられる。

（注2）ここでの「一意」とは，一個人について，特定の時点における氏名の読み仮
名を一つに特定することを意味する。

（注3）他の漢字圏の国においては，一字一音の原則が採られているところ，我が国
においては，一つの漢字に音読み及び訓読み等の複数の読み方があるものが多いと
いう特徴がある。

（注4）本文3(2)については，各種手続において，氏名の読み仮名を本人確認事項の
一つとすることを義務付けるものではなく，そのような選択肢を設けるものであ
る。

（補足説明）

1　登録・公証する公簿

　氏名の読み仮名の法制化をするに当たっては，氏名の読み仮名を登録し，公証す
る公簿として，戸籍ではなく，住民基本台帳も考えられるのではないかとの意見も
あった。この点，氏名の読み仮名は氏名と密接な関係を有するものであり，氏名を
初めて公簿に登録する場面である出生の届出等の際に，戸籍の届書の記載事項とし
て収集することが最も適当と考えられる（第2の2(1)参照）。なお，現在も運用
上，出生の届出の場面で，事件本人の「よみかた」を収集し，住民基本台帳に登録
しているところであるが，戸籍の届出の際に収集しつつ，あえて戸籍の記載事項と
しない理由はないものと考えられる。

2　氏名の読み仮名が登録・公証される意義

　社会保障・税・災害の分野に関し，個人を特定して正確かつ迅速に事務が処理さ
れるようにするためには，個人番号を利用することが考えられるものの，個人番号
は，半面において秘匿性の高い情報であり，官庁公署やその事務を委託される諸機
関が広く取得することにはおのずと限界があり，また慎重であるべきである。他方，
氏名の読み仮名は一般的にも広く利用されているものであり，官民の手続において
氏名そのもののほか，氏名の読み仮名を登録し，公証することには意義が認められ
ると考えられる。例えば，情報処理技術を用いて五十音順で配列する名簿を作成す

るに当たり，漢字を含む氏名のみだとすれば，それを実現することができないのに対して，公証された読み仮名を利用することでそれが可能となる。氏名の読み仮名を登録・公証することによる実践的な意義は，大きな災害など社会的に異常な事態に際し，広く被災した国民に定額給付金ないしこれに類するものを迅速に支給するなどの機会においても見出されると考えられる。

　また，氏名の読み仮名が一意的に決まり，それを公証すること自体に意義があると考えられる上，多くの日本人にとっては，氏名と同様その読み仮名にも強い愛着があるため，これが戸籍などの公簿に登録・公証されることにも意義があるものと考えられる。実際，社会生活において，氏名の読み（読み仮名）のみにより相手を特定・認識する場面も多いと考えられる。こうした点に照らせば，我々が日常生活において「なまえ」として認識するものの中には，氏名の読み仮名（音）も含まれていると考えられるのであり，それを公証することは，まさしく「なまえ」の公証という点からも意義が認められるものと考えられる。

　さらに，幼少期など，漢字で表記された氏名を表記することはできないものの，その読み仮名を表記することはできる場面が想定されるため，戸籍などの公簿に登録・公証されたものを表記することができることにも意義があるものと考えられる。なお，我が国の国際化の進展に伴い，例えば，まず，外来語又は外国の人名を子の名の読み仮名として定め，次に，その意味又は類似する音に相当する漢字を名とする場合など，漢字の名よりも名の読み仮名により強い愛着がある者も少なくないものと考えられる。

　なお，上述のとおり，「なまえ」には，視覚により認識可能な表記の側面のほか，聴覚により認識可能な音という側面もあるものと考えられる。前者を前提とする場合には，氏名の読み仮名という位置付けになるが，後者を前提とする場合には，氏名の読み仮名ではなく，音によって表記される氏名（なまえ）であるという位置付けになるものと考えられる。

3　韓国における姓名の表記

　韓国においては，家族関係登録簿の特定登録事項のうち，姓名欄には，漢字で表記することができない場合を除き，ハングルと漢字を併記するとされている（大韓民国家族関係の登録等に関する規則第63条第2項第1号。柳淵馨「大韓民国にお

- 4 -

ける新しい家族関係登録制度の概要」（戸籍時報特別増刊号６４０号８６頁））。

　なお，家族関係登録制度実施前の戸籍の取扱いについて，姓名欄は漢字で表記することができない場合を除き，漢字で記載するとされていたが（大韓民国戸籍法施行規則第７０条第２項。柳光熙「韓国の戸籍実務」３８４頁），国語基本法の公文書ハングル化原則によって，姓名については，ハングルと漢字の両方を記載するようになったとのことである。

4　そのほかの氏名の読み仮名を取り巻く状況

　令和２年１２月１１日に開催されたマイナンバー制度及び国と地方のデジタル基盤抜本改善ワーキンググループ（第６回）において，マイナンバー制度及び国と地方のデジタル基盤抜本改善ワーキンググループ報告「マイナンバー制度及び国と地方のデジタル基盤の抜本的な改善に向けて」が取りまとめられた。

　デジタル・ガバメント実行計画（令和２年１２月２５日改定。同日閣議決定。）において，「マイナンバー制度及び国と地方のデジタル基盤抜本改善ワーキンググループ報告」のとおり，「２０２４年からのマイナンバーカードの海外利用開始に合わせ，公証された氏名の読み仮名（カナ氏名）に基づき，マイナンバーカードに氏名をローマ字表記できるよう，迅速に戸籍における読み仮名（カナ氏名）の法制化を図る。これにより，官民ともに，氏名について，読み仮名（カナ氏名）を活用することで，システム処理の正確性・迅速性・効率性を向上させることができる。」とされた。

　また，令和３年２月９日，第２０４回通常国会に提出されたデジタル社会の形成を図るための関係法律の整備に関する法律案は，同年５月１２日成立し，同月１９日公布されたところ，同法附則第７３条において，「政府は，行政機関等に係る申請，届出，処分の通知その他の手続において，個人の氏名を平仮名又は片仮名で表記したものを利用して当該個人を識別できるようにするため，個人の氏名を平仮名又は片仮名で表記したものを戸籍の記載事項とすることを含め，この法律の公布後一年以内を目途としてその具体的な方策について検討を加え，その結果に基づいて必要な措置を講ずるものとする。」と規定されている。

（補足説明）

1 本文のほか，氏名の読み仮名やその法制化の必要性に関しては，これまで，主に
　以下のとおり説明されている。

(1) 平成３１年３月２８日に漢字，代替文字，読み仮名，ローマ字等の文字情報の
　　現状や導入方法に関するガイドとして策定された「文字環境導入実践ガイドブッ
　　ク」（内閣官房情報通信技術（ＩＴ）総合戦略室）において，次のように記載さ
　　れている。

　　　「行政機関では，行政運営上，本人確認等を厳格に行う場合や個人のアイデン
　　ティティに配慮する場合に，この膨大な文字を用いようとする傾向があります。
　　その結果，外字をそれぞれのコンピュータに導入する方法や，当該文字のヨミガ
　　ナを別途データとして管理する方法が採られてきました。」，「標準的な文字の
　　取扱いにしても，約１万文字もあり，文字自体の読み方が分かりにくく，複数の
　　文字の組み合わせによって読み方が特殊，難読又は複数になる場合があります。
　　また，例えば氏名の並べ替え（ソート）をする場合，システムでは文字コードで
　　ソートされるため，表２－１のように，漢字によりソートした場合には人間が認
　　識しにくい順番で並びますが，ヨミガナによりソートした場合には五十音順に並
　　びますので，人間が認識しやすくなります。したがって，サービス・業務及び情
　　報システムを設計していく上では，漢字と併せてヨミガナを取り扱うことができ
　　るようにすることを強く推奨します。」，「日本人にあっても外国人にあっても，
　　同じ氏名であれば，複数のヨミガナを持つ可能性があり，近年は氏名からでは容
　　易にわからないヨミガナも存在します。しかしながら，我が国の現行制度におい
　　ては，氏名のヨミガナを規定する法令は明確でなく，ヨミガナは氏名の一部とさ
　　れていないという課題があります。一方，氏名のヨミガナは，氏名と同様に，本
　　人の人格を形成する要素の一部であって，他者と区別し本人を特定するものの一
　　つとなっている実態があります。さらに，情報システムの構築及び管理において
　　は，氏名のヨミガナがデータの検索キーや外部キーの重要な要素の一つとなって
　　います。情報システムにおいては，清音と濁音のような小さな違いであっても，
　　同一人物が異なる人物と特定されてしまう場合があり（「山崎」のヨミガナを「ヤ
　　マサキ」とデータベースに登録していた場合，「ヤマザキ」で検索しても特定で

きない等），デジタル技術を活用して適切に行政サービスを提供する上で問題が発生するおそれがあります。」

(2) 第204回国会　衆議院予算委員会（令和3年1月25日）において，「私の名前をどのように読むのかというのが，どこにも法的な位置づけがされていない。私の名前の片仮名表記あるいは平仮名表記というものを一つに整えていただき，曖昧性がなくなるようにしていただきたい。」という質問に対し，平井大臣（デジタル改革担当）から，「戸籍において個人の氏名を平仮名又は片仮名で表記したものを公証するということこそ，まさにデジタル社会の一つのインフラ，我々が整備しなきゃいけないベースレジストリの典型的なものだと思います。」と発言されている。

2　令和元年改正戸籍法

令和5年度における改正戸籍法（令和元年法律第17号による改正後の戸籍法をいう。）の完全施行により，戸籍事務を扱う各市区町村と他の行政機関との連携及び各市区町村間の連携がより円滑に進むことが想定され，行政サービスの質の向上が期待されるとともに，各種行政手続及び戸籍の届出における戸籍証明書等の添付省略等が可能となることから，国民の利便性が大幅に向上する。そして，氏名の読み仮名が戸籍の記載事項となることにより，将来的には，氏名の読み仮名を上記情報連携の対象として，各種行政手続において，公証された読み仮名の情報を利用し，手続をより円滑に進めることが可能となることが想定されるのであって，更なる国民の利便性の向上に資するものと考えられる。

3　ローマ字による表記等

第1回本研究会における議論を踏まえ，本研究会においては，まずは戸籍における氏名の読み仮名，具体的には片仮名による読み仮名の法制化について検討の対象とするが，マイナンバーカードや旅券その他ローマ字により氏名が表記され，又はされる予定の公的資料があり，戸籍の記載事項はこれらローマ字により氏名が表記される公的資料に一定の影響を及ぼすこととなるため，最終取りまとめまでのスケジュールも勘案の上，片仮名による読み仮名の法制化についての方針が固まり次第，これを踏まえたローマ字による氏名の表記についての考え方についても付言することを目指すこととされた。

- 7 -

第2　氏名の読み仮名の法制化事項

1　氏名の読み仮名の戸籍の記載事項化

(1)　氏名の読み仮名の定義

　以下の案のとおり，氏名の読み仮名を定義し，戸籍の記載事項として法令に規定することが考えられる。

【甲案】氏名を片仮名で表記したもの

【乙案】氏名について国字の音訓及び慣用により表音されるものを片仮名で表記したもの

（補足説明）

1　【甲案】の用例

　令和3年2月9日，第204回通常国会に提出されたデジタル社会の形成を図るための関係法律の整備に関する法律案は，同年5月12日成立し，同月19日公布されたところ，同法附則第73条においては，「個人の氏名を平仮名又は片仮名で表記したもの」と規定されており，本文【甲案】の用例の参考としている。

　なお，本文【甲案】を採用するとした場合には，旅券の取扱いへの影響が想定される。

2　【乙案】の用例

　旅券法施行規則（平成元年外務省令第11号）第5条第2項においては，旅券に記載するローマ字表記の氏名について，「戸籍に記載されている氏名（戸籍に記載される前の者にあっては，法律上の氏及び親権者が命名した名）について国字の音訓及び慣用により表音されるところによる。」と規定されており，本文【乙案】の用例の参考としている。

　なお，本文【乙案】を採用する場合には，第2の1(3)本文【丙案】を採用するのが自然である。

3　【乙案】の問題

　【乙案】については，命名文化として，最初に誰かが名の読み仮名として考えた漢字の読みが広まって一般化することにより名乗り訓となるところ，【乙案】

における「慣用」が既にあるものを意味するのであれば，新たな名乗り訓を認めないこととなり，これまでの命名文化が崩れることになるので，反対である旨の意見があった。

　なお，【乙案】を採用する場合には，例外を認めるべきか否か，仮に例外を認めるとすればその判断をどのようになすのかについても，検討する必要がある。

(2) 氏名の読み仮名の位置付け

　以下の案のとおり，氏名の読み仮名を位置付け，法令に規定することが考えられる。

【甲案】氏名の読み仮名を戸籍の記載事項として戸籍法第13条第1号に定める氏名の一部と位置付ける。

【乙案】氏名の読み仮名を戸籍法第13条第1号に定める氏名とは別個のものと位置付ける。

（補足説明）

1　【甲案】の問題

　本文【甲案】を採用した場合には，戸籍法第107条又は第107条の2に規定する氏又は名の変更の届出に関する規定など戸籍法に規定されている氏名に関する他の規定においても，同法第10条の2第3項に定める事件又は事務の依頼者や同法第49条第2項第3号などに定める父母の氏名，同法第50条に定める子の名に用いることのできる文字に関する規定など氏名の読み仮名が含まれないと解される規定を除き，氏名に氏名の読み仮名が含まれることになるものと考えられるが，そのことを明記する必要があるか否か，検討する必要がある。

　さらに，戸籍法第107条又は第107条の2に規定する氏又は名の変更の申立ては，氏又は名とこれらの読み仮名とのセットでなければすることができないのか，また，第2の1(3)により氏又は名の読み仮名の変更が不適法となれば，氏又は名の変更も不適法となるのかといった点も検討する必要がある。

　なお，他の法令に規定されている氏名に関する規定において，氏名に氏名の

読み仮名が含まれるのか否か疑義が生じるおそれもある。この点，他の法令を所管する各府省部局において，そこで規定された「氏名」に氏名の読み仮名が含まれないと整理することができるかを検討する必要があり，含まれないと整理することができれば，例えば，①登記法令において，氏名が登記事項とされているところ，その読み仮名が登記されていないこと，②会社法令において，取締役の選任に関する議案を提出する場合には，候補者の氏名が株主総会参考書類の記載事項とされているところ，その読み仮名が記載されていないことは，いずれも不適法とはならない。他方で，例えば，氏名が法定記載事項である場合に，氏名に氏名の読み仮名が含まれると整理したとき，当然に氏名のみ又は氏名の読み仮名のみの記載は不適法となるのかについては，別途検討すべき問題となると考えられる。

2　【乙案】の問題

本文【乙案】を採用した場合には，戸籍法に規定されている氏名に関する他の規定においても，氏名の読み仮名を氏名と同様の取扱いとするときは，当該他の規定にその旨を規定する必要があると考えられる。

3　傍訓の扱い

平成６年１２月１日まで申出により戸籍に記載することができると実務上扱われていた名の傍訓については，名の一部ではないかとの混乱があったことから，名の一部をなすものとは解されない旨法務省民事局長通達により取扱いが周知されていた（「戸籍上の名の傍訓について」（昭和５０年７月１７日民二第３７４２号法務省民事局長通達五））。同通達では，「傍訓が付されている場合には，漢字と傍訓とが一体となつて名を表示し，その名を表示するには常に傍訓を付さなければならないと考える向きがある。しかし，傍訓は単に名の読み方を明らかにするための措置として戸籍に記載するものであつて，名の一部をなすものとは解されない。したがつて，戸籍上名に傍訓が付されている者について，戸籍の届出，登記の申請，公正証書・私署証書の作成など各種の書面において名を表示するに当たり，常に傍訓を付すべき必要はないので，この趣旨を十分理解して事務処理に当たるとともに，戸籍の利用者に対しても必要に応じ適宜説明するものとする。」とされていた。

(3) **氏名の読み仮名と音訓や字義との関連性及び氏名の読み仮名をめぐる許容性**

　　氏名の読み仮名の届出（第2の2(1)本文及び(2)本文参照）の受否又は戸籍法第24条の戸籍訂正（第2の2(2)本文参照）に当たっては，以下の案のとおり，判断することが考えられる。

　　【甲案】私法の一般原則である民法第1条第3項の権利の濫用の法理及び法の適用に関する通則法第3条の公序良俗の法理によるものとする。

　　【乙案】権利の濫用又は公の秩序若しくは善良の風俗に反すると認められる場合に該当するときを除くものとする。

　　【丙案】氏名の読み仮名は国字の音訓及び慣用により表音されるところによるものとする。なお，【甲案】又は【乙案】も適用するものとする。

　　なお，【甲案】及び【乙案】は，第2の1(1)【甲案】又は【乙案】いずれを採用する場合においても，採用可能であり，【丙案】は，第2の1(1)【乙案】を採用する場合はもとより，【甲案】を採用する場合においても，採用可能である。また，【乙案】又は【丙案】を採用する場合には，法令に規定するものとすることが考えられる。

（補足説明）

1　【甲案】の参考例

　　東京家裁八王子支部平成6年1月31日審判（判例時報1486号56頁）は，「民法1条3項により，命名権の濫用と見られるようなその行使は許されない。」との判断を示しているところ，当該届出事案に係る先例の解説（戸籍610号75頁）では，「命名権を親権の一作用あるいは子のための代位行為とするとしても，これに行政がどの程度関与することができるか，あるいは根本的に関与することが妥当であるかとする問題が存在する。現行法上，これらに関する明文の規定は存在しないが，私法の一般原則である民法第1条第3項の権利の濫用の法理の一適用場面であると考えられるほか，本件出生届が子の福祉を著しく害するものであると考えられること等を考慮すれば，あえて行政が関与することもやむを

- 11 -

得ないものであり，この行政の関与は，社会的にも容認され得るものと思われ
る。」とされており，また，「民法典に規定されているが，法の一般原理を表現
したものと解されるものとして，信義誠実の原則，権利濫用の禁止に関する規定
がある」（塩野宏「行政法Ⅰ」［第五版補訂版］83頁）とされており，本文【甲
案】の民法第1条第3項の権利の濫用の法理の参考としている。

　法の適用に関する通則法第3条の公序良俗の法理については，「本条の1つの
整理としては，①法令においてその効力についての規定が設けられている慣習に
関しては，法令の規定により認められたものとして，その法令の規定に従って法
律と同一の効力を有するかどうかが判断され，②法令においてそのような規定が
設けられていない慣習については，法令に規定のない事項に関する慣習に限り，
法律と同一の効力が認められ」る（小出邦夫「逐条解説　法の適用に関する通則
法」30頁）とされ，本条は，成文法に規定の存在しない事項についての補充的
法源としての効力（補充的効力）を慣習に認める立場を基本的に採用したものと
一般に解される（櫻田嘉章＝道垣内正人「注釈国際私法第1巻」77頁）ところ，
氏名の読み仮名の定め（氏又は名を定める際にその読み仮名を定める慣習。通常，
その後，戸籍の届出等において，届書に「よみかた」として記載している。）自
体の効力は，法令に規定されていない事項に関するもので，公の秩序又は善良の
風俗に反しないもののみ，法律と同一の効力を有するものと考えられるため，本
文【甲案】の参考としている。

　なお，日本国憲法第12条が国民の権利濫用を禁止しているのは，行政機関に
対する場合も念頭に置いており，国民に申請権が認められている場合であって
も，申請が権利の濫用である場合には，当該申請は不適法な申請として，拒否処
分を受けることになり，このことは，権利濫用が認められない旨の明文の規定の
有無にかかわらない（宇賀克也「行政法概説Ⅰ行政法総論」［第6版］55頁）と
されており，本文【甲案】の権利の濫用の法理について，憲法第12条を根拠と
することも考えられる。

2　【乙案】の参考用例

　　少額領収書等の写しの開示請求について定める政治資金規正法第19条の1
6第5項において，「開示請求を受けた総務大臣又は都道府県の選挙管理委員会

は，当該開示請求が権利の濫用又は公の秩序若しくは善良の風俗に反すると認められる場合に該当するときを除き，当該開示請求があつた日から十日以内に，当該開示請求に係る国会議員関係政治団体の会計責任者に対し，当該開示請求に係る少額領収書等の写しの提出を命じなければならない。」と規定されており，本文【乙案】の参考用例としている。

　また，商標登録を受けることができない商標を定める商標法第４条第７号において，「公の秩序又は善良の風俗を害するおそれがある商標」と規定されており，本文【乙案】の参考としている。

　なお，公の秩序又は善良の風俗を害するおそれがある商標の例示として，特許庁ウェブサイトにおいて，「商標の構成自体が非道徳的，卑わい，差別的，きょう激若しくは他人に不快な印象を与えるような文字，図形，記号，立体的形状若しくは色彩又はこれらの結合，音である場合。なお，非道徳的若しくは差別的又は他人に不快な印象を与えるものであるか否かは，特に，構成する文字，図形，記号，立体的形状若しくは色彩又はこれらの結合，音に係る歴史的背景，社会的影響等，多面的な視野から判断する。」と掲載されている。

3　【丙案】の参考用例

　旅券法施行規則第５条第２項において，「法第６条第１項第２号の氏名は，戸籍に記載されている氏名（戸籍に記載される前の者にあっては，法律上の氏及び親権者が命名した名）について国字の音訓及び慣用により表音されるところによる。ただし，申請者がその氏名について国字の音訓又は慣用によらない表音を申し出た場合にあっては，公の機関が発行した書類により当該表音が当該申請者により通常使用されているものであることが確認され，かつ，外務大臣又は領事官が特に必要であると認めるときはこの限りではない。」と規定されており，本文【丙案】の用例の参考としている。

　なお，本文【丙案】を採用した場合にも，氏名の読み仮名については，慣用とされる範囲や判断基準を明確に決めることは困難であり，慣用によることを基準とすることについては消極的な意見があった。

4　現行の読み仮名の審査

　法務省民事局長通達に定める出生届等の標準様式には氏名の「よみかた」欄が

付されているが，住民基本台帳事務処理上の利便のために設けられているもので，戸籍事務では使用しておらず，市区町村における現在の実務上，氏名の音訓や字義との関連性は審査されていない。

5　傍訓の例

　　かつて申出により名に付することができた傍訓について，届出が認められたものとして，「刀（フネ）」，「登（ミノル）」，「秀和（ヒデマサ）」，「海（ヒロシ）」などがあり，届出が認められなかったものとして，「高（ヒクシ）」，「修（ナカ）」，「嗣（アキ）」，「十八公（マツオ）」がある（大森政輔「民事行政審議会答申及びその実施について（戸籍４４１号４４頁）。

6　審判・民事行政審議会答申における名についての判断

　　東京家裁八王子支部平成６年１月３１日審判（判例時報１４８６号５６頁）は，「名は，氏と一体となって，個人を表象，特定し，他人と区別ないし識別する機能を有し，本人又は命名権者個人の利益のために存することは勿論であるが，そのためだけに存在するものではない。即ち，名は極めて社会的な働きをしており，公共の福祉にも係わるものである。従って，社会通念に照らして明白に不適当な名や一般の常識から著しく逸脱したと思われる名は，戸籍法上使用を許されない場合があるというべきである。このことは，例えば，極めて珍奇な名や卑猥な名等を想起すれば容易に理解できるところである。」，「明文上，命名にあっては，「常用平易な文字の使用」との制限しかないが，改名，改氏については，家庭裁判所の許可が必要であり，許可の要件として，「正当な事由」（改名）「やむを得ない事由」（改氏）が求められている（戸籍法１０７条の２，１０７条）。そして，一般に，奇異な名や氏等一定の場合には改名，改氏が許可とされるのが例であり，逆に，現在の常識的な名から珍奇ないしは奇異な名への変更は許されないのが実務の取扱である。即ち，戸籍法自体が，命名（改名も命名を含んでいる）において，使用文字だけでなく，名の意味，内容を吟味する場合のあることを予想し，明定している。」との判断を示している。

　　また，昭和５６年答申においては，「子の名は，出生に際し，通常親によって命名されるのであるが，ひとたび命名されると，子自身終生その名を用いなければならないのみならず，これと交渉を持つ他人もまた，日常の社会生活において

その名を読み書きしなければならない機会が多い。そこで，子の利益のために，子を悩ませるような書き難い漢字による命名を避けることが望ましいのみならず，日常の社会生活上の支障を生じさせないために，他人に誤りなく容易に読み書きでき，広く社会に通用する名の用いられることが必要である。」としている。

　これらは，本文各案のいずれを採用する場合にも参考となり得るものと考えられる。

7　周知すべき事項

　本文各案を採用した場合には当該基準に該当するものをできるだけ分かりやすく周知する必要があるものと考えられる。このうち，権利濫用及び公序良俗の法理により認められないものは，特許庁ウェブサイトに掲載されている登録商標を受けることができない商標の例示（第2の1(3)（補足説明）2参照）が参考となり，この他氏名の読み仮名独自のものとして，例えば，氏が「鈴木」であるその読み仮名を「サトウ」として届け出るものについて許容すべきか否か，検討する必要がある。

　あわせて，届け出られた氏名の読み仮名の変更は，戸籍法第107条若しくは第107条の2又は第2の1(5)本文の手続により，必ずしも認められるわけではないこと及び本文【甲案】又は【乙案】を採用した場合には，氏名の読み仮名が戸籍に記載されたことをもって，氏名の漢字部分の読み仮名が公認されたわけではないことも，十分周知する必要があるものと考えられる。

8　平仮名・片仮名部分の氏名の読み仮名

　本文【甲案】又は【乙案】を採用した場合には，氏又は名の全部又は一部が平仮名又は片仮名で表記されているときも，漢字部分と同様に本文【甲案】又は【乙案】によることが適当と考えられる。

9　不服申立て

　新たに法令に規定される氏名の読み仮名の届出（第2の2(1)本文及び(2)本文参照）を市区町村長が受理しない処分を不当とする者は，家庭裁判所に不服の申立てをすることができる（戸籍法第122条）。

　なお，第2の2(2)本文【甲案】又は【乙案】を採用した場合には，短期間に市区町村に大量の届出がされ，これに比例して多数の受理しない処分及び不服申

立てがなされることが想定される。戸籍事務の取扱いに関して疑義がある場合には，市区町村長は管轄法務局等に照会することができるところ（戸籍法第3条第3項），氏名の読み仮名の戸籍への記載を円滑に実施するため，例えば，市区町村長が本文各案を理由として受理しない処分をする場合には，当分の間，管轄法務局等に全て照会する運用をすることも考えられる。

(4) 戸籍に記載することができる片仮名の範囲

氏名の読み仮名として戸籍に記載することができる片仮名の範囲については，現代仮名遣い（昭和61年内閣告示第1号）及び「現代仮名遣い」の実施について（昭和61年内閣訓令第1号）に基づき，現代仮名遣い本文第1の直音（「あ」など），拗音（「きゃ」など），撥音（「ん」）及び促音（「っ」）を片仮名に変換したものとすることが考えられる。

また，現代仮名遣いに含まれていないが，先例上，子の名として戸籍に記載することができるとされている「ヰ」，「ヱ」，「ヲ」及び「ヴ」のほか，小書き（「ァ」など）及び長音（ー）についても，範囲に含めることが考えられる（平成16年9月27日付け法務省民二第2664号法務省民事局長通達，昭和40年7月23日付け法務省民事局変更指示，外来語の表記（平成3年内閣告示第2号），「外来語の表記」の実施について（平成3年内閣訓令第1号））。

以上については，法令に規定することも考えられる。

(5) 氏名の読み仮名の変更

氏名の読み仮名を氏名とは別個の新たな戸籍の記載事項と位置付けた上，氏又は名の変更を伴わない氏名の読み仮名の変更を認める規律としては，戸籍法第107条又は第107条の2に，氏名の読み仮名を氏名と同様の取扱いとする旨定めるか，以下の案のとおり，戸籍法第107条又は第107条の2の変更手続と別の規律を法令に規定することが考えられる。

【甲案】氏又は名の読み仮名を変更しようとするときは，家庭裁判所の許可を得て，届け出ることができるものとする。

【乙案】氏又は名の読み仮名を変更しようとするときは，家庭裁判所の許可を得る

必要があるとしつつ，一定の場合には，家庭裁判所の許可を得ないで，届け出ることができるものとする。

（注１）氏又は名の読み仮名は，氏又は名を変更（婚姻，縁組によって氏を改めた場合，離婚，離縁等によって復氏した場合，氏の変更による入籍届，又は戸籍法第１０７条若しくは第１０７条の２の変更の届をした場合を含む。）すると，これに伴って変更すると考えられるため，この場合には，読み仮名の変更に関する特別な手続は必要ないと考えられる（第２の２(1)オ及びカ参照）。

（注２）第２の１(2)本文【甲案】を採用した場合には，氏名の変更（戸籍法第１０７条，第１０７条の２）の規律に服することとなる（第２の１(2)（補足説明）１参照）。ただし，この場合であっても，本文【乙案】と同様に，一定の場合には，家庭裁判所の許可を得ないで，届け出ることができるものとする規律を設けることも考えられる。

（注３）第２の１(2)本文【乙案】を採用した場合であっても，氏名の変更（戸籍法第１０７条，第１０７条の２）の規律に服するとすることは可能である（第２の１(2)（補足説明）２参照）。ただし，この場合であっても，本文【乙案】と同様に，一定の場合には，家庭裁判所の許可を得ないで，届け出ることができるものとする規律を設けることも考えられる。

（注４）氏名の読み仮名を訂正する方法としては，戸籍訂正（戸籍法第２４条第３項）によることが考えられる。

（補足説明）

1　固定化の必要性とその程度

　　氏名の読み仮名については，第１の３（補足説明）２のとおり，他者からは「なまえ」として個人を特定する情報の一部として認識されるものであるとともに，情報システムにおける検索及び管理等の能率を向上させることが法制化の必要な理由の一つであるところ，以下の理由から，その変更を安易に認めることにより上記意義が損なわれるおそれがあるとの意見がある。

　　①氏名の読み仮名が変更されると，氏名の読み仮名を利用して検索等を行っている個人のデータベースとの照合等において情報の不一致を招き，円滑な本人特

定を阻害するおそれがあること。

　②氏の読み仮名は，配偶者の氏を称する婚姻などの身分変動や戸籍法第１０７条の氏の変更など氏の変動により従前のものと異なるものとなる可能性があるが，いずれも身分行為や家庭裁判所の許可などを要し，無制限に行われるものではなく，また，名の読み仮名は，戸籍法第１０７条の２の名の変更以外により従前のものと異なるものとなることはないところ，氏又は名の読み仮名のみの変更を無制限に認めると，円滑な本人特定を阻害するおそれがあること。

　他方で，上記各理由については，上記①につき，個人を特定するための他の情報（生年月日など）により照合することが可能であり，また，上記②につき，例えば，名簿の並べ替えなどは氏をキーとして行うのが通常であるところ，氏が従前のものと異なるものとなる可能性は決して少なくないので，いずれも円滑な本人特定を阻害するおそれがあるとまでは言えないとも考えられる。そして，氏名の読み仮名の変更の履歴は戸籍に記載されることから，氏名の読み仮名の法制化が必要な理由の中核をなす一意性（第１の３本文(1)参照）は確保されるため，氏又は名の読み仮名の変更については，氏又は名の変更よりも柔軟に認める余地があるとの意見もある。

　なお，仮に，氏名の読み仮名の変更を無制限に認めるとしても，氏名の読み仮名の変更の届を要することとなるが，この場合であっても，第２の１(6)の同一戸籍内の規律は適用され，何度も変更を繰り返す場合には，権利の濫用の法理によりその届出を不受理とすることも考えられる。

２　変更できる場面

　氏又は名の変更を伴わない読み仮名のみの変更を検討するに当たって，戸籍法第１０７条又は第１０７条の２に，氏名の読み仮名を氏名と同様の取扱いとする旨定める場合には，現在の氏又は名の変更の取扱いが参考となる。

　氏については，一定の事由によって氏を変更しようとするときは，家庭裁判所の許可を得て（ただし，一定の場合には，家庭裁判所の許可を得ないで），名については，正当な事由によって名を変更しようとするときは，家庭裁判所の許可を得て，届け出ることができるとされている。

　このうち，戸籍法第１０７条第１項及び第４項（外国人である父又は母の称し

ている氏に変更しようとするものなどの要件あり）に規定する氏の変更については，やむを得ない事由がある場合に家庭裁判所の許可を得て，届け出ることができるとされている。

　このやむを得ない事由に該当する事例としては，著しく珍奇なもの，甚だしく難解難読のものなど，本人や社会一般に著しい不利不便を生じている場合はこれに当たるであろうし，その他その氏の継続を強制することが，社会観念上甚だしく不当と認めるものなども，これを認めてよいと考えられている（青木義人＝大森政輔全訂戸籍法４３９頁）。

　婚姻により夫の氏になったものの，その後離婚し，婚氏続称の届出をして，離婚後１５年以上婚氏を称してきた女性が，婚姻前の氏に変更することの許可を申し立てた事案において，やむを得ない事由があると認められると判断し，申立てを却下した原審判を変更して，氏の変更を許可した事例（東京高裁平成２６年１０月２日決定（判例時報２２７８号６６頁））もある。

　また，同法第１０７条の２に規定する名の変更については，正当な事由がある場合に家庭裁判所の許可を得て，届け出ることができるとされている。

　この正当な事由の有無は一概に言い得ないが，営業上の目的から襲名の必要があること，同姓同名の者があって社会生活上支障があること，神官僧侶となり，又はこれをやめるため改名の必要があること，珍奇な名，異性と紛らわしい名，外国人に紛らわしい名又は難解難読の名で社会生活上の支障があること，帰化した者で日本風の名に改める必要があること等はこれに該当するであろうが，もとよりこれのみに限定するものではないと考えられており，また，戸籍上の名でないものを永年通名として使用していた場合に，その通名に改めることについては，個々の事案ごとに事情が異なるので，必ずしも取扱いは一定していないが，相当な事由があるものとして許可される場合が少なくないとされている（前掲全訂戸籍法４４２頁）。

　また，性同一性障害と診断された戸籍上の性別が男性である申立人が，男性名から女性名への名の変更許可を申し立てた事案において，正当な事由があると認められると判断し，原審を取り消して名の変更を許可した事例（大阪高裁令和元年９月１８日決定（判例時報２４４８号３頁））もある。

　　さらに，名の変更については，出生届出の際の錯誤あるいは命名が無効であることを理由として認められる場合がある（戸籍610号75頁）。

　　以上の例と読み仮名の特性に鑑みれば，氏の読み仮名にあっては，著しく珍奇なもの，永年使用しているもの，錯誤による届出によるものなどを理由とした届出が，名の読み仮名にあっては，珍奇なもの，永年使用しているもの，性自認（性同一性）と一致しないもの，錯誤による又は無効な届出によるものなどを理由とした届出などが考えられる。さらに，これらの届出のうち，実際に氏名の読み仮名のみの変更の届出が想定される場面は，極めて限定されるが，例えば，氏名の読み仮名の永年使用については，濁点の有無や音訓の読みの変化などが，氏の読み仮名のうち著しく珍奇なもの及び名の読み仮名のうち珍奇なものについては，①第2の1(3)によれば不受理とすべきものが誤って受理されたもの，又は②本人以外が届け出た氏名の読み仮名について，不受理事由はないが本人にとってなお著しく珍奇なもの若しくは珍奇なものの届出が考えられる。

　　また，氏名の読み仮名の変更の履歴は戸籍に記載されることから，氏名の読み仮名の法制化が必要な理由の中核をなす一意性（第1の3(1)参照）は確保される。

　　したがって，氏又は名の変更を伴わない読み仮名のみの変更の要件については，第2の1(5)（補足説明）1の氏名の読み仮名の固定化の必要性を踏まえ，現行法の規律による上記のような整理とするのか，別の整理とするのか，検討する必要がある。

3　新戸籍編製時の扱い

　　新たに戸籍を編製する場合において，戸籍の筆頭に記載することとなる者の氏の読み仮名が既に記載されているときは，新たな戸籍における氏の読み仮名は，原則として，従前の戸籍におけるものと同一のものとなる。

　　他方で，新戸籍が編製されると，当該者が除籍された戸籍での同一氏の制約はなくなるところ，新戸籍が編製された場合であっても，氏の読み仮名の変更については，原則どおり家庭裁判所の許可を得て届け出る必要があるとする考え方（【甲案】）と，新戸籍の編製を契機に氏の読み仮名の変更を届出のみで可能とする考え方（【乙案】）がある。

　この点，①氏の読み仮名の変更の履歴は戸籍に記載されることから，氏名の読み仮名の法制化が必要な理由の中核をなす一意性（第1の3(1)参照）は確保されること，②新たな読み仮名についても第2の1(3)本文のとおり適切に判断されること，③氏の読み仮名は既成の事実と位置付けているものの，同籍者がいる場合には，当該者と他の同籍者が使用しているものが異なる場合も想定されるところ，新戸籍の編製により，氏の読み仮名を実際に使用しているものに整合させることが戸籍法第6条の規律との関係でも可能となることを考慮した上で，新戸籍編製の機会における変更に際し，濫用防止の観点から，家庭裁判所の許可を必要とするか否かが問題となる。

　なお，転籍については，上記③の必要性もないことから，その濫用を防止するため，家庭裁判所の許可を必要とすべきと考えられる。

(6) 同一戸籍内の規律

　同一戸籍内においては，氏の読み仮名を異なるものとすることはできないとすることが考えられる。

　当該規律については，法令に規定することも考えられる。

（補足説明）

1　戸籍編製の規律

　戸籍は，一の夫婦及びその双方又は一方と氏を同じくする子ごとに編製するとされており（戸籍法第6条），同一戸籍内の同籍者の氏は異ならないこととなっている。氏の読み仮名についても，氏と異なる取扱いをすべき特段の理由はないものと考えられる。また，現在，戸籍における氏については，戸籍法施行規則附録第6号のいわゆる紙戸籍の記載ひな形及び付録第24号様式のいわゆるコンピュータ戸籍の全部事項証明書のひな形等において，氏は戸籍の筆頭者の氏名欄にのみ記載することとされているが，氏の読み仮名は，氏と同様に戸籍の筆頭者の氏名欄にのみ記載する方法又は名の読み仮名とともに戸籍に記載されている者欄に記載する方法が考えられる。

　なお，第2の1(2)【乙案】を採用した場合にも，本文の考えによると，戸籍

法第6条の規定は氏の読み仮名にも適用（又は準用）されるとすることになる。

　また，戸籍を異にする同氏の子は，家庭裁判所の許可を要することなく，届出のみによって，父又は母と同籍する入籍が先例上認められているところ（昭和23年2月20日民事甲第87号法務庁民事局長回答，昭和33年12月27日民事甲第2673号法務省民事局長通達，昭和34年1月20日民事甲第82号法務省民事局長回答），本文の考えによると，この場合に，父又は母と子との間で氏の読み仮名が異なるときは，子の読み仮名の変更を要することとなるが，上記先例と同様に家庭裁判所の許可を要することなく，届出のみによる入籍が許容されるのか否かが問題となりうる。

2　新戸籍編製時の扱い

　本文によると，新たに戸籍を編製する場合（転籍，分籍，新戸籍が編製される婚姻など）において，戸籍の筆頭に記載することとなる者の氏の読み仮名が既に記載されているときは，原則として，新たな戸籍における氏の読み仮名は，従前の戸籍におけるものと同一のものとなる。

3　同一戸籍内にない親族間の扱い

　戸籍を異にする親族間で氏の読み仮名が異なることは，氏が異なることがあるのと同様に，許容されるものと考えられる。なお，氏の異同は，夫婦，親子の関係を有する当事者間においてのみ生ずる問題であると考えられている（昭和31年12月28日付け民事甲第2930号法務省民事局長回答）。

2　氏名の読み仮名の収集方法

(1) 氏名の読み仮名の届出

　第2の1(2)【乙案】を採用した場合においては，戸籍法第13条第1号に定める氏又は名を初めて戸籍に記載することとなる以下の戸籍の届書（イにあっては調書）の記載事項として，法令に規定することが考えられる（以下の届書に併せて記載した事件本人以外の氏名の読み仮名の取扱いについては第2の2(2)（補足説明）4参照）。

　ア　出生の届書（戸籍法第49条，55条，56条）（名（新戸籍が編製されるときにあっては，氏名）の読み仮名）

イ　棄児発見調書（戸籍法第５７条）（氏名の読み仮名）

ウ　国籍取得の届書（戸籍法第１０２条）（名（新戸籍が編製されるときにあっては，氏名）の読み仮名）

エ　帰化の届書（戸籍法第１０２条の２）（名（新戸籍が編製されるときにあっては，氏名）の読み仮名）

オ　氏の変更の届書（戸籍法第１０７条）（氏の読み仮名）

カ　名の変更の届書（戸籍法第１０７条の２）（名の読み仮名）

キ　就籍の届書（戸籍法第１１０条，１１１条）（名（新戸籍が編製されるときにあっては，氏名）の読み仮名）

（補足説明）

1　届出の原則

　　戸籍制度においては，戸口調査により戸籍を編製した明治初期を除き，原則として届出によって戸籍に記載し，公証してきた。

　　したがって，氏名の読み仮名を戸籍に記載するに当たっても，戸籍の届出によって記載するとすることが原則となる。

2　氏名の読み仮名の性質

　　戸籍の届出は，報告的届出と創設的届出とに分類される。報告的届出は，既成の事実又は法律関係についての届出であり，原則として，届出義務者，届出期間についての定めがある。一方，創設的届出は，届出が受理されることによって身分関係の発生，変更，消滅の効果を生ずる届出である。

　　なお，報告的届出と創設的届出の性質を併有するものとして，認知の効力を有する出生の届出，国籍留保の意思表示を伴う出生の届出，就籍の届出（本籍を定める届出の部分が創設的届出の性質を有する。），帰化の届出（新戸籍が編製される場合にあっては，本籍及び氏名を定める届出の部分が創設的届出の性質を有する。）等がある。

　　氏名についてみると，例えば，出生の届出は，創設的届出の性質を併有するものがあるものの，民法第７９０条の規定により称するとされている氏及び命名された名という既成の事実を届け出るものであって，そのほとんどは報告的届出で

ある。そして，氏名の読み仮名についても，同様に，氏にあっては現に使用されている読み仮名，名にあっては命名された時に定められた読み仮名という既成の事実を届け出るものと整理するのが相当と考えられる。

報告的届出については，原則として届出義務が課され，届出期間が定められているが，届出義務が課されておらず，届出期間が定められていない例として，法改正に伴う経過的な取扱いである外国の国籍の喪失の届出（昭和５９年法律第４５号附則第１０条第２項）の例がある。これは，改正法により，重国籍者が併有する外国国籍を喪失したときは，その旨の届出義務が課されることとなったが，施行前にはそのような義務が課されていなかったので，施行前に外国国籍を喪失した場合については改正法を適用しないこととしつつ，戸籍記載上から重国籍が推定される者が法律上又は事実上権利制限や資格制限を受けるおそれもあり，重国籍状態を解消していることを明らかにすることについて本人も利益を有することから，施行前に外国国籍を喪失している旨の届出をする資格を本人に認め，その届出について，戸籍法第１０６条第２項の規定を準用することとされたものである（田中康久「改正戸籍法の概要」民事月報昭和５９年号外８１頁参照）。また，傍訓については，通達によって，記載の申出をすることができるとされていた。

3 初めて氏又は名を届け出るときのこれらの読み仮名の届出（本文参照）は，氏又は名の読み仮名という既成の事実を届け出るものであり，その変更は，本文オ若しくはカ又は第２の１(5)本文【甲案】若しくは【乙案】によって可能となるものと整理している。

一方，既に氏又は名が戸籍に記載されているときのこれらの読み仮名の届出は（第２の２(2)本文参照），初めて氏又は名が届け出られたときの読み仮名を既成の事実として届け出るのが原則とも考えられるが，便宜通用使用などにより既成の事実が変更していれば，変更後のものを既成の事実として届け出ることも可能と整理することが考えられる。ただし，旅券などの公簿に氏名の読み仮名又はこれらを元にしたローマ字が登録され，公証されている場合には，第２の１(3)本文各案いずれによっても，これに反するものを届け出ることはできないと整理することも考えられる。

4　復氏する者が新戸籍編製の申出をしたときの扱い

　　戸籍法第19条第1項の規定により，離婚，離縁又は婚姻若しくは縁組の取消しによって復氏する者が新戸籍編製の申出をしたときは，新戸籍が編製される。この場合には，婚姻又は縁組前の戸籍に入るわけではないため，氏の読み仮名が婚姻又は縁組前の戸籍に記載されているものと異なることも許容されるところ（第2の1(6)（補足説明）1参照），本文アからキまでの届出時に加え，新戸籍編製の申出時に，家庭裁判所の許可を得ないで，氏の読み仮名を届け出るものとすることも考えられる。戸籍法第19条第2項において同条第1項の規定を準用する場合も同様である。

　　なお，外国人が，日本人と婚姻後，日本人の氏を称して帰化し，その後離婚した場合には，復すべき氏はないが，その者の意思によって新たな氏を定めることができると扱われている（昭和23年10月16日付け民事甲第2648号法務庁民事局長回答）。この場合には，離婚届書に新たな氏の読み仮名を記載することができるとするのが相当と考えられる。

5　第2の1(2)【甲案】を採用した場合の取扱い

　　第2の1(2)【甲案】を採用した場合には，本文アからキまでの届書等の記載事項として，氏名とともに届出がされることとなる。

(2)　**既に戸籍に記載されている者の氏名の読み仮名の収集方法**

　　以下の案のとおり，既に戸籍に戸籍法第13条第1号に定める氏名が記載されている者に係る氏名の読み仮名の収集方法として，法令に規定することが考えられる。

【甲案】氏名の読み仮名の届を設け，戸籍に記載されている者又はその法定代理人に一定の期間内の届出義務を課す方法

【乙案】氏名の読み仮名の届を設け，戸籍に記載されている者又はその法定代理人に一定の期間内の届出を促す方法

【丙案】戸籍法第24条の戸籍訂正を活用する方法

（補足説明）

1　届出義務

　　戸籍の届出については，戸籍法第１３７条において，正当な理由がなくて期間
内にすべき届出をしない者は，５万円以下の過料に処するとされているところ，
本文【甲案】の戸籍の記載事由の発生時期は，氏又は名を初めて戸籍に記載する
こととなる出生等の届出の時ではなく，新たな規律を定める法令の施行時と考え
られる。

　　戸籍法第４４条第１項において，市区町村長は，届出を怠った者があることを
知ったときは，相当の期間を定めて，届出義務者に対し，その期間内に届出をす
べき旨を催告しなければならないとされている。本文【甲案】において，氏名の
読み仮名の届が期間内にされなかったときは，同項が適用されるものと考えられ
る。なお，同条第２項において，当該期間内に届出をしなかったときは，市区町
村長は，更に相当の期間を定めて，催告をすることができるとされ，同条第３項
において，これらの催告をすることができないとき，又は催告をしても届出がな
いときは，市区町村長は，管轄法務局長の許可を得て，戸籍の記載をすることが
できるとされている。もっとも，同項の措置に関しては，第２の２(2)（補足説
明）７の資料等により市区町村長が届出の内容（当該者の氏名の読み仮名）を職
務上知っていると評価することができなければ，戸籍の記載をすることはできな
いこととなる。また，同法第１３８条において，同法第４４条第１項又は第２項
の規定によって，期間を定めて届出の催告をした場合に，正当な理由がなくてそ
の期間内に届出をしない者は，１０万円以下の過料に処するとされている。

　　なお，上記催告は，届出期間を経過した場合にしか行えないが，本文【甲案】
において，届出期間経過前であっても，運用として，市区町村から氏名の読み仮
名の届を促す案内を送付することなどは可能であると考えられる。

　　他方，本文【乙案】及び【丙案】においては，届出義務が定められていないた
め，上記過料の制裁，催告，職権記載の対象とはならないが，運用として，市区
町村から氏名の読み仮名の届又は職権記載の申出を促す案内を送付することな
どは可能であると考えられる。

2　届出人

　　氏については，同一戸籍内の同籍者の氏は異ならないこととなっており，氏の

読み仮名についても，同様に考えられるため，本文【甲案】又は【乙案】の氏名の読み仮名の届の届出人は，同籍者全員とする必要があるかが問題となる。特に，ＤＶ（ドメスティック・バイオレンス）などにより離婚には至っていないが，別居状態にある者については，届出をすることが困難との意見もあった。

　なお，同籍者全員を届出人としない場合には，同籍者の一人が届け出た氏の読み仮名が，他の同籍者が認識しているものと異なることも想定される。この場合には，戸籍法第１１３条の戸籍訂正手続により対応することとなるものと考えられる。

3　届出期間

　本文【甲案】又は【乙案】の氏名の読み仮名の届については，例えば，改正法令の施行日から一定期間内（当該者が事件本人又は届出人となる戸籍の届出をする場合にあっては，当該届出の時まで）にしなければならない又はするものとする旨法令に規定することが考えられる。

4　届出方式

　本文【甲案】又は【乙案】の氏名の読み仮名の届については，他の戸籍の届出がされた場合についても，事件本人又は届出人について記載された氏名の「読み仮名」をもって，氏名の読み仮名の届があったものとして取り扱うことも考えられる。また，この氏名の「読み仮名」は，本文【丙案】の戸籍訂正の資料とすることも考えられる。これらの場合には，その旨周知するとともに，届書の様式に注記することが適当であると考えられる。なお，令和２年３月３１日現在の本籍数は，約５千２百万戸籍，令和元年度の戸籍の届出数は，約４百万件であり，仮に，他の戸籍の届出の際に氏名の読み仮名の届がされた場合には，単独の氏名の読み仮名の届と併せて，年間数百万件以上の氏名の読み仮名の届がされることが想定される。

　また，届出の方法としては，この他マイナポータルを活用すべきとの意見があった。

5　通知に係る氏名の読み仮名の承認の擬制

　本文【甲案】の氏名の読み仮名の届を前提としつつ，届出期間経過後，市区町村が保有する情報を基に，国民に戸籍に記載する氏名の読み仮名の通知を送付

し，一定期間内に異議を述べなかったときは，同期間経過後に当該通知に係る氏名の読み仮名を承認したものとみな（擬制）し，市区町村長が職権により戸籍に氏名の読み仮名を記載する制度とすることも考えられる。

　なお，身分関係に関し，通知後，一定の期間の経過に一定の効力を持たせる制度として，昭和５９年法律第４５号により創設された国籍選択催告制度（国籍法第１５条，戸籍法第１０５条）がある。これは，重国籍の日本国民が法定の期限までに日本国籍の選択をしない場合，法務大臣が書面により国籍の選択をすべきことを催告し，催告を受けた者が催告を受けた日から１月以内に日本国籍の選択をしなければ，原則としてその期間が経過した時に日本国籍を失う（擬制）というものである。ただし，国籍喪失後は，戸籍法第１０５条による法務局長等からの報告により，市区町村長は，職権で戸籍に国籍喪失の記載をし，除籍することとされているが，これまで法務大臣による国籍選択の催告がされたことはない。

6　戸籍訂正の考え方

　本文【丙案】の戸籍訂正に関しては，氏名の読み仮名の届出義務はないものの，第2の1(2)により氏名の読み仮名が戸籍の記載事項として法令に規定されている以上，戸籍法第２４条第１項の戸籍の記載に遺漏があると評価することができるため，当該戸籍に記載された者若しくはその法定代理人からの職権記載申出，第2の2(2)（補足説明）7の資料又は氏名の読み仮名を職務上知った官庁等からの本籍地市区町村長への通知があれば，同条第２項の戸籍訂正により市区町村長が氏名の読み仮名を記載することができると考えるものである。もっとも，これまでの戸籍訂正の運用に鑑みると，第2の2(2)（補足説明）4の資料がない限り，職権記載申出を促した上で，実際に申出があった場合にのみ戸籍訂正をする運用とするのが相当と考えられる。

　なお，氏名の読み仮名を職務上知った官庁等が通知するためには，本籍地市区町村を把握している必要がある。

7　戸籍訂正の資料

　法務省民事局長通達に定める婚姻届の標準様式には，「夫になる人」及び「妻になる人」の氏名欄に「よみかた」欄が付されている。本文【丙案】の戸籍訂正においては，例えば，当該「よみかた」が記載され保管されている婚姻届を資料

として，本籍地市区町村が戸籍法第２４条第２項の規定により，戸籍に氏名の読み仮名を記載することが考えられる。

第１の３(注１)のとおり，氏名を片仮名又は平仮名をもって表記したものには，読み仮名，よみかた，ふりがな，片仮名など様々な名称が付されているものがあるが，いずれも，原則として（濁音が記載されない，小書きをしないなどのルールが定められているものを除く。）氏名の読み仮名として取り扱って差し支えないものと考えられる。なお，万一，事件本人が認識している氏名の読み仮名と異なっている場合には，戸籍法第１０７条若しくは第１０７条の２又は第２の１(5)の読み仮名の変更手続により対応することとなるものと考えられる。

8　戸籍訂正における配慮すべき事項

謝罪広告等請求事件（最判昭和６３年２月１６日第三小法廷民集４２巻２号２７頁）判決において，氏名を正確に呼称される利益に関して，「氏名は，社会的にみれば，個人を他人から識別し特定する機能を有するものであるが，同時に，その個人からみれば，人が個人として尊重される基礎であり，その個人の人格の象徴であって，人格権の一内容を構成するものというべきであるから，人は，他人からその氏名を正確に呼称されることについて，不法行為法上の保護を受けうる人格的な利益を有するものというべきである。」，「我が国の場合，漢字によって表記された氏名を正確に呼称することは，漢字の日本語音が複数存在しているため，必ずしも容易ではなく，不正確に呼称することも少なくないことなどを考えると，不正確な呼称が明らかな蔑称である場合はともかくとして，不正確に呼称したすべての行為が違法性のあるものとして不法行為を構成するというべきではなく，むしろ，不正確に呼称した行為であっても，当該個人の明示的な意思に反してことさらに不正確な呼称をしたか，又は害意をもって不正確な呼称をしたなどの特段の事情がない限り，違法性のない行為として容認されるものというべきである。」との判断が示されている。

これを踏まえると，氏名の読み仮名を本文【丙案】の戸籍法第２４条の規定により職権により戸籍に記載し，公証するには，少なくとも本人の明示的な意思に反しないことに配慮すべきと考えられる。

第3 ローマ字による表記等

　氏名の読み仮名を戸籍の記載事項として法制化した後，戸籍以外の公簿や各種証明書等に記載されている氏名の読み仮名及び氏名のローマ字表記を戸籍に記載される氏名の読み仮名と整合させる（氏名の読み仮名をヘボン式ローマ字等によって表記させる。）必要があると考えられるところ，これをどうやって確保するか，検討する必要があると考えられる。

　なお，デジタル・ガバメント実行計画において，「在留カードとマイナンバーカードの一体化について，現在関係省庁等で検討を進めているところであり，（中略）２０２５年度（令和７年度）から一体化したカードの交付を開始する予定である。」とされているところ，この一体化したカードにおける氏名の表記方法についても，検討する必要があるとの意見があった。

氏名の読み仮名の法制化に関する研究会第7回会議議事要旨

第1　日時　令和3年7月28日（水）15時〜17時
第2　場所　一般社団法人金融財政事情研究会会議室を事務局にリモート実施
第3　出席者（役職名・敬称略）
　座長　窪田　充見
　委員　奥田　直彦，木村　匡彦，小林　泰斗，国分　貴之，笹原　宏之，
　　　　髙橋　昌昭，土手　敏行，長橋　佑里香，新谷　雄彦，西　希代子，
　　　　舩木　孝和，星名　剛，村林　聡，山口　勇，山野目　章夫
第4　議事概要
　1　開会
　2　本日の議題（取りまとめ案）
　【氏名の読み仮名が登録・公証される意義】
　・　読み仮名にも愛着があるなど，読み仮名という言葉が結構出てくる
　　が，我々が愛着あるのは，読み仮名ではなく読み方なのではないか。つ
　　まり，読み仮名の平仮名や片仮名自体に愛着があるわけではなく，その
　　音の響きや音の持つ質感とかそういうものに愛着を感じているのでは
　　ないか。

　【氏名の読み仮名と音訓や字義との関連性及び氏名の読み仮名をめぐる
　　許容性】
　・　主観的な慣用要するに自分の個人的に使っているものも慣用と認め
　　るべきだと思うし，そうでなければ今まで使っていたものを訂正させ
　　られるというのは非常に無理があると思う。
　・　第2の1(3)本文【甲案】の一般条項だけで本当に大丈夫かという点
　　も気になる。

　【戸籍の読み仮名として記載することができる平仮名又は片仮名の範囲】
　・　「ゐ」，「ヰ」，「ゑ」，「ヱ」について，積極的に使えるようなニュアン
　　スになっているが，ここまで認めなくてもいいのではないか。元々音と
　　しては違ったのではないかということは，言語学上言われているよう
　　なので，現在音として区別されていないとすれば，読み仮名に積極的に
　　入れるというのはないのかと思う。
　・　「ゐ」，「ヰ」，「ゑ」，「ヱ」は，子の名に用いることができる文字とい
　　うことで，平仮名，片仮名に含まれるということであって，これに読み
　　方を振るとすれば，現代仮名遣いの「い」，「え」で対応すれば，特に問

1

題はないのではないか。氏名が一つだとすると，齟齬があるとまずいと思うが，読み方と考えると，そこまで拘わらなくてもいいのではないか。

・ 読み仮名を振る目的は，一意になることとリストに並べてというのがあるが，同じ読み，音なのに，違う文字にすると，一覧で並べることに支障が出るので，本来の目的に合わせて，同じ読み方のものを複数の文字にするのはいかがかと思う。こういうことを逆に推奨することもどうかと思う。

【氏名の読み仮名の変更】

・ 第2の1(5)本文【丙案】は，自由に変更ができてしまうものであり，案として，検討の対象にしてよいのか。

・ 氏の読み仮名と名の読み仮名の取扱いの違いは，とても重要なことで，この内容は氏名の読み仮名をめぐる許容性のところだけではなく，氏名の読み仮名の変更のところにも係ることだと思う。

【既に戸籍に記載されている者の氏名の読み仮名の収集方法】

・ 一定の時期にマイナンバーなどの公的な身分証に読み仮名を明記し，使いたいから，一定の時期に読み仮名の収集を終えるということが前提になっていると思う。今回の制度の目的が，今回の案・説明となったら，一体いつ読み仮名の収集を終えることができるのか，そういう点が全然，見通しがつかない案になっているように思う。こういう案だけを研究会で検討しましたというのであれば，そこが議論されてないのかというような印象を与えてしまうと思う。むしろ，そういう点を考えて，承認の擬制という制度が必要ではないか。

・ 義務を前提にして，必要だと言うのではなくて，一定のところで，読み方を全部収集するためには，何らかの工夫が要るということだろうと思う。もう一度，その辺を翻って考えると，届出主義に余りにも執着している，それに縛られ過ぎているという気がする。戸籍法で届出主義というのが出てきたのは，当初は職権主義だったけれども，報告的な届出については，市民の側から届けさせることによって，簡易に迅速，正確かつもれなく事実を把握できる，それに資するということで，そういう制度に改められたと説明を聞いたことがある。今回のような，新たに振り仮名を記載するという制度にしようという場合には，届出制度ではやはり限界がある。届出主義によるドグマに拘ることなく，補完的に職権記載の必要性が出てくるのではないかと思う。むしろ，いきなり職権ではなくて，市区町村から氏名の読み仮名として把握している情報

2

を国民に通知して，一定期間内に，同封の返信用はがき等に当該読み仮名で間違いないならマルをして返信してください，あるいは間違いがあれば，どういう読み仮名かというのを書いて返信してくださいというような連絡をした上で，それに一定の期間，返事がない場合には，職権で，その内容を記載しますという制度であってもいいのではないか。

- 職権主義というのがないのであれば，承認届出の承認等擬制するなどの制度がいいのではないか。現在の三つの案の建付けという形だけより，むしろ，一定期間の情報収集をするためには，一定の期間でそういう情報を届け出る制度も設けた上で，職権的な記載をするか，擬制をするか，そういうことも考えられる建付けの案の方がわかりやすいのではないか。

- 戸籍法24条1項の戸籍の記載に遺漏があると評価することができるという規律について，戸籍の記載に遺漏があるというのは，戸籍には既に記載されていて，届出があったのでその記載がされていてその一部が遺漏されているというのが理由であるが，氏名の読み仮名の振り方という場合に，現在は，もう既に正しい記載がされているので，今，戸籍の記載に遺漏がないからというのは非常に難しい。職権的なものであるとすれば，戸籍の考え方とすれば，更正という考え方があるが，これは戸籍の記載が正しかったものが，行政区画の変更が一番わかりやすいが，職権で全部やってしまうということがあるので，もしどうしても収集するものとすれば，各行政機関が持っている資料に基づいて，あなたの氏名はこういうふうに法律がありまして，こうなっておられますね，こういう形で，お名前にこういう読み方を送りますよというような通知を出して，自治体の方は非常に大変な作業になるが，その辺の手配もしながらやれば，一番，ご本人の意思もつかめるのでいいのではないか。戸籍の記載が正しかったけれども，こういう制度が変わったので，更正をする必要が生じたと，だからこういうふうにしますよというような形で，お知らせして，その回答を待って処理をするという形であれば，職権でおそらくもう通知が戻っているので，それに基づいて，戸籍に記録をすることができるというようなやり方はいかがか。

- 二つの観点から，一つは政策の問題として，今回の話は大きな目で見たときに，デジタル化という施策，政府全体の施策の中で出てきた話で，そのリズム感というか，速度とどのくらい政府全体の動きと法務省の個々の施策が動きを合わせていかなければならないのかを見ながら，本日の議論を今後の予測として法制審議会の調査審議が進んでいく間に，注意して法務省に見ていただき，法制審議会等でもコミュニケート

3

して政策の中身を見定めていけばいいと思う。もう一つは，政策ではなく法制の問題であるが，飽くまでも研究会あるいは法制審議会に行ってからの資料で出しているところは，戸籍法の本体にどういう方法かということをイメージした議論であり，戸籍法本体に急いでやるぞという感じの条文は書けないので，もし入れるとすると先程指摘のあった職権で何かをすることができるという簡略な規定を置いて，まずはその法律が戸籍法本体の改正ができ上がる段階の関係法律整備，経過措置を定める法律の規定やその一部を法務省令に委任して，処罰のところは割と大車輪でこういうこと特例でやれるみたいなものを根拠に定めることができるようにすればいいと思う。

3　閉会
(1) 今後の予定
　　本日の議論を踏まえた研究会とりまとめ案の修正について座長一任とされ，一般社団法人金融財政事情研究会のウェブサイトに掲載して公表されることとされた。
(2)座長挨拶等
最後に，窪田充見座長から挨拶がされた。

4

氏名の読み仮名の法制化に関する研究会取りまとめ（案　その２）

第1　氏名の読み仮名の法制化が必要な理由

1　氏名の読み仮名やその法制化の必要性についての従来の検討

戸籍に氏名の読み仮名を記載することに関しては，過去３回，当時の法務大臣の諮問機関であった民事行政審議会及び法務省民事局に設置された戸籍制度に関する研究会において検討されたものの，いずれも「今後の検討にまつべき」，「なお検討すべき余地が残されている」，「なお慎重に検討すべき」として，制度化は見送られてきた。

（補足説明）

1　民事行政審議会における検討

「戸籍制度に関し当面改善を要する事項」に関する諮問に対する答申（昭和５０年２月２８日民事行政審議会答申）においては，「子の名に用いる漢字の問題に関連して，出生届等の際に，戸籍上の氏名にすべて「ふりがな」をつけることが望ましいという意見が提出された。しかし，この点について，多数意見は，戸籍上の氏名にふりがなをつければ，各人の氏名の読み方が客観的に明白となり，便利をもたらす面はあるが，漢字それ自体の読み方にそぐわないふりがなを付して届出がされた場合の処理や，後日におけるふりがなの訂正の方法などにつき，多くの実務上の問題が派生するので，この問題は，今後の検討にまつべきである。」とされた。

戸籍法施行規則第６０条の取扱いに関する諮問に対する答申（昭和５６年５月１４日民事行政審議会答申。以下「昭和５６年答申」という。）においては，「出生の届出等に際しては，必ず名の読み方を記載すべきものとし，戸籍上にその読み方を登録記載するという制度を採用すれば，各人の名の読み方が客観的に明白となり，社会生活上便利である。しかし，無原則に読み方が登録されると，かえって混乱の生ずるおそれがあり，かつ，混乱を防ぐためにどの範囲の読み方が認められるかの基準を立てることは必ずしも容易ではなく，戸籍事務の管掌者においてその読み方の当否を適正に判断することには困難を伴うことが予想される。また，振り仮

- 1 -

名の訂正又は変更をどのような手続で認めるかについても，なお検討すべき余地が残されている。これは，氏についても同様である。」とされた。

2　戸籍制度に関する研究会における検討

戸籍制度に関する研究会最終取りまとめ（平成２９年８月１日戸籍制度に関する研究会資料２２）においては，①読み仮名の法的位置付けとして，氏や名の一部となるか，②漢字の音訓や字義に全く関係のない読み仮名の取扱い，③同じ氏の親子や兄弟について異なる氏の読み仮名が届け出られた場合の取扱い，④読み仮名の収集方法が主な問題点として挙げられた上，「これらの問題の解決は困難であり，戸籍実務上及び一般国民の社会生活上混乱を生じさせることになるものと考えられることから，戸籍に振り仮名を記載する取扱いとすることについては，その必要性や国民の意識も踏まえ，なお慎重に検討すべきである。」とされた。

2　本研究会における検討

上記民事行政審議会及び戸籍制度に関する研究会における検討は，戸籍に氏名の読み仮名を記載することについて，いずれも，諮問事項や主たる検討事項には明示されず，審議・検討の過程で検討された。一方，本研究会においては，戸籍における氏名の読み仮名の法制化を前提に具体的な検討事項を明示して，全７回にわたり検討を行った。そして，第１の１の従来の検討並びに第１の３の法制化が必要な理由及び４の登録・公証される意義を踏まえて，第２のとおり，氏名の読み仮名の法制化事項を取りまとめた。

3　氏名の読み仮名の法制化が必要な理由

氏名の読み仮名を法制化し，氏名が記載事項となっている戸籍などの公簿に氏名の読み仮名を一意のものとして登録・公証することが必要な実務上の理由は，以下のとおりと考えられる。

(1) 氏名の読み仮名を一意のものとして，これを官民の手続において利用可能とすることにより，氏名の読み仮名が個人を特定する情報の一部であるということを明確にし，情報システムにおける検索及び管理等の能率，更には各種サービスの質を向上させ，社会生活における国民の利便性を向上させるため。

- 2 -

(2) 氏名の読み仮名をマイナンバーカードなどの公的な身分証に記載し，本人確認資料として広く利用させ，これを客観的に明白にすることにより，正確に氏名を呼称することが可能となる場面が多くなり，国民の利便に資する上，氏名の読み仮名を本人確認事項の一つとすることを可能とすることによって，各種手続における不正防止を補完することが可能となるため。

(注1) 氏名を平仮名又は片仮名をもって表記したものには，読み仮名，よみかた，ふりがななど様々な名称が付されているが，本研究会取りまとめにおいては，「氏名の読み仮名」という。

(注2) ここでの「一意」とは，一個人について，特定の時点における氏名の読み仮名を一つに特定することを意味する。

(注3) 本文3(2)については，各種手続において，氏名の読み仮名を本人確認事項の一つとすることを義務付けるものではなく，そのような選択肢を設けるものである。

(補足説明)

1　登録・公証する公簿

氏名の読み仮名の法制化をするに当たっては，氏名の読み仮名を登録し，公証する公簿として，戸籍ではなく，住民基本台帳も考えられるのではないかとの意見もあった。この点，氏名の読み仮名は氏名と密接な関係を有するものであり，氏名を初めて公簿に登録する場面である出生の届出等の際に，戸籍の届書の記載事項として収集することが最も適当と考えられる（第2の2(1)参照）。なお，現在も運用上，出生の届出の場面で，出生子の名の「よみかた」を収集し，住民基本台帳に登録しているところであるが，戸籍の届出の際に収集しつつ，あえて戸籍の記載事項としない理由はないものと考えられる。

2　諸外国の状況及び我が国における固有の事情

他の漢字圏の国においては，一字一音の原則が採られているところ，我が国においては，一つの漢字に音読み及び訓読み等の複数の読み方があるものが多いという特徴がある。また，我が国においては，漢字のほか，平仮名，片仮名といった複数の文字種が併用されている。

- 3 -

　韓国においては，漢字及びハングルが併用されているところ，家族関係登録簿の特定登録事項のうち，姓名欄には，漢字で表記することができない場合を除き，ハングルと漢字を併記するとされている（大韓民国家族関係の登録等に関する規則第63条第2項第1号。柳淵馨「大韓民国における新しい家族関係登録制度の概要」（戸籍時報特別増刊号640号86頁））。

　なお，家族関係登録制度実施前の戸籍の取扱いについて，姓名欄は漢字で表記することができない場合を除き，漢字で記載するとされていたが（大韓民国戸籍法施行規則第70条第2項。柳光熙「韓国の戸籍実務」384頁），国語基本法の公文書ハングル化原則によって，姓名については，ハングルと漢字の両方を記載するようになったとのことである。

4　氏名の読み仮名が登録・公証される意義

　氏名の読み仮名の法制化が必要な実務上の理由は，第1の3本文のとおりであるが，これに加え，以下のとおり，より広範な意義も認められる。

　氏名の読み仮名が一意的に決まり，それを登録・公証すること自体に意義があると考えられる上，多くの日本人にとっては，氏名と同様その読み仮名にも強い愛着があるため，これが戸籍などの公簿に登録・公証されることにも意義があるものと考えられる。実際，社会生活において，氏名の読み仮名（音）のみにより相手を特定・認識する場面も多いと考えられる。こうした点に照らせば，我々が社会生活において「なまえ」として認識するものの中には，氏名の読み仮名（音）も含まれていると考えられるのであり，それを登録・公証することは，まさしく「なまえ」の登録・公証という点からも意義が認められるものと考えられる。

　さらに，幼少期など，漢字で表記された氏名を記載することはできないものの，その読み仮名を記載することはできる場面が想定されるため，戸籍などの公簿に登録・公証されたものを記載することができることにも意義があるものと考えられる。なお，我が国の国際化の進展に伴い，例えば，まず，外来語又は外国の人名を子の名の読み仮名として定め，次に，その意味又は類似する音に相当する漢字を漢字で表記された名とする場合など，漢字で表記された名よりもその読み仮名により強い愛着がある者も少なくないものと考えられる。

－ 4 －

　なお，上記のとおり，「なまえ」には，文字により認識される側面のほか，音により認識される側面もあるものと考えられる。後者を前提とする場合には，音に基づいて表記される氏名（なまえ）という位置付けになるものと考えられる。

（補足説明）

　社会保障・税・災害の分野に関し，個人を特定して正確かつ迅速に事務が処理されるようにするためには，個人番号を利用することが考えられるものの，個人番号は，半面において秘匿性の高い情報であり，官庁公署やその事務を委託される諸機関が広く取得することにはおのずと限界がある。他方，氏名の読み仮名は一般的にも広く利用されているものであり，官民の手続において，氏名そのもののほか，氏名の読み仮名を登録し，公証することには意義が認められると考えられる。

　例えば，情報処理技術を用いて五十音順で配列する名簿を作成するに当たり，漢字を含む氏名のみだとすれば，それを実現することができないのに対して，氏名の読み仮名を利用することでそれが可能となる。

　なお，これまで，大きな災害など社会的に異常な事態に際し，広く被災した国民に定額給付金ないしこれに類するものを迅速に支給するなどの機会において，氏名の読み仮名が登録・公証されていないことが支給の遅れの一因となったとの声があったところ，第２０４回通常国会に提出された公的給付の支給等の迅速かつ確実な実施のための預貯金口座の登録等に関する法律案が令和３年５月１２日成立し，同月１９日公布されたことにより，特定公的給付の支給に係る情報について，個人番号を利用し管理することができることとなった。

5　そのほかの氏名の読み仮名を取り巻く状況

　令和２年１２月１１日に開催されたマイナンバー制度及び国と地方のデジタル基盤抜本改善ワーキンググループ（第６回）において，マイナンバー制度及び国と地方のデジタル基盤抜本改善ワーキンググループ報告「マイナンバー制度及び国と地方のデジタル基盤の抜本的な改善に向けて」が取りまとめられた。

　デジタル・ガバメント実行計画（令和２年１２月２５日改定。同日閣議決定。）において，「マイナンバー制度及び国と地方のデジタル基盤抜本改善ワーキンググルー

プ報告」のとおり，「２０２４年からのマイナンバーカードの海外利用開始に合わせ，公証された氏名の読み仮名（カナ氏名）に基づき，マイナンバーカードに氏名をローマ字表記できるよう，迅速に戸籍における読み仮名（カナ氏名）の法制化を図る。これにより，官民ともに，氏名について，読み仮名（カナ氏名）を活用することで，システム処理の正確性・迅速性・効率性を向上させることができる。」とされた。

　また，令和３年２月９日，第２０４回通常国会に提出されたデジタル社会の形成を図るための関係法律の整備に関する法律案は，同年５月１２日成立し，同月１９日公布されたところ，同法附則第７３条において，「政府は，行政機関等に係る申請，届出，処分の通知その他の手続において，個人の氏名を平仮名又は片仮名で表記したものを利用して当該個人を識別できるようにするため，個人の氏名を平仮名又は片仮名で表記したものを戸籍の記載事項とすることを含め，この法律の公布後一年以内を目途としてその具体的な方策について検討を加え，その結果に基づいて必要な措置を講ずるものとする。」と規定されている。

（補足説明）
1　本文のほか，氏名の読み仮名やその法制化の必要性に関しては，これまで，主に以下のとおり説明されている。
　　(1)　平成３１年３月２８日に漢字，代替文字，読み仮名，ローマ字等の文字情報の現状や導入方法に関するガイドとして策定された「文字環境導入実践ガイドブック」（内閣官房情報通信技術（ＩＴ）総合戦略室）において，次のように記載されている。
　　　　「行政機関では，行政運営上，本人確認等を厳格に行う場合や個人のアイデンティティに配慮する場合に，この膨大な文字を用いようとする傾向があります。その結果，外字をそれぞれのコンピュータに導入する方法や，当該文字のヨミガナを別途データとして管理する方法が採られてきました。」，「標準的な文字の取扱いにしても，約１万文字もあり，文字自体の読み方が分かりにくく，複数の文字の組み合わせによって読み方が特殊，難読又は複数になる場合があります。また，例えば氏名の並べ替え（ソート）をする場合，システムでは文字コードでソートされるため，表２－１のように，漢字によりソートした場合には人間が認

識しにくい順番で並びますが，ヨミガナによりソートした場合には五十音順に並びますので，人間が認識しやすくなります。したがって，サービス・業務及び情報システムを設計していく上では，漢字と併せてヨミガナを取り扱うことができるようにすることを強く推奨します。」，「日本人にあっても外国人にあっても，同じ氏名であれば，複数のヨミガナを持つ可能性があり，近年は氏名からでは容易にわからないヨミガナも存在します。しかしながら，我が国の現行制度においては，氏名のヨミガナを規定する法令は明確でなく，ヨミガナは氏名の一部とされていないという課題があります。一方，氏名のヨミガナは，氏名と同様に，本人の人格を形成する要素の一部であって，他者と区別し本人を特定するものの一つとなっている実態があります。さらに，情報システムの構築及び管理においては，氏名のヨミガナがデータの検索キーや外部キーの重要な要素の一つとなっています。情報システムにおいては，清音と濁音のような小さな違いであっても，同一人物が異なる人物と特定されてしまう場合があり（「山崎」のヨミガナを「ヤマサキ」とデータベースに登録していた場合，「ヤマザキ」で検索しても特定できない等），デジタル技術を活用して適切に行政サービスを提供する上で問題が発生するおそれがあります。」

(2) 第２０４回国会　衆議院予算委員会（令和３年１月２５日）において，「私の名前をどのように読むのかというのが，どこにも法的な位置づけがされていない。私の名前の片仮名表記あるいは平仮名表記というものを一つに整えていただき，曖昧性がなくなるようにしていただきたい。」という質問に対し，平井大臣（デジタル改革担当）から，「戸籍において個人の氏名を平仮名又は片仮名で表記したものを公証するということこそ，まさにデジタル社会の一つのインフラ，我々が整備しなきゃいけないベースレジストリの典型的なものだと思います。」と発言されている。

2　令和元年改正戸籍法

令和５年度における改正戸籍法（令和元年法律第１７号による改正後の戸籍法をいう。）の完全施行により，戸籍事務を扱う各市区町村と他の行政機関との連携及び各市区町村間の連携がより円滑に進み，行政サービスの質の向上が期待されるとともに，各種行政手続及び戸籍の届出における戸籍証明書等の添付省略等が可能と

なることから，国民の利便性が大幅に向上する。そして，氏名の読み仮名が戸籍の記載事項となることにより，将来的には，氏名の読み仮名を上記情報連携の対象として，各種行政手続において，公証された読み仮名の情報を利用し，手続をより円滑に進めることが可能となることが想定されるのであって，更なる国民の利便性の向上に資するものと考えられる。

3　ローマ字による表記等

　第1回本研究会における議論を踏まえ，本研究会においては，まずは戸籍における氏名の読み仮名，具体的には片仮名による読み仮名の法制化について検討の対象とするが，マイナンバーカードや旅券その他ローマ字により氏名が表記され，又はされる予定の公的資料があり，戸籍の記載事項はこれらローマ字により氏名が表記される公的資料に一定の影響を及ぼすこととなるため，最終取りまとめまでのスケジュールも勘案の上，片仮名による読み仮名の法制化についての方針が固まり次第，これを踏まえたローマ字による氏名の表記についての考え方についても付言することを目指すこととされた。

第2 氏名の読み仮名の法制化事項

1 氏名の読み仮名の戸籍の記載事項化

(1) 氏名の読み仮名の名称

　　氏名の読み仮名を戸籍の記載事項として法令に規定するに当たっての名称については，「氏名を平仮名で表記したもの」又は「氏名を片仮名で表記したもの」とすることが考えられる。

（補足説明）

1　本文の用例

　　第1の5のとおり，デジタル社会の形成を図るための関係法律の整備に関する法律附則第73条においては，「個人の氏名を平仮名又は片仮名で表記したもの」と規定されており，本文の用例の参考としている。

2　表記する仮名

　　本文のとおり，氏名の読み仮名を表記する仮名には，平仮名又は片仮名があるところ，市区町村等行政機関や金融機関等民間において利用している仮名は異なっており，平仮名と片仮名とでは，例えば長音の表記等，表記の方法が異なる場合があることから，表記する仮名を定めるに当たっては，これらの点を考慮する必要がある。

(2) 氏名の読み仮名の位置付け

　　以下の案のとおり，氏名の読み仮名を位置付け，法令に規定することが考えられる。

【甲案】氏名の読み仮名を戸籍の記載事項として戸籍法第13条第1号に定める氏名の一部と位置付ける。

【乙案】氏名の読み仮名を戸籍法第13条第1号に定める氏名とは別個のものと位置付ける。

（補足説明）

1　【甲案】の問題

　本文【甲案】を採用した場合には，戸籍法第２９条第４号の氏名又は同法第
１０７条若しくは第１０７条の２に規定する氏若しくは名の変更の届出に関す
る規定など戸籍法に規定されている氏名に関する他の規定においても，同法第
１０条の２第３項に定める事件又は事務の依頼者や同法第４９条第２項第３号
などに定める父母の氏名，同法第５０条に定める子の名に用いることのできる
文字に関する規定など氏名の読み仮名が含まれないと解される規定を除き，氏
名に氏名の読み仮名が含まれることになるものと考えられるが，そのことを明
記する必要があるか否か，検討する必要がある。

　さらに，戸籍法第１０７条又は第１０７条の２に規定する氏又は名の変更の
申立ては，氏又は名とこれらの読み仮名とのセットでなければすることができ
ないのか，また，第２の１(3)により氏又は名の読み仮名の変更が許容されない
ものとなれば，氏又は名の変更も許容されないものとなるのかといった点も検
討する必要がある。

　なお，他の法令に規定されている氏名に関する規定において，氏名に氏名の
読み仮名が含まれるのか否か疑義が生じるおそれもある。この点，他の法令を
所管する各府省部局において，そこで規定された「氏名」に氏名の読み仮名が
含まれないと整理することができるかを検討する必要があり，含まれないと整
理することができれば，例えば，①登記法令において，氏名が登記事項とされ
ているところ，その読み仮名が登記されていないこと，②会社法令において，
取締役の選任に関する議案を提出する場合には，候補者の氏名が株主総会参考
書類の記載事項とされているところ，その読み仮名が記載されていないことは，
いずれも不適法とはならない。他方で，例えば，氏名が法定記載事項である場
合に，氏名に氏名の読み仮名が含まれると整理したとき，当然に氏名のみ又は
氏名の読み仮名のみの記載は不適法となるのかについては，別途検討すべき問
題となると考えられる。

2　【乙案】の問題

　本文【乙案】を採用した場合には，戸籍法に規定されている氏名に関する他の
規定においても，氏名の読み仮名を氏名と同様の取扱いとするときは，当該他の

規定にその旨を規定する必要があると考えられる。

3　傍訓の扱い

　　平成6年12月1日まで申出により戸籍に記載することができると実務上扱われていた名の傍訓については，名の一部ではないかとの混乱があったことから，名の一部をなすものとは解されない旨法務省民事局長通達により取扱いが周知されていた（「戸籍上の名の傍訓について」（昭和50年7月17日民二第3742号法務省民事局長通達五））。同通達では，「傍訓が付されている場合には，漢字と傍訓とが一体となつて名を表示し，その名を表示するには常に傍訓を付さなければならないと考える向きがある。しかし，傍訓は単に名の読み方を明らかにするための措置として戸籍に記載するものであつて，名の一部をなすものとは解されない。したがつて，戸籍上名に傍訓が付されている者について，戸籍の届出，登記の申請，公正証書・私署証書の作成など各種の書面において名を表示するに当たり，常に傍訓を付すべき必要はないので，この趣旨を十分理解して事務処理に当たるとともに，戸籍の利用者に対しても必要に応じ適宜説明するものとする。」とされていた。

(3) **氏名の読み仮名と音訓や字義との関連性及び氏名の読み仮名をめぐる許容性**

　　氏名の読み仮名の届出（第2の2(1)本文及び(2)本文【甲案】又は【乙案】参照）の受否又は戸籍法第24条の戸籍訂正（第2の2(2)本文【丙案】参照）に当たっては，以下の案のとおり，判断することが考えられる。なお，本案については，様々な意見があることが予想されるため，国民の意見を十分踏まえて検討する必要があるものと考えられる。

【甲案】私法の一般原則である民法第1条第3項の権利の濫用の法理及び法の適用に関する通則法第3条の公序良俗の法理によるものとする。

【乙案】氏名の読み仮名は国字の音訓及び慣用により表音されるところのほか，字義との関連性が認められるものとする。

（補足説明）

- 11 -

1 【甲案】の参考例

　東京家裁八王子支部平成６年１月３１日審判（判例時報１４８６号５６頁）は，「民法１条３項により，命名権の濫用と見られるようなその行使は許されない。」との判断を示しているところ，当該届出事案に係る先例の解説（戸籍６１０号７５頁）では，「命名権を親権の一作用あるいは子のための代位行為とするとしても，これに行政がどの程度関与することができるか，あるいは根本的に関与することが妥当であるかとする問題が存在する。現行法上，これらに関する明文の規定は存在しないが，私法の一般原則である民法第１条第３項の権利の濫用の法理の一適用場面であると考えられるほか，本件出生届が子の福祉を著しく害するものであると考えられること等を考慮すれば，あえて行政が関与することもやむを得ないものであり，この行政の関与は，社会的にも容認され得るものと思われる。」とされており，また，「民法典に規定されているが，法の一般原理を表現したものと解されるものとして，信義誠実の原則，権利濫用の禁止に関する規定がある」（塩野宏「行政法Ｉ」［第五版補訂版］８３頁）とされており，本文【甲案】の民法第１条第３項の権利の濫用の法理の参考としている。

　法の適用に関する通則法第３条の公序良俗の法理については，「本条の１つの整理としては，①法令においてその効力についての規定が設けられている慣習に関しては，法令の規定により認められたものとして，その法令の規定に従って法律と同一の効力を有するかどうかが判断され，②法令においてそのような規定が設けられていない慣習については，法令に規定のない事項に関する慣習に限り，法律と同一の効力が認められ」る（小出邦夫「逐条解説　法の適用に関する通則法」３０頁）とされ，本条は，成文法に規定の存在しない事項についての補充的法源としての効力（補充的効力）を慣習に認める立場を基本的に採用したものと一般に解される（櫻田嘉章＝道垣内正人「注釈国際私法第１巻」７７頁）ところ，氏名の読み仮名の定め（氏又は名を定める際にその読み仮名を定める慣習。通常，その後，戸籍の届出等において，届書に「よみかた」として記載している。）自体の効力は，法令に規定されていない事項に関するもので，公の秩序又は善良の風俗に反しないもののみ，法律と同一の効力を有するものと考えられるため，本文【甲案】の参考としている。

－ 12 －

　なお，日本国憲法第１２条が国民の権利濫用を禁止しているのは，行政機関に対する場合も念頭に置いており，国民に申請権が認められている場合であっても，申請が権利の濫用である場合には，当該申請は不適法な申請として，拒否処分を受けることになり，このことは，権利濫用が認められない旨の明文の規定の有無にかかわらない（宇賀克也「行政法概説Ⅰ行政法総論」［第６版］５５頁）とされており，本文【甲案】の権利の濫用の法理について，憲法第１２条を根拠とすることも考えられる。

２　【甲案】について法令に規定する場合の参考用例

　本文【甲案】については，権利の濫用又は公の秩序若しくは善良の風俗に反すると認められる場合に該当するときを除くなどとして，法令に規定することも考えられる。

　少額領収書等の写しの開示請求について定める政治資金規正法第１９条の１６第５項において，「開示請求を受けた総務大臣又は都道府県の選挙管理委員会は，当該開示請求が権利の濫用又は公の秩序若しくは善良の風俗に反すると認められる場合に該当するときを除き，当該開示請求があつた日から十日以内に，当該開示請求に係る国会議員関係政治団体の会計責任者に対し，当該開示請求に係る少額領収書等の写しの提出を命じなければならない。」と規定されており，上記の参考用例としている。

　また，商標登録を受けることができない商標を定める商標法第４条第７号において，「公の秩序又は善良の風俗を害するおそれがある商標」と規定されており，上記の参考としている。

　なお，公の秩序又は善良の風俗を害するおそれがある商標の例示として，特許庁ウェブサイトにおいて，「商標の構成自体が非道徳的，卑わい，差別的，きょう激若しくは他人に不快な印象を与えるような文字，図形，記号，立体的形状若しくは色彩又はこれらの結合，音である場合。なお，非道徳的若しくは差別的又は他人に不快な印象を与えるものであるか否かは，特に，構成する文字，図形，記号，立体的形状若しくは色彩又はこれらの結合，音に係る歴史的背景，社会的影響等，多面的な視野から判断する。」と掲載されている。

３　【乙案】について法令に規定する場合の参考例

　本文【乙案】については，国字の音訓及び慣用により表音されるところ並びに字義との関連性が認められるものによるなどとして，法令に規定することも考えられる。

　旅券法施行規則（平成元年外務省令第１１号）第５条第２項においては，旅券に記載するローマ字表記の氏名について，「法第６条第１項第２号の氏名は，戸籍に記載されている氏名（戸籍に記載される前の者にあっては，法律上の氏及び親権者が命名した名）について国字の音訓及び慣用により表音されるところによる。ただし，申請者がその氏名について国字の音訓又は慣用によらない表音を申し出た場合にあっては，公の機関が発行した書類により当該表音が当該申請者により通常使用されているものであることが確認され，かつ，外務大臣又は領事官が特に必要であると認めるときはこの限りではない。」と規定されており，上記の参考としている。

４　【乙案】の問題

　氏名の読み仮名については，慣用とされる範囲や判断基準を明確に決めることは困難であり，慣用によることを基準とすることについては消極的な意見があった。

　また，命名文化として，最初に誰かが名の読み仮名として考えた漢字の読みが広まって一般化することにより名乗り訓となるところ，本文【乙案】における「慣用」が既にあるものを意味するのであれば，新たな名乗り訓を認めないこととなり，これまでの命名文化・習慣が継承されないことになるので，反対である旨の意見があった。

５　氏の読み仮名と名の読み仮名の取扱い

　氏の読み仮名と名の読み仮名については，異なる基準により許容される範囲を画することとすることも考えられ，特に，氏の読み仮名が許容される範囲について検討するに当たっては，慣用にない氏の読み仮名も存在することを考慮すべきであるとの意見があった。

　なお，本文【乙案】を採用する場合，氏の読み仮名については，原則として慣用（通用）によりのみ認めることとする運用も考えられるとの意見があった。

６　現行の読み仮名の審査

－ 14 －

　　法務省民事局長通達に定める出生届等の標準様式には氏名の「よみかた」欄が付されているが，住民基本台帳事務処理上の利便のために設けられているもので，戸籍事務では使用しておらず，市区町村において，氏名の音訓や字義との関連性は審査されていない。

7　傍訓の例

　　かつて申出により名に付することができた傍訓について，届出が認められたものとして，「刀（フネ）」，「登（ミノル）」，「秀和（ヒデマサ）」，「海（ヒロシ）」などがあり，届出が認められなかったものとして，「高（ヒクシ）」，「修（ナカ）」，「嗣（アキ）」，「十八公（マツオ）」がある（大森政輔「民事行政審議会答申及びその実施について（戸籍４４１号４４頁）。

8　審判・民事行政審議会答申における名についての判断

　　東京家裁八王子支部平成６年１月３１日審判（判例時報１４８６号５６頁）は，「名は，氏と一体となって，個人を表象，特定し，他人と区別ないし識別する機能を有し，本人又は命名権者個人の利益のために存することは勿論であるが，そのためだけに存在するものではない。即ち，名は極めて社会的な働きをしており，公共の福祉にも係わるものである。従って，社会通念に照らして明白に不適当な名や一般の常識から著しく逸脱したと思われる名は，戸籍法上使用を許されない場合があるというべきである。このことは，例えば，極めて珍奇な名や卑猥な名等を想起すれば容易に理解できるところである。」，「明文上，命名にあっては，「常用平易な文字の使用」との制限しかないが，改名，改氏については，家庭裁判所の許可が必要であり，許可の要件として，「正当な事由」（改名）「やむを得ない事由」（改氏）が求められている（戸籍法１０７条の２，１０７条）。そして，一般に，奇異な名や氏等一定の場合には改名，改氏が許可されるのが例であり，逆に，現在の常識的な名から珍奇ないしは奇異な名への変更は許されないのが実務の取扱である。即ち，戸籍法自体が，命名（改名も命名を含んでいる）において，使用文字だけでなく，名の意味，内容を吟味する場合のあることを予想し，明定している。」との判断を示している。

　　また，昭和５６年答申においては，「子の名は，出生に際し，通常親によって命名されるのであるが，ひとたび命名されると，子自身終生その名を用いなけれ

ばならないのみならず，これと交渉を持つ他人もまた，日常の社会生活において
その名を読み書きしなければならない機会が多い。そこで，子の利益のために，
子を悩ませるような書き難い漢字による命名を避けることが望ましいのみなら
ず，日常の社会生活上の支障を生じさせないために，他人に誤りなく容易に読み
書きでき，広く社会に通用する名の用いられることが必要である。」としている。

　これらは，本文各案のいずれを採用する場合にも参考となり得るものと考えら
れる。

9　周知すべき事項

　本文各案を採用した場合には当該基準に該当するものをできるだけ分かりや
すく周知する必要があるものと考えられる。このうち，権利の濫用及び公序良俗
の法理により認められないものは，特許庁ウェブサイトに掲載されている登録商
標を受けることができない商標の例示（第2の1(3)（補足説明）2参照）が参
考となり，この他氏名の読み仮名独自のものとして，例えば，氏が「鈴木」であ
るその読み仮名を「サトウ」として届け出るものについて許容すべきか否か，検
討する必要がある。

　あわせて，届け出られた氏名の読み仮名の変更は，戸籍法第107条若しくは
第107条の2又は第2の1(5)本文の手続による必要があり，必ずしも認めら
れるわけではないこと及び本文【甲案】を採用した場合には，氏名の読み仮名が
戸籍に記載されたことをもって，氏名の漢字部分の読み仮名が公認されたわけで
はないことも，十分周知する必要があるものと考えられる。

10　平仮名・片仮名部分の氏名の読み仮名

　本文【甲案】を採用した場合には，氏又は名の全部又は一部が平仮名又は片仮
名で表記されているときも，漢字部分と同様に本文【甲案】によることが適当と
考えられる。

11　不服申立て

　新たに法令に規定される氏名の読み仮名の届出（第2の2(1)本文及び(2)本文
【甲案】又は【乙案】参照）を市区町村長が受理しない処分を不当とする者は，
家庭裁判所に不服の申立てをすることができる（戸籍法第122条）。

　なお，第2の2(2)本文【甲案】又は【乙案】を採用した場合には，短期間に

市区町村に大量の届出がされ，これに比例して多数の受理しない処分及び不服申立てがなされることが想定される。戸籍事務の取扱いに関して疑義がある場合には，市区町村長は管轄法務局等に照会することができるところ（戸籍法第３条第３項），氏名の読み仮名の戸籍への記載を円滑に実施するため，例えば，市区町村長が本文各案を理由として受理しない処分をする場合には，当分の間，管轄法務局等に全て照会する運用をすることも考えられる。

(4) 戸籍に記載することができる平仮名又は片仮名の範囲

氏名の読み仮名として戸籍に記載することができる平仮名の範囲については，現代仮名遣い（昭和６１年内閣告示第１号）及び「現代仮名遣い」の実施について（昭和６１年内閣訓令第１号）によることとし，氏名の読み仮名として戸籍に記載することができる片仮名の範囲については，これらに基づき，現代仮名遣い本文第１の直音（「あ」など），拗音（「きゃ」など），撥音（「ん」）及び促音（「っ」）を片仮名に変換したものとすることが考えられる。

また，現代仮名遣いに含まれていないが，先例上，子の名として戸籍に記載することができるとされている「ゐ」・「ヰ」，「ゑ」・「ヱ」，「を」・「ヲ」，小書き（「ぁ」・「ァ」など）及び片仮名については，「ヴ」及び長音（ー）についても，範囲に含めることが考えられる（平成１６年９月２７日付け法務省民二第２６６４号法務省民事局長通達，昭和４０年７月２３日付け法務省民事局変更指示，外来語の表記（平成３年内閣告示第２号），「外来語の表記」の実施について（平成３年内閣訓令第１号））。

以上については，法令に規定することも考えられる。

(5) 氏名の読み仮名の変更

氏名の読み仮名を氏名とは別個の新たな戸籍の記載事項と位置付けた上，氏又は名の変更を伴わない氏名の読み仮名の変更を認める規律としては，以下の案のとおり，法令に規定することが考えられる。

【甲案】氏又は名の読み仮名の変更については，氏又は名の変更（戸籍法第１０７条又は第１０７条の２）と同様に「やむを得ない事由」，「正当な事由」を要件

- 17 -

とする。

【乙案】相当の事由により氏又は名の読み仮名を変更しようとするときは，家庭裁判所の許可を得て，届け出ることができるものとする。

【丙案】氏又は名の読み仮名の変更について，家庭裁判所の許可を不要とし，届け出ることのみでできるものとする。

（注１）氏又は名の読み仮名は，氏又は名を変更（婚姻，縁組によって氏を改めた場合，離婚，離縁等によって復氏した場合，氏の変更による入籍届，又は戸籍法第１０７条若しくは第１０７条の２の変更の届をした場合を含む。）すると，これに伴って変更すると考えられるため，この場合には，読み仮名の変更に関する特別な手続は必要ないと考えられる。

（注２）第２の１(2)本文【甲案】を採用した場合には，氏名の変更（戸籍法第１０７条，第１０７条の２）の規律に服することとなる（第２の１(2)（補足説明）１参照）。

（注３）第２の１(2)本文【乙案】を採用した場合であっても，氏名の変更（戸籍法第１０７条，第１０７条の２）の規律に服するとすることは可能である（第２の１(2)（補足説明）２参照）。

（補足説明）

1　固定化の必要性とその程度

　　氏名の読み仮名については，第１の３本文(1)及び第１の４のとおり，情報システムにおける検索及び管理等の能率を向上させることが法制化が必要な理由の一つであるとともに，他者からは「なまえ」として個人を特定する情報の一部として認識されるものであるところ，以下の理由から，その変更を安易に認めることにより上記意義が損なわれるおそれがあるとの意見がある。

　　①氏名の読み仮名が変更されると，氏名の読み仮名を利用して検索等を行っている個人のデータベースとの照合等において情報の不一致を招き，円滑な本人特定を阻害するおそれがあること。

　　②氏の読み仮名は，配偶者の氏を称する婚姻などの身分変動や戸籍法第１０７条の氏の変更など氏の変動により従前のものと異なるものとなる可能性がある

－ 18 －

が，いずれも身分行為や家庭裁判所の許可などを要し，無制限に行われるものではなく，また，名の読み仮名は，戸籍法第１０７条の２の名の変更以外により従前のものと異なるものとなることはないところ，氏又は名の読み仮名のみの変更を特段の事由なく認めるとすると，円滑な本人特定を阻害するおそれがあること。

　他方で，上記各理由については，上記①につき，個人を特定するための他の情報（生年月日など）により照合することが可能であり，また，上記②につき，例えば，名簿の並べ替えなどは氏をキーとして行うのが通常であるところ，氏が従前のものと異なるものとなる可能性は決して少なくないとも考えられる。そして，氏名の読み仮名の変更の履歴は戸籍に記載されることから，氏名の読み仮名の法制化が必要な理由の中核をなす一意性（第１の３本文(1)参照）は確保されるため，氏又は名の読み仮名の変更については，氏又は名の変更よりも柔軟に認めること（本文【乙案】又は【丙案】）も考えられる。

　なお，仮に，氏名の読み仮名の変更を特段の事由なく認めるとするとしても（本文【丙案】），第２の１(6)の同一戸籍内の規律は適用され，何度も変更を繰り返す場合には，権利の濫用の法理によりその届出を不受理とすることも考えられる。

2　【甲案】を採用した場合に届出が想定される場面

　本文【甲案】を採用した場合において変更の届出が想定される場面については，現在の氏又は名の変更の取扱いが参考となる。

　氏については，一定の事由によって氏を変更しようとするときは，家庭裁判所の許可を得て（ただし，一定の場合には，家庭裁判所の許可を得ないで），名については，正当な事由によって名を変更しようとするときは，家庭裁判所の許可を得て，届け出ることができるとされている。

　このうち，戸籍法第１０７条第１項及び第４項（外国人である父又は母の称している氏に変更しようとするものなどの要件あり）に規定する氏の変更については，やむを得ない事由がある場合に家庭裁判所の許可を得て，届け出ることができるとされている。

　このやむを得ない事由に該当する事例としては，著しく珍奇なもの，甚だしく

難解難読のものなど，本人や社会一般に著しい不利不便を生じている場合はこれ
に当たるであろうし，その他その氏の継続を強制することが，社会観念上甚だし
く不当と認めるものなども，これを認めてよいと考えられている（青木義人＝大
森政輔全訂戸籍法４３９頁）。

　婚姻により夫の氏になったものの，その後離婚し，婚氏続称の届出をして，離
婚後１５年以上婚氏を称してきた女性が，婚姻前の氏に変更することの許可を申
し立てた事案において，やむを得ない事由があると認められると判断し，申立て
を却下した原審判を変更して，氏の変更を許可した事例（東京高裁平成２６年１
０月２日決定（判例時報２２７８号６６頁））もある。

　また，同法第１０７条の２に規定する名の変更については，正当な事由がある
場合に家庭裁判所の許可を得て，届け出ることができるとされている。

　この正当な事由の有無は一概に言い得ないが，営業上の目的から襲名の必要が
あること，同姓同名の者があって社会生活上支障があること，神官僧侶となり，
又はこれをやめるため改名の必要があること，珍奇な名，異性と紛らわしい名，
外国人に紛らわしい名又は難解難読の名で社会生活上の支障があること，帰化し
た者で日本風の名に改める必要があること等はこれに該当するであろうが，もと
よりこれのみに限定するものではないと考えられており，また，戸籍上の名でな
いものを永年通名として使用していた場合に，その通名に改めることについて
は，個々の事案ごとに事情が異なるので，必ずしも取扱いは一定していないが，
相当な事由があるものとして許可される場合が少なくないとされている（前掲全
訂戸籍法４４２頁）。

　また，性同一性障害と診断された戸籍上の性別が男性である申立人が，男性名
から女性名への名の変更許可を申し立てた事案において，正当な事由があると認
められると判断し，原審を取り消して名の変更を許可した事例（大阪高裁令和元
年９月１８日決定（判例時報２４４８号３頁））もある。

　さらに，名の変更については，出生届出の際の錯誤あるいは命名が無効である
ことを理由として認められる場合がある（戸籍６１０号７５頁）。

　以上の例と読み仮名の特性に鑑みれば，氏の読み仮名にあっては，著しく珍奇
なもの，永年使用しているもの，錯誤による届出によるものなどを理由とした届

出が，名の読み仮名にあっては，珍奇なもの，永年使用しているもの，性自認（性同一性）と一致しないもの，錯誤による又は無効な届出によるものなどを理由とした届出などが考えられる。さらに，これらの届出のうち，実際に氏名の読み仮名のみの変更の届出が想定される場面は，極めて限定されるが，例えば，氏名の読み仮名の永年使用については，濁点の有無や音訓の読みの変化などが，氏の読み仮名のうち著しく珍奇なもの及び名の読み仮名のうち珍奇なものについては，①第2の1(3)によれば不受理とすべきものが誤って受理されたもの，又は②本人以外が届け出た氏名の読み仮名について，不受理事由はないが本人にとってなお著しく珍奇なもの若しくは珍奇なものの届出が考えられる。

　また，氏名の読み仮名の変更の履歴は戸籍に記載されることから，氏名の読み仮名の法制化が必要な理由の中核をなす一意性（第1の3本文(1)参照）は確保される。

3　新戸籍編製時の扱い

　新たに戸籍を編製する場合において，戸籍の筆頭に記載することとなる者の氏の読み仮名が戸籍に既に記載されているときは，新たな戸籍における氏の読み仮名は，原則として，従前の戸籍におけるものと同一のものとなる。

　他方で，新戸籍が編製されると，当該者が除籍された戸籍での同一氏の制約はなくなるところ，新戸籍が編製された場合であっても，氏の読み仮名の変更については，原則どおり家庭裁判所の許可を得て届け出る必要があるとする考え方のほか，新戸籍の編製を契機に氏の読み仮名の変更を届出のみで可能とする考え方がある。

　この点，①氏の読み仮名の変更の履歴は戸籍に記載されることから，氏名の読み仮名の法制化が必要な理由の中核をなす一意性（第1の3本文(1)参照）は確保されること，②新たな読み仮名についても第2の1(3)本文のとおり適切に判断されること，③氏の読み仮名は既成の事実と位置付けているものの，同籍者がいる場合には，当該者と他の同籍者が使用しているものが異なる場合も想定されるところ，新戸籍の編製により，氏の読み仮名を実際に使用しているものに整合させることが戸籍法第6条の規律との関係でも可能となることを考慮した上で，新戸籍編製の機会における変更に際し，濫用防止の観点から，家庭裁判所の許可

を必要とするか否かが問題となる。

　なお，転籍については，上記③の必要性もないことから，その濫用を防止するため，家庭裁判所の許可を必要とすべきと考えられる。

(6) 同一戸籍内の規律

　同一戸籍内においては，氏の読み仮名を異なるものとすることはできないとすることが考えられる。

　当該規律については，法令に規定することも考えられる。

（補足説明）

1　戸籍編製の規律

　　戸籍は，一の夫婦及びその双方又は一方と氏を同じくする子ごとに編製するとされており（戸籍法第６条），同一戸籍内の同籍者の氏は異ならないこととなっている。氏の読み仮名についても，氏と異なる取扱いをすべき特段の理由はないものと考えられる。また，現在，戸籍における氏については，戸籍法施行規則附録第６号のいわゆる紙戸籍の記載ひな形及び付録第２４号様式のいわゆるコンピュータ戸籍の全部事項証明書のひな形等において，氏は戸籍の筆頭者の氏名欄にのみ記載することとされているが，氏の読み仮名は，氏と同様に戸籍の筆頭者の氏名欄にのみ記載する方法又は名の読み仮名とともに戸籍に記載されている者欄に記載する方法が考えられる。

　　なお，第２の１(2)【乙案】を採用した場合にも，本文の考えによると，戸籍法第６条の規定は氏の読み仮名にも適用（又は準用）されるとすることになる。

　　また，戸籍を異にする同氏の子は，家庭裁判所の許可を要することなく，届出のみによって，父又は母と同籍する入籍が先例上認められているところ（昭和２３年２月２０日民事甲第８７号法務庁民事局長回答，昭和３３年１２月２７日民事甲第２６７３号法務省民事局長通達，昭和３４年１月２０日民事甲第８２号法務省民事局長回答），本文の考えによると，この場合に，父又は母と子との間で氏の読み仮名が異なるときは，子の読み仮名の変更を要することとなるが，上記先例と同様に家庭裁判所の許可を要することなく，届出のみによる入籍が許容さ

れるのか否かが問題となりうる。

2　同一戸籍内にない親族間の扱い

　戸籍を異にする親族間で氏の読み仮名が異なることは，氏が異なることがある
のと同様に，許容されるものと考えられる。なお，氏の異同は，夫婦，親子の関
係を有する当事者間においてのみ生ずる問題であると考えられている（昭和３１
年１２月２８日付け民事甲第２９３０号法務省民事局長回答）。

2　氏名の読み仮名の収集方法

(1)　氏名の読み仮名の届出

　第２の１(2)【乙案】を採用した場合においては，戸籍法第１３条第１号に定め
る氏又は名を初めて戸籍に記載することとなる以下の戸籍の届書（イにあっては調
書）の記載事項として，法令に規定することが考えられる（以下の届書に併せて記
載した出生子等以外の氏名の読み仮名の取扱いについては第２の２(2)（補足説明）
４参照）。

ア　出生の届書（戸籍法第４９条，５５条，５６条）（名（新戸籍が編製されると
　きにあっては，氏名）の読み仮名）

イ　棄児発見調書（戸籍法第５７条）（氏名の読み仮名）

ウ　国籍取得の届書（戸籍法第１０２条）（名（新戸籍が編製されるときにあって
　は，氏名）の読み仮名）

エ　帰化の届書（戸籍法第１０２条の２）（名（新戸籍が編製されるときにあって
　は，氏名）の読み仮名）

オ　氏の変更の届書（戸籍法第１０７条）（氏の読み仮名）

カ　名の変更の届書（戸籍法第１０７条の２）（名の読み仮名）

キ　就籍の届書（戸籍法第１１０条，１１１条）（名（新戸籍が編製されるときに
　あっては，氏名）の読み仮名）

（補足説明）

1　届出の原則

　戸籍制度においては，戸口調査により戸籍を編製した明治初期を除き，原則と

して届出によって戸籍に記載し，公証してきた。

したがって，氏名の読み仮名を戸籍に記載するに当たっても，戸籍の届出によって記載するとすることが原則となる。

2　氏名の読み仮名の性質

戸籍の届出は，報告的届出と創設的届出とに分類される。報告的届出は，既成の事実又は法律関係についての届出であり，原則として，届出義務者，届出期間についての定めがある。一方，創設的届出は，届出が受理されることによって身分関係の発生，変更，消滅の効果を生ずる届出である。

なお，報告的届出と創設的届出の性質を併有するものとして，認知の効力を有する出生の届出，国籍留保の意思表示を伴う出生の届出，就籍の届出（本籍を定める届出の部分が創設的届出の性質を有する。），帰化の届出（新戸籍が編製される場合にあっては，本籍及び氏名を定める届出の部分が創設的届出の性質を有する。）等がある。

氏名についてみると，例えば，出生の届出は，創設的届出の性質を併有するものがあるものの，民法第７９０条の規定により称するとされている氏及び命名された名という既成の事実を届け出るものであって，そのほとんどは報告的届出である。そして，氏名の読み仮名についても，同様に，氏にあっては現に使用されている読み仮名，名にあっては命名された時に定められた読み仮名という既成の事実を届け出るものと整理するのが相当と考えられる。

3　その他新たな氏を定めることができる場合の取扱い

外国人が，日本人と婚姻後，日本人の氏を称して帰化し，その後離婚した場合には，復すべき氏はないが，その者の意思によって新たな氏を定めることができると扱われている（昭和２３年１０月１６日付け民事甲第２６４８号法務庁民事局長回答）。この場合には，離婚届書に新たな氏の読み仮名を記載することができるとするのが相当と考えられる。

4　第2の1(2)【甲案】を採用した場合の取扱い

第2の1(2)【甲案】を採用した場合には，本文アからキまでの届書等の記載事項として，氏名とともに届出がされることとなる。

(2) 既に戸籍に記載されている者の氏名の読み仮名の収集方法

　既に戸籍に戸籍法第13条第1号に定める氏名が記載されている者に係る氏名の読み仮名の収集方法として，以下の案が考えられる。

【甲案】氏名の読み仮名の届を設け，戸籍に記載されている者又はその法定代理人に一定の期間内の届出義務を課す方法

【乙案】氏名の読み仮名の届を設け，戸籍に記載されている者又はその法定代理人に一定の期間内の届出を促す方法

【丙案】戸籍法第24条の戸籍訂正を活用する方法

（補足説明）

1　届出又は職権記載申出の対象となる氏名の読み仮名

　初めて氏又は名を届け出るときのこれらの読み仮名の届出（第2の2(1)本文参照）は，氏又は名の読み仮名という既成の事実を届け出るものであり，その変更は，第2の2(1)本文オ若しくはカ又は第2の1(5)本文【甲案】，【乙案】若しくは【丙案】によって可能となるものと整理している。

　一方，既に氏又は名が戸籍に記載されているときのこれらの読み仮名の届出又は職権記載申出は（本文参照），初めて氏又は名が届け出られたときの読み仮名を既成の事実として届け出る又は職権記載申出をするのが原則とも考えられるが，便宜通用使用などにより既成の事実が変更していれば，変更後のものを既成の事実として届け出る又は職権記載申出をすることも可能と整理することが考えられる。ただし，旅券などの公簿に氏名の読み仮名又はこれらを元にしたローマ字が登録され，公証されている場合には，第2の1(3)本文各案いずれによっても，これに反するものを届け出る又は職権記載申出をすることはできないと整理することも考えられる。

2　届出人

　氏については，同一戸籍内の同籍者の氏は異ならないこととなっており，氏の読み仮名についても同様に考えられるため（第2の1(6)本文参照），本文【甲案】又は【乙案】の氏名の読み仮名の届の届出人は，同籍者全員とする必要があるかが問題となる。特に，ＤＶ（ドメスティック・バイオレンス）などにより離

婚には至っていないが，別居状態にある者については，届出をすることが困難との意見もあった。

　なお，同籍者全員を届出人としない場合には，同籍者の一人が届け出た氏の読み仮名が，他の同籍者が認識しているものと異なることも想定される。この場合には，戸籍法第１１３条の「その記載に錯誤があることを発見した場合」に該当するとして，利害関係人である他の同籍者は，家庭裁判所の許可を得て，戸籍訂正を申請することとなるものと考えられる。

３　届出期間

　本文【甲案】又は【乙案】の氏名の読み仮名の届については，例えば，改正法令の施行日から一定期間内（当該者が届出人等となる戸籍の届出をする場合にあっては，当該届出の時まで）にしなければならない又はするものとする旨法令に規定することが考えられる。

　戸籍の届出については，戸籍法第１３７条において，正当な理由がなくて期間内にすべき届出をしない者は，過料に処するとされているところ，本文【甲案】において，定められた期間を経過した場合には，過料の対象となるため，当該期間が適切なものとなるよう検討するとともに，その効果的な周知方法についても検討する必要がある。

　また，戸籍法第４４条第１項において，市区町村長は，届出を怠った者があることを知ったときは，相当の期間を定めて，届出義務者に対し，その期間内に届出をすべき旨を催告しなければならないとされている。本文【甲案】において，氏名の読み仮名の届が期間内にされなかったときは，同項が適用されるものと考えられる。なお，同条第２項において，当該期間内に届出をしなかったときは，市区町村長は，更に相当の期間を定めて，催告をすることができるとされ，同条第３項において，これらの催告をすることができないとき，又は催告をしても届出がないときは，市区町村長は，管轄法務局長の許可を得て，戸籍の記載をすることができるとされている。もっとも，同項の措置に関しては，（補足説明）４の氏名の読み仮名の届があったものとして取り扱うもの，（補足説明）９の資料又は氏名の読み仮名を職務上知った官庁等からの本籍地市区町村長への通知により市区町村長が届出の内容（当該者の氏名の読み仮名）を職務上知っていると

評価することができなければ，戸籍の記載をすることはできないこととなる。

　なお，上記催告は，届出期間を経過した場合にしか行えないが，本文【甲案】において，届出期間経過前であっても，運用として，市区町村から氏名の読み仮名の届を促す案内を送付することなどは可能であると考えられる。

　他方，本文【乙案】及び【丙案】においては，届出義務が定められていないため，上記催告，職権記載等の対象とはならないが，運用として，市区町村から氏名の読み仮名の届又は職権記載の申出を促す案内を送付することなどは可能であると考えられる。

4　届出方式

　本文【甲案】又は【乙案】の氏名の読み仮名の届については，他の戸籍の届出がされた場合についても，届出人等について記載された氏名の「読み仮名」をもって，氏名の読み仮名の届があったものとして取り扱うことも考えられる。また，この氏名の「読み仮名」は，本文【丙案】の戸籍訂正の資料とすることも考えられる。これらの場合には，その旨周知するとともに，届書の様式に注記することが適当であると考えられる。なお，令和2年3月31日現在の本籍数は，約5千2百万戸籍，令和元年度の戸籍の届出数は，約4百万件であり，仮に，上記のとおり他の戸籍の届出の際に氏名の読み仮名の届（本文【甲案】又は【乙案】）又は職権記載申出（本文【丙案】）があったものとして取り扱う場合には，単独の氏名の読み仮名の届（本文【甲案】又は【乙案】）又は職権記載申出（本文【丙案】）と併せて，年間数百万件以上の氏名の読み仮名の届又は職権記載申出が想定される。

　また，届出の方法としては，この他マイナポータルを活用すべきとの意見があった。

5　届出時に疑義がある場合の疎明

　第2の1(3)本文【乙案】を採用する場合であって，本文【甲案】又は【乙案】を採用する場合においては，原則として，氏名の読み仮名の届出に際し，これを証明する資料の添付を求めないが，氏名の読み仮名の許容性に疑義がある場合には，届出人に対し，氏名の読み仮名が通用して使用されていることを示す疎明資料の提示を求めるとすることも考えられる。

6　届出期間の定めのない報告的届出の例

　　報告的届出については，原則として届出義務が課され，届出期間が定められているが，届出義務が課されておらず，届出期間が定められていない例として，法改正に伴う経過的な取扱いである外国の国籍の喪失の届出（昭和５９年法律第４５号附則第１０条第２項）の例がある。これは，改正法により，重国籍者が併有する外国国籍を喪失したときは，その旨の届出義務が課されることとなったが，施行前にはそのような義務が課されていなかったので，施行前に外国国籍を喪失した場合については改正法を適用しないこととしつつ，戸籍記載上から重国籍が推定される者が法律上又は事実上権利制限や資格制限を受けるおそれもあり，重国籍状態を解消していることを明らかにすることについて本人も利益を有することから，施行前に外国国籍を喪失している旨の届出をする資格を本人に認め，その届出について，戸籍法第１０６条第２項の規定を準用することとされたものである（田中康久「改正戸籍法の概要」民事月報昭和５９年号外８１頁参照）。また，傍訓については，通達によって，記載の申出をすることができるとされていた。

7　承認の擬制

　　本文【甲案】の氏名の読み仮名の届を前提としつつ，届出期間経過後，市区町村が保有する情報を基に，国民に戸籍に記載する氏名の読み仮名の通知を送付し，一定期間内に異議を述べなかったときは，同期間経過後に当該通知に係る氏名の読み仮名を承認したものとみな（擬制）し，市区町村長が職権により戸籍に氏名の読み仮名を記載する制度とすることも考えられる。

　　なお，身分関係に関し，通知後，一定の期間の経過に一定の効力を持たせる制度として，昭和５９年法律第４５号により創設された国籍選択催告制度（国籍法第１５条，戸籍法第１０５条）がある。これは，重国籍の日本国民が法定の期限までに日本国籍の選択をしない場合，法務大臣が書面により国籍の選択をすべきことを催告し，催告を受けた者が催告を受けた日から１月以内に日本国籍の選択をしなければ，原則としてその期間が経過した時に日本国籍を失う（擬制）というものである。ただし，国籍喪失後は，戸籍法第１０５条による法務局長等からの報告により，市区町村長は，職権で戸籍に国籍喪失の記載をし，除籍すること

－ 28 －

とされているが，これまで法務大臣による国籍選択の催告がされたことはない。

8 戸籍訂正の考え方

　国民に届出義務を課さずに，氏名の読み仮名を戸籍に記載することができる本文【丙案】の戸籍訂正に関しては，氏名の読み仮名の届出義務はないものの，第2の1(2)により氏名の読み仮名が戸籍の記載事項として法令に規定されている以上，戸籍法第24条第1項の戸籍の記載に遺漏があると評価することができるため，当該戸籍に記載された者若しくはその法定代理人からの職権記載申出（（補足説明）4の職権記載申出があったものとして取り扱うものを含む。），（補足説明）9の資料又は氏名の読み仮名を職務上知った官庁等からの本籍地市区町村長への通知があれば，同条第2項の戸籍訂正により市区町村長が氏名の読み仮名を記載することができると考えるものである。もっとも，これまでの戸籍訂正の運用に鑑みると，第2の2(2)（補足説明）4の資料がない限り，職権記載申出を促した上で，実際に申出があった場合にのみ戸籍訂正をする運用とするのが相当と考えられる。

9 戸籍訂正の資料

　法務省民事局長通達に定める婚姻届の標準様式には，「夫になる人」及び「妻になる人」の氏名欄に「よみかた」欄が付されている。仮に，本文【甲案】を採用し，戸籍法第44条第3項の規定により職権で氏名の読み仮名を戸籍に記載するとした場合又は本文【丙案】を採用し，戸籍法第24条第2項の規定により戸籍訂正する場合においては，，例えば，当該「よみかた」が記載され保管されている婚姻届を資料として，本籍地市区町村が戸籍に氏名の読み仮名を記載することが考えられる。

　第1の3（注1）のとおり，氏名を平仮名又は片仮名をもって表記したものには，読み仮名，よみかた，ふりがなど様々な名称が付されているものがあるが，いずれも，原則として（濁音が記載されない，小書きをしないなどのルールが定められているものを除く。）氏名の読み仮名として取り扱って差し支えないものと考えられる。なお，万一，本人が認識している氏名の読み仮名と異なっている場合には，戸籍法第107条若しくは第107条の2又は第2の1(5)の読み仮名の変更手続により対応することとなるものと考えられる。

10　戸籍訂正における配慮すべき事項

　　謝罪広告等請求事件（最判昭和６３年２月１６日第三小法廷民集４２巻２号２
　７頁）判決において，氏名を正確に呼称される利益に関して，「氏名は，社会的
　にみれば，個人を他人から識別し特定する機能を有するものであるが，同時に，
　その個人からみれば，人が個人として尊重される基礎であり，その個人の人格の
　象徴であって，人格権の一内容を構成するものというべきであるから，人は，他
　人からその氏名を正確に呼称されることについて，不法行為法上の保護を受ける
　る人格的な利益を有するものというべきである。」，「我が国の場合，漢字によ
　つて表記された氏名を正確に呼称することは，漢字の日本語音が複数存在してい
　るため，必ずしも容易ではなく，不正確に呼称することも少なくないことなどを
　考えると，不正確な呼称が明らかな蔑称である場合はともかくとして，不正確に
　呼称したすべての行為が違法性のあるものとして不法行為を構成するというべ
　きではなく，むしろ，不正確に呼称した行為であつても，当該個人の明示的な意
　思に反してことさらに不正確な呼称をしたか，又は害意をもつて不正確な呼称を
　したなどの特段の事情がない限り，違法性のない行為として容認されるものとい
　うべきである。」との判断が示されている。

　　これを踏まえると，氏名の読み仮名を仮に，本文【甲案】を採用し，戸籍法第
　４４条第３項の規定により職権で氏名の読み仮名を戸籍に記載し，公証する又は
　本文【丙案】を採用し，戸籍法第２４条第２項の規定により戸籍訂正し，公証す
　るには，少なくとも本人の明示的な意思に反しないように配慮すべきと考えられ
　る。

第3　ローマ字による表記等

　氏名の読み仮名を戸籍の記載事項として法制化した後，戸籍以外の公簿や各種証明書等に記載されている氏名の読み仮名及び氏名のローマ字表記を戸籍に記載される氏名の読み仮名と整合させる（氏名の読み仮名をヘボン式ローマ字等によって表記させる。）必要があると考えられるところ，これをどうやって確保するか，検討する必要があると考えられる。

　なお，デジタル・ガバメント実行計画において，「在留カードとマイナンバーカードの一体化について，現在関係省庁等で検討を進めているところであり，（中略）２０２５年度（令和７年度）から一体化したカードの交付を開始する予定である。」とされているところ，この一体化したカードにおける氏名の表記方法についても，検討する必要があるとの意見があった。

「氏名の読み仮名の法制化に関する研究会取りまとめ」
の解説

2021年12月28日　第1刷発行

編　者　月刊登記情報編集室
発行者　加　藤　一　浩
印刷所　三松堂株式会社

〒160-8520　東京都新宿区南元町19
発　行　所　一般社団法人 金融財政事情研究会
企画・制作・販売　株式会社きんざい
編集部　TEL 03(3355)1713　FAX 03(3355)3763
販売受付　TEL 03(3358)2891　FAX 03(3358)0037
https://www.kinzai.jp/

ISBN978-4-322-14021-7